# 司法学研究·2023

**JURIDICAL SCIENCES · 2023**

山东大学司法学研究中心◎编

崔永东 ◎ 主编

人民出版社

# 《司法学研究·2023》编委会名单

# 目　录

# 【司法责任制】

# 以习近平法治思想为指引
# 构建我国审判责任体系的现实路径

刘义生　常淑静*

党的十八大以来，人民法院坚持以司法责任制为核心，不断深化司法责任制综合配套改革。党的十九大以来，最高人民法院一系列落实司法责任制综合配套改革的司法文件相继出台，各地法院在全面落实司法责任制的制度机制方面取得重大进展。2020年11月16日，在中央全面依法治国工作会议上，习近平总书记深刻指出："近年来，司法腐败案件集中暴露出权力制约监督不到位问题。一些人通过金钱开路，几乎成为法外之人……监督形同虚设。""要深化司法责任制综合配套改革"，"加快构建规范高效的制约监督体系"。① 党的二十大报告对司法体制改革提出新的更高要求，即在"全面落实司法责任制"的基础上增加"准确"二字。这就要求在新时代十年司法责任制改革的基础上，以钉钉子精神，把司法责任制各项措施准确落实到位。其中重点举措之一就是围绕"明责""督责""追责"，建立完善具

---

*　刘义生，山东省高级人民法院审判委员会委员、二级高级法官。常淑静，山东法官培训学院教授。

①　习近平：《坚定不移走中国特色社会主义道路　为全面建设社会主义现代化国家提供有力法治保障》，《求是》2021年第5期。

有中国特色的审判责任体系。

## 一、审判责任体系相关概念辨析

2015 年 9 月 21 日，最高人民法院颁布《关于完善人民法院司法责任制的若干意见》（以下简称 2015 年《若干意见》），其内容包括改革的目标和原则、审判权力运行机制、司法人员职责和权限的界定、审判责任的认定和追究、法官的履职保障等，这是推行司法责任制改革最重要的法律文件之一。此后，"司法责任制"这一概念便成为司法责任制改革的热点话题。而"司法责任制"，虽然诸多研究文献和司法文件中都将其作为一个专用化的词组，但并没有对其含义进行特别清晰的阐释与解读。

### （一）"司法责任制"与"司法责任"

党的十八届三中全会提出"让审理者裁判、由裁判者负责"；党的十八届四中全会又提出"实行办案质量终身负责制和错案责任倒查问责制"。2015 年《若干意见》规定："法官应当对其履行审判职责的行为承担责任，在职责范围内对办案质量终身负责。"在上述文件中，"负责""问责""责任"这几个关键词不断出现，结果引发了对"司法责任制"概念的误解，认为"责任＝负责＝问责"的观点不乏其数。因此，我们必须回归法律文件本身及其整体内容，依据法律概念的特征，对"司法责任制""司法责任"等概念进行解读，① 而不能以偏概全地作出不符合法律逻辑的推论。

1. 司法责任制

2015 年《若干意见》第一部分"目标原则"开宗明义地指出，"完善人民法院的司法责任制，必须以严格的审判责任制为核心，以科学的审判权力运行机制为前提，以明晰的审判组织权限和审判人员职责为基础"；第二部分围绕"改革审判权力运行机制"，探索审判组织模式，优化司法资源配置，以提高办案质量和效率；第三部分围绕"明确司法人员职责和权限"，明确了独任法官、合议庭成员、法官助理、书记员、院庭长应当履行的职责；第四部分规定的"审判责任的认定和追究"是本意见的核心内容，旨

---

① 参见傅郁林：《司法责任的重心是职责界分》，《中国法律评论》2015 年第 4 期。

在划定一个科学合理的审判责任范围，完善一套科学合理的责任追究程序，这是完善司法责任制的关键；第五部分对"加强法官的履职保障"进行了专门规定。可见，2015年《若干意见》中"司法责任制"的概念至少包含了职责与权限、责任与追究（问责）、履职与保障三方面的内容；此外还包含了审判权运行、审判监督管理，并且将其作为完善司法责任制的"保障措施"。

2. 司法责任

（1）责任。根据《现代汉语词典》的解释，"责任"通常可以从以下两层含义来理解：一是职责，即分内应做的事，如应尽的责任；二是没有做好分内应做的事，因而应承担的责任，如应追究的责任。前者要求责任主体主动履行职责，后者为确定责任主体失职时被动地承担不利后果。但狭义上的"责任"一般仅指后者，即应追究的责任。

（2）司法责任。首先，从概念的本源看，"司法责任"是指司法人员未依法履行其职责而应承担的不利后果。其次，从2015年《若干意见》的相关规定看，司法责任的含义有广义与狭义之分：狭义的"司法责任"是指因法官违反审判职责行为而应承担的责任，也称办案责任。如第二十五条第二款规定的法官违法审判责任。广义的"司法责任"是指司法人员因违反法律法规及法定职责而应承担的责任。第二十五条第三款规定的法官违反职业道德准则和纪律规定应承担的责任；第二十六条至第三十三条规定的审判人员、审判组织及相关人员的违法审判责任、审判监督管理责任、审判辅助人员责任等。

综上，从广义上理解，司法责任的主体包括了司法机关执法司法各个环节中的各类人员，司法责任的范围包括政治责任、纪律责任、审判责任、审判监督管理责任、审判辅助人员责任等。

**（二）审判责任与司法责任**

如前所述，审判责任即狭义的"司法责任"，仅指因法官具有违反审判职责的行为而依法应承担的责任，该责任发生在法官办案过程之中，且责任主体仅限于法官，不包括其他司法人员。审判责任是司法责任的核心内容，但审判责任不等于司法责任（二者之间的关系如图1）。正如傅郁林所言，同一核心概念"责任"在同一规范性文件中以不同的内涵和外延使用，很容易造成误读和解释的双重标准。① 如果将 2015 年《若干意见》第四部分所称的审判责任扩大解释，或者将司法责任这一广义概念进行狭义地理解，都将导致"司法责任"与"审判责任"的混用。

**图 1 审判责任与司法责任之间的关系**

### （三）审判责任体系

2021 年政法领域全面深化改革推进会强调，深化政法领域改革总的思路是，以明责定责、问责追责为着力点，以担责尽责、忠诚履责为落脚点，加快构建权责清晰、权责统一、监管有效、保障有力的执法司法责任体系。② 有鉴于此，加快构建与新型执法司法权力运行机制相适应的审判责任体系，亦是司法改革的一项基础性和具有牵引作用的重大举措，直接关系司法责任制改革成效和司法的公信力。

1. 审判责任体系的内涵

首先，根据科学百科词条的解释，体系泛指一定范围内或同类事物内部和事物之间相互联系的系统而组合成的一个整体。如思想体系、管理体系、司法体系、责任体系等。每一个体系又包含若干子体系（又称系统），如责任体系包含司法责任体系，司法责任体系包含审判责任体系，而审判责任体系又包含若干责任种类的认定标准、范围以及与之相联系的制度机制。从这

---

① 参见傅郁林：《司法责任的重心是职责界分》，《中国法律评论》2015 年第 4 期。
② 参见李占国：《关于全省法院推进执法司法制约监督体系改革和建设情况的报告》，《浙江人大（公报版）》2021 年第 4 期。

一概念出发，审判责任体系是指在司法责任制背景下，在人民法院审判执行工作中，各类审判责任及其认定与追究若干制度机制共同构成的一个整体。

其次，从司法责任制改革的总体思路看，审判责任体系是指人民法院遵循司法权力运行规律，按照职权法定、权责统一的原则，构建审判执行环节，涉及刑事、民事、行政等领域的司法责任链。[①] 该体系以科学的审判权力运行机制为前提，以明晰司法人员权限职责为基础，以有效的审判监督管理制度为保障，以加强法官履职保障为目的，以"让审理者裁判、由裁判者负责，确保人民法院依法独立公正行使审判权"为目标。

2. 审判责任体系的构成

首先，从系统性上看，审判责任体系包括审判责任认定和落实的若干制度机制（如图 2）。其中，"责任认定"是基础。如前所述，科学明责是有效履责和严格问责的前提，故人民法院应加快构建主体明确、范围明晰、层次分明的审判责任制度，严明责任认定标准、合理确定责任范围，确保人民法院依法追责有章可循。而"责任落实"是根本。各级法院应牢牢抓住责任落实这个关键，从完善惩戒制度、严格责任追究程序、加强监督制约、采取有效措施等方面，推进各项审判责任制度落实落地。

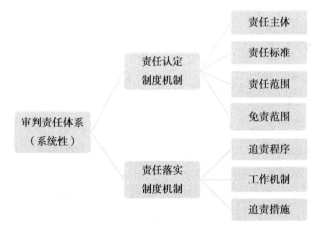

图 2　审判责任体系构成

---

① 参见高一飞：《深入学习贯彻党的二十大精神全面准确落实司法责任制》，https://baijiahao. baidu.com/，访问时间 2023 年 1 月 3 日。

其次，从整体性上看，审判责任体系包括违法审判责任、过失审判责任及瑕疵审判责任。《法官法》第四十八条规定：法官惩戒委员会，负责从专业角度审查认定法官是否存在违反审判职责的行为，提出构成故意违反职责、存在重大过失、存在一般过失或者没有违反职责等审查意见。2015年《若干意见》第二十五条第二款规定："法官在审判工作中，故意违反法律法规的，或者因重大过失导致裁判错误并造成严重后果的，依法应当承担违法审判责任。"可见，上述规定关于法官审判责任主观过错程度的表述使用了"故意""重大过失""一般过失""没有违反职责"等关键词。据此，审判责任可以根据法官主观过错程度，区分为违法审判责任、一般过失审判责任及审判质量瑕疵责任。相应地，对不同种类审判责任的追究应适用不同的追责标准和追责措施。

（1）审判质量瑕疵责任，是指法官在审判工作中，因"文书制作、诉讼程序、事实认定、法律引用、司法行为等方面存在瑕疵"① 而应承担的责任，如判决主文中利息起算时间表述错误等。这种瑕疵一般不会影响裁判结果的公正性，因而无需启动审判监督程序。

（2）一般过失审判责任，是指在审判工作中，因法官主观上存在一定的过失，且客观上实施了不当行为，如违反实体法律规定或违背证据规则等，导致裁判结果错误，并造成不良社会影响，依照有关规定应当承担的责任。例如某财产损害赔偿纠纷案件中，连某单方手绘的车间、厂棚平面图在评估委托前未经各方当事人质证确认，鉴定人员依据该手绘平面图作出了《价格评估结论书》，而一审法院依据该《价格评估结论书》确定了损失数额并支持了连某的诉讼请求。该案将未经质证的证据材料作为定案依据，法官客观上适用法律错误，且在专业范围内无法作出合理解释，最终导致裁判错误，造成了不良社会影响。

（3）违法审判责任，"是指法官在审判工作中，故意或者因重大过失违反与审判工作有关的法律、法规及司法解释，造成严重后果的"②，应当承

① 最高人民法院新闻局：《坚持严肃追责与依法保护相统一 全面落实司法责任制》，载微信公众号"最高人民法院"，2020年9月12日，访问时间2022年12月22日。
② 最高人民法院新闻局：《坚持严肃追责与依法保护相统一 全面落实司法责任制》，载微信公众号"最高人民法院"，2020年9月12日，访问时间2022年12月22日。

担违法审判责任。如丹东某投资有限公司申请丹东市中级人民法院错误执行国家赔偿案：本案中，丹东中院的执行行为长达十一年之久，且没有任何进展，其错误执行行为已被证实给丹东某公司造成了无法通过其他渠道挽回的实际损失 440 多万元。① 该案在原审过程中，关于"执行程序终结"问题适用法律错误明显，且在专业范围内不能作出合理解释。因裁判结果错误，不仅给申请执行人丹东某公司造成严重损失，而且影响了司法公信力。

## 二、党的十八大以来我国审判责任体系建设取得的成效

党的十八大以来，以习近平同志为核心的党中央高度重视司法体制改革。2014 年 1 月至 2022 年 9 月，习近平总书记主持召开了 67 次中央全面深化改革领导小组会议、中央全面深化改革委员会会议，审议通过了 70 余个与司法改革相关的文件，其中涉及法院领域的重要改革方案 39 个，为人民法院推进司法体制改革提供了根本遵循。② 党的二十大报告指出："司法体制改革取得重大进展，社会公平正义保障更为坚实，法治中国建设开创新局面。"报告高度评价了十年来司法改革取得的成效。从审判责任体系建设方面看，取得的成效体现在以下几个方面。

### （一）建立违法审判责任制度，促进严格公正司法

习近平总书记指出："让司法真正发挥维护社会公平正义最后一道防线的作用，必须深化司法体制改革。""如果司法这道防线缺乏公信力，社会公正就会受到普遍质疑，社会和谐稳定就难以保障。"③ 党的十八大以来，人民法院坚持以习近平法治思想为指导，通过全面落实司法责任制，革除了层层审批的行政化痼疾，重塑了"让审理者裁判、由裁判者负责"的审判权力运行机制。《法官法》明确规定"法官应当对其违反审判职责的行为承

---

① 参见最高人民法院第 22 批指导案例第 116 号。
② 参见最高人民法院新闻局：《人民法院司法体制改革十年成就评述》，https://baijiahao.baidu.com/s？id=1749672185809146556&wf，2022 年 12 月 4 日，访问时间 2023 年 1 月 6 日。
③ 中共中央宣传部、中央全面依法治国委员会办公室：《习近平法治思想学习纲要》，人民出版社、学习出版社 2021 年版，第 33 页。

担责任";最高人民法院 2015 年《若干意见》确立了违法审判责任制度，规定了违法审判责任的认定、调查、审议及追究程序，严格依法追究法官违法审判责任。近 5 年来，最高人民法院查处本院违纪违法干警 61 人，各级法院查处利用审判执行权违纪违法干警 8589 人，追究刑事责任 1727 人。可见，审判责任追究制度在实现司法公正方面发挥了威慑作用。

**（二）建立法官惩戒制度，为违法审判责任追究提供了程序保障**

法官惩戒制度是现代司法在强化法官依法独立审判，加强法官履职保障的同时，为保证司法公正的实现而设置的一项制度。《法官法》及相关司法文件对法官惩戒制度都有明确规定。如《法官法》和最高人民法院《法官惩戒工作程序规定（试行）》均规定，评判法官是否违反审判职责、是否应当受到责任追究，必须由法官惩戒委员会根据人民法院的调查情况，按照规定程序从专业角度进行审查认定，再由人民法院依据惩戒委员会的审查意见作出惩戒决定。"这种制度模式，既强调了司法追责过程中对专业认定的尊重，又彰显了对法官依法履行职责的保护，有效防止法官被错误追责"①，为人民法院依法依规追究违法审判责任提供了强有力的程序保障，助力促进司法公正价值的实现。截至 2022 年 5 月底，北京、山西、辽宁、吉林、黑龙江、江苏、江西、四川、云南、甘肃等地按照惩戒程序对 57 名法官实施了惩戒。②

**（三）"三个规定"对防止干预司法发挥了重要作用**

习近平总书记曾强调"司法不能受权力干扰，不能受金钱、人情、关系干扰，防范这些干扰要有制度保障"③。早在 2014 年中央政法工作会议上，习近平总书记就明确要求，要着力解决领导机关和领导干部违法违规干预司法问题。习近平总书记指出："一些党政领导干部出于个人利益，打招呼、批条子、递材料，或者以其他明示、暗示方式插手干预个案，甚至让执法司法机关做违反法定职责的事。在中国共产党领导的社会主义国家里，这

---

① 参见最高人民法院督察局负责人就《法官惩戒工作程序规定（试行）》答记者问，最高人民法院官网，2021 年 12 月 24 日，访问时间 2022 年 12 月 28 日。
② 参见最高人民法院新闻局：《人民法院司法体制改革十年成就评述》，https://baijiahao. baidu.com/s？id=1749672185809146556&wf，2022 年 12 月 4 日，访问时间 2023 年 1 月 6 日。
③ 姜伟：《严格执行"三个规定"筑牢廉洁司法的制度保障》，《人民法院报》2020 年 4 月 9 日。

是绝对不允许的！"①

1. 建立防止干预司法"三个规定"制度化、常态化机制

2015 年中共中央办公厅、国务院办公厅、中央政法委、"五部委"先后印发《领导干部干预司法活动、插手具体案件处理的记录、通报和责任追究规定》《司法机关内部人员过问案件的记录和责任追究规定》《关于进一步规范司法人员与当事人、律师、特殊关系人、中介组织接触交往行为的若干规定》（简称"三个规定"）。"三个规定"出台以后，最高人民法院先后制定《人民法院落实〈领导干部干预司法活动、插手具体案件处理的记录、通报和责任追究规定〉的实施办法》《人民法院落实〈司法机关内部人员过问案件的记录和责任追究规定〉的实施办法》，在全国范围内建立过问案件信息记录专库，查处违规过问行为，开展警示教育，将"三个规定"的贯彻落实情况纳入党风廉政建设和年度工作考评。该项制度建立后，"批条子""打招呼"等现象显著减少。

2. "三个规定"报告平台有效遏制干预过问案件行为

各级人民法院自 2021 年 1 月起启用"三个规定"记录报告平台，依托该平台建立月报告制度。2022 年全国法院干警记录报告有关信息 15.3 万条，"逢问必录"的自觉正在形成。2021 年，最高人民法院还发布了《关于进一步强化日常监督管理严格执行防止干预司法"三个规定"的意见》，旨在从司法机关外部、司法机关内部和办案人员自身三个层面阻断影响独立公正司法的因素，形成全方位、立体式保障司法机关独立公正的制度体系，积极培育"应记必记、应报尽报"的司法环境，有效遏制干预过问案件行为，持续铲除司法腐败滋生的土壤。②

**（四）绩效考核制度有效减少审判质量瑕疵案件**

审判质量瑕疵的产生并非法官出于故意或重大过失，不会导致裁判错误，一般不会造成严重后果，并且通常可以通过向当事人说明等方式予以补正或补救。故实践中大多数法院认为不宜作为一种错案追究法官的责任，而

---

① 中共中央文献研究室编：《习近平关于全面依法治国论述摘编》，中央文献出版社 2015 年版，第 73 页。

② 参见最高人民法院新闻局：《人民法院司法体制改革十年成就评述》，https://baijiahao. baidu.com/s? id=1749672185809146556&wf，2022 年 12 月 4 日，访问时间 2023 年 1 月 6 日。

是将其作为审判绩效考评内容，在统筹推进法官业绩考评制度改革和完善绩效奖金分配机制时予以考量。近年来，各级法院通过完善绩效考核导向，探索创新差别化考评模式、建立正向激励与反向约束相结合的绩效考核制度，极大地降低了法官在审判中的质量瑕疵。2022 年我们在对 S 省 H 市辖区法院民事一审被上诉案件进行质量评查时，发现审判质量瑕疵案件占比仅有0.2%，较 2019 年下降了 6 个百分点。

## 三、我国审判责任体系建设存在的问题

如前所述，党的十八大以来，司法责任制的基础性改革卓有成效，尤其是随着一系列司法改革文件的出台，逐步确立了权责明晰、权责统一的审判责任制度；同时，司法责任制综合配套改革亦取得突破性进展。党的十九大报告将"完善司法责任制"的目标提升为"全面落实司法责任制"。党的二十大报告将"全面落实司法责任制"的目标要求提升为"全面准确落实司法责任制"。当下虽然审判责任追究制度在法院系统全面展开，但其作用远未达预期，究其原因主要表现在以下几个方面。

### （一）部分司法工作人员对审判责任追究缺乏正确的认识

1. 法官个人思想认识上的偏差

在司法责任制改革以来法院的审判工作中，一些法官错误地把人民法院依法独立行使审判权，理解为法官个人的独立判案，使"让审理者裁判、由裁判者负责"的司法改革要求，变调、变味、变质成法官不受监督和管理的独立判案，忽视"由裁判者负责"这个关键环节和核心内容，将司法责任制改革在某种程度上变成了法官个人说了算的独断专行制。如有的法官因原告迟到 15 分钟便不分青红皂白地认为原告拒不出庭而裁定撤诉，剥夺了原告通过法定程序获得的法律救济权利。有的法官将案件转为简易程序时，未书面告知各方当事人，明显违反法律和司法解释的规定。

2. 法院领导干部思想认识上的偏差

个别法院领导干部认为，追究审判责任会影响法官办案的积极性，进而影响办案效率，因而对本应追责的错案不予追究，或者轻描淡写地批评教

育，或者通过绩效考核不痛不痒地予以"处罚"；有的法院领导干部担心，追究审判责任不仅会影响法官的晋升，而且影响法院的形象，因而不敢追究。也有少数领导干部虽然认为审判责任追究的出发点和落脚点是为了保护法官，防止法官少犯错误。但在具体违法审判案件的追究过程中，则认为只要实体无错，程序方面可适当放宽，不应管得太严，因而即使发生严重违反法定程序的错案亦不想追究法官的责任。

**（二）制度机制不够健全**

党的十八大明确强调"要把制度建设摆在突出位置"。习近平总书记在党的十八大后发表的一系列重要讲话中包含不少直接关于制度建设的重要论述，为深化司法责任制综合配套改革指明了方向。2013 年 1 月 22 日，习近平总书记在中国共产党第十八届中央纪律检查委员会第二次全体会议上讲话指出："要加强对权力运行的制约和监督，把权力关进制度的笼子里。"这句话不仅表明了"把权力关进制度的笼子里"的缘由，即反腐倡廉；而且指明了"关"的努力方向，即形成不敢腐的惩戒机制、不能腐的防范机制、不易腐的保障机制。然而，在我国审判责任体系建设中依然缺乏一些针对性、操作性、指导性的审判责任制度，在一定程度上影响了该制度的实施，减损了制度的价值，削弱了制度的权威。

1. 违法审判责任认定与责任落实制度机制不够完善

责任追究本身不是目的，追责只是手段，"努力让人民群众在每一个司法案件中感受到公平正义"才是目的。然而，审判责任认定标准模糊，责任落实措施不完善，导致实践中存在一些审判责任追究不畅、不力等消极后果，并未真正实现以严格追责促进公正司法的目的。以 S 省 T 市辖区法院为例，2022 年全市两级法院一审服判息诉率平均为 87.36%，二审服判息诉率为 79.99%；上诉案件被发改率为 10.52%；辖区内法院生效案件提起再审率为 16.67%；各种信访案件 529 件，其中赴省进京上访 84 件涉 91 人。对此，如果用"努力让人民群众在每一个司法案件中感受到公平正义"这一标准来衡量和分析，就不难得出这样的一个结论，法院审判工作中所暴露出来的这些问题，说明违法审判的潜在风险是依然存在。制度机制不够健全，导致在实际工作中就不知不觉地把审判责任追究制度束之高阁，置之一旁，使审判责任体系发挥不了应有的作用。

**2. 过失审判责任追究的制度机制缺失**

虽然《法官法》和最高法相关司法文件中确立了以违法审判责任为核心的审判责任制度，但司法实践中，违法审判毕竟属于个别现象，更多可能出现的是法官过失违反实体法律规定、违背证据规则及违反法定程序导致裁判结果错误的过失案件。然而，我国目前尚未建立完备的审判责任追究体系，尤其是对过失案件审判责任的追究，无论是责任认定还是追责措施均处于空白状态。我们认为，过失案件虽然主观上非故意，客观上亦未造成严重的社会后果，但一定程度上影响当事人的合法诉讼权利，造成不良社会影响。同时也极易引发破窗效应，增加违法审判的风险度，进而降低司法公信力。

**（三）责任落实不够精准**

从各地法院制定的审判责任追究办法看，大多数法院使用了"错案"一词，虽然区分了"故意或重大过失案件""一般性错案""瑕疵案件"等概念，但在责任落实环节往往均归类为"瑕疵案件"。例如：某法官审结的故意伤害案，服刑期间发现原审被告人存在冒用他人身份受审的情况，后该院启动审判监督程序改判。① 受理法院认为，"刑事案件被告人的身份信息错误属于低级错误，应当避免，遂评定为瑕疵案件"②。

我们认为，该案仅以"刑事案件被告人的身份信息错误属于低级错误"为由定性为"瑕疵案件"值得商榷。对此类案件的定性还应综合考量实体性与程序性的影响，以及所产生的社会后果，如是否侵害第三人合法权益，是否侵害社会公共利益等。例如（2011）江法刑初字第273号刑事判决：该判决书生效后法院才查明被告人真实身份。因该案不影响实体裁判结果，未达到启动再审程序的条件，通过补正裁定可以更正被告人身份信息，故该案定性为审判质量瑕疵案件较为妥当；再如（2012）集刑初字第6号判决：该判决书中将刑事被告人郝某的职业"某某电业局职工"错误填写成"无业"，承办法官庭审时未审查出这一错误，分管领导在审核判决书时亦未发

---

① 该案因系本院再审案件，被列为重点评查范围。该院审判委员会经讨论认为，虽然公安机关和检察机关未能辨别被告人故意冒用他人身份的情形，但法官在审理阶段仍要尽到严格审查被告人身份的责任和义务。

② 李琴：《审判瑕疵责任追究的审视与优化》，《人民司法·应用》2021年第31期。

现，因此该刑事判决书未送达郝某所在单位"某某电业局"，导致郝某从2012 年至 2019 年继续在"某某电业局"领取工资薪酬等共计 137 余万元。因涉及职业身份的特殊犯罪，关乎被告人的罪与非罪、此罪与彼罪以及量刑的轻重;① 且本案判决书生效后，产生了一定的不良社会后果，可能侵害"某某电业局"的合法权益，应当通过审判监督程序予以纠正，故该案不宜定性为审判质量瑕疵案件。从另一个角度看，该问题反映了个别法院没有针对审判责任追究工作进行深入研究并制定相关制度机制，责任认定不精准的现象依然存在。

## 四、构建我国审判责任体系的路径探索

孟德斯鸠在《论法的精神》中指出:"一切拥有权力者，皆会滥权。一切不受制约的权力必然导致绝对的腐败。"② 同理，任何没有责任的权力必然导致权力的任性。审判权作为公权力的一种，尽管其权力性质和运行方式具有一定的特殊性，但其仍然要受审判责任的约束与限制。习近平总书记指出，把权力关进制度的笼子里，就是要依法设定权力、规范权力、制约权力、监督权力。"要牢记职权法定，明白权力来自哪里、界线划在哪里，做到法定职责必须为、法无授权不可为。"③ 深化司法责任制综合配套改革，就是要通过构建符合我国实际情况的审判责任体系，规范司法权力运行，要在审判执行等各个环节依法设定权力、规范权力、制约权力、监督权力。因此，全面贯彻落实习近平法治思想，不仅有利于我们解决在审判体系建设中的困难和问题，而且为全面准确落实审判责任提供理论支持和方法指导。

### （一）从讲政治的高度，强化责任追究的重要性认识

习近平总书记指出:"强化责任追究，不能让制度成为纸老虎、稻草人。"④"坚持有责必问、问责必严，把监督检查、目标考核、责任追究有机

---

① 参见彭华:《被告人冒用他人身份的生效刑事案件如何纠错》，微信公众号"法律在路上"，2022 年 8 月 14 日，访问时间 2023 年 2 月 21 日。
② ［德］孟德斯鸠:《论法的精神》（第一卷），钟书峰译，法律出版社 2020 年版，第 321 页。
③ 中共中央宣传部、中央全面依法治国委员会办公室:《习近平法治思想学习纲要》，人民出版社、学习出版社 2021 年版，第 147 页。
④ 《习近平谈治国理政》，外文出版社 2014 年版，第 395 页。

结合起来，形成法规制度执行强大推动力。问责的内容、对象、事项、主体、程序、方式都要制度化、程序化。"① 这些重要论述体现了责任追究的政治高度。因此，各级法院要主动跳出对审判责任追究工作的传统认识，从讲政治高度认识和研究审判责任制度，要从习近平总书记指出的司法领域存在的"司法不公、司法公信力不高问题十分突出""司法不公的深层次原因在于司法体制不完善、司法职权配置和权力运行机制不科学、司法保障制度不健全"等切中要害之语，以及"三大诉讼法"关于"适用法律有错误""事实不清或者证据不足""违反法律规定的诉讼程序"等准确定性出发，重新审视现行审判责任体系和制度机制存在的不足，努力破解"瑕疵案件是个筐，啥问题都往里边装"的零错案现象，冲破零错案迷雾和怪圈，积极探索完善审判责任制度，使之成为"硬约束"而不是"橡皮筋"，坚决杜绝"做选择、搞变通、打折扣"等现象。

**（二）制定完善一系列审判责任制度机制，为责任追究提供指引**

审判责任制度是全面准确落实司法责任制背景下法院系统必须高度重视的重要制度安排。因制度设计层面的缺陷以及制度内在固有局限性等多重因素的制约，加剧了审判责任体系的制度预期与制度实践之间的反差。因此，完善制度设计，克服制度内在固有局限性，就成为全面准确落实司法责任制的必要之举。

1. 加强违法审判责任制度建设。违法审判责任制度犹如一个"铁笼子"。把权力关进制度的笼子里，首先是建好笼子，如制定或完善违法审判责任认定制度，进一步明确追责标准，为法官履职尽责画出"红线"，为人民法院开展问责工作提供明晰"标尺"。其次是关住笼子，如通过完善追责工作程序，建立分层责任体系，落实追责措施，不断扎紧扎牢制度的笼子，用好责任追究这把"利剑"，把违法审判责任制度落到实处。

2. 加强法官惩戒制度建设。法官惩戒制度是促进司法公正的重要手段，能够有效杜绝法官徇私枉法、滥用职权、玩忽职守；同时对深化司法体制改革，确保审判权依法公正行使，加强法官依法履职保障等具有十分重要的作

① 中共中央文献研究室编：《习近平关于全面从严治党论述摘编》，中央文献出版社2016年版，第231页。

用。建议各级法院不断完善惩戒委员会委员制度，优化审议决议程序，"以严格的惩戒程序作为认定法官违法审判责任的必经过程，以完善的救济渠道保障法官的辩解、申诉权利"①，以期对违法责任追究更加专业和权威，实现惩戒工作的公正与效率价值。

3. 探索建立常态化过失审判责任追究机制。建议各级法院着力构建科学的过失审判责任认定制度、健全过失责任追究工作机制，使之与违法审判责任追究制度相互作用、相得益彰，共同构成一个完整的审判责任体系。其目的在于，针对容易出现"权力寻租、利益输送"之漏洞的审判执行环节，进一步强化制约制度机制，充分发挥其防患于未然的功能作用，杜绝"从法官到囚犯"的嬗变。

**（三）增强制度的执行力，提升追责实效**

习近平总书记曾深刻指出，我们的制度不少，可以说基本形成，但不要让它们形同虚设。"要以有效问责强化制度执行，既追究乱用滥用权力的渎职行为也追究不用弃用权力的失职行为，既追究直接责任也追究相关领导责任。"② 这些重要论述体现了"制度的生命力在于执行"的政治高度。有鉴于此，在制度执行过程中，各地法院应从增强"四个意识"、坚定"四个自信"、做到"两个维护"的高度来审视追责实效，"不能把制度执行简单地理解成传达学习、方案制定等规定动作，而要从是否达到政治效果、法纪效果、社会效果来审视制度执行情况"③。

1. 深刻领会党的二十大报告等关于深化司法体制综合配套改革的要求。要深入学习领会习近平总书记关于"要深化司法体制改革，深入研究司法责任制综合配套改革方案，加快构建权责一致的司法运行新机制"等重要论述，以及党的二十大报告提出"全面准确落实司法责任制"的要求，以审判责任追究制度落在实处为着力点，把审判责任追究制度目标深化、量化、细化到具体责任人，确保制度在执行过程中不走样。

2. 坚持目标导向和问题导向相统一，多措并举，严格落实审判责任制度。（1）建议省高院统一制定审判责任追究办法，明确责任认定标准，使

---

① 郭杰优：《法官惩戒委员会制度的完善路径分析》，《法制博览》2022 年第 5 期。
② 《习近平谈治国理政》第三卷，外文出版社 2020 年版，第 550 页。
③ 庄德水：《以精准有效问责强化制度执行》，《中国党政干部论坛》2020 年第 5 期。

追责工作更加精准；规范工作程序，制定责任落实措施，增强追责工作的严肃性。（2）建议省高院成立专门督导小组，建立定期督导制度。切实解决"上级监督太远，同级监督太软，下级监督太难"以及"看得见的管不着，管得着的看不见"等问题。一是加强与下级法院协同联动，形成工作合力，提高问责工作的效率；二是对滥用追责、失职失责，或者在追责工作中严重不负责任、事实调查不清、责任划分不当、造成不良影响的，严肃追责问责，推动各项审判责任落地见效。

3. 激励和约束并重。针对容错纠错提出了"三个区分开来"原则，即把党员干部在推进改革中因缺乏经验、先行先试出现的失误和错误，同明知故犯的违纪违法行为区分开来；把上级尚无明确限制的探索性试验中的失误和错误，同上级明令禁止后依然我行我素的违纪违法行为区分开来；把为推动发展的无意过失，同为谋取私利的违纪违法行为区分开来。有鉴于此，在审判责任制度执行过程中，要综合考虑违反审判职责行为发生的主观动机、客观条件、问题性质、后果影响程度、处置行为等情况，认真甄别、准确研判，并视情节对违反审判职责的法官给予追责、减责、免责。实施追责不是为了"秋后算账"，也不是要把被追责的法官一棍子打死，而是将严管和厚爱相结合、激励和约束并重，确保法官依法履职和干事创业、担当作为的积极性。

4. 加强追责结果利用。一是坚持逢案必改。建议各级法院进一步强化追责结果利用效果的延伸性，深入推进"以案释法、以案释德、以案释纪"警示教育，做到一案一总结、一案一警示，一案一整改。引导广大法官强化依法审判责任意识，严格规范审判行为。切实发挥"问责一个、警示一片、规范一域"的治本效应。① 二是坚持典型领改。建议上级法院认真梳理违法审判和过失案件存在的共性问题，有针对性地选取易发多发典型案例，以此为抓手，推动以案促改，切实发挥追责制度的治本功能。

---

① 参见河南省纪委监委党风政风监督室：《深化以案促改做好问责"后半篇文章"》，《中国纪检监察报》2022 年 8 月 4 日。

# 司法责任制背景下基层法院合议庭
# 运行机制的现状审视与路径完善

王新龙　陈　遥*

"五五改革纲要"的主要任务之一是健全以司法责任制为核心的审判权力运行体系，全面贯彻"让审理者裁判、由裁判者负责"，强化独任制、合议庭的法定审判组织地位，依法确定职责权限，确保权责一致。虽然 2021 年新修订的《中华人民共和国民事诉讼法》（以下简称《民事诉讼法》）扩大了独任制的适用范围，但合议庭在基层法院审理的案件中仍占有较大的比例，在处理重大、疑难、复杂案件方面发挥着不可替代的作用。然而，合议庭运行中存在的诸如"形合实独""合而不审""合而不议"等典型问题早已为学界和实务界所诟病。党的二十大报告强调要"全面准确落实司法责任制"，本文正是基于这一背景和视角，揭示合议庭运行问题产生的深层次原因，并以理想的合议庭运行原则为目标，提出基层法院合议庭运行机制的完善路径。

## 一、问题检视：基层法院合议庭运行面临的问题及原因反思

### （一）权力错位：基层法院合议庭行权的缺位与越位

1. 院领导缺位：参与合议比率偏低

考虑到院领导可能要处理的行政事务，最高人民法院设置的基层法院院领导办案量不到法官平均办案量的 40%。基层法院院领导参与处置和协调社会治理、平安建设、文明创建、信访维稳、法治宣传等方面的事务要远远

---

\* 王新龙，湖南省湘潭市中级人民法院研究室主任。陈遥，湘潭市雨湖区人民法院民事审判一庭员额法官。

大于预计，能够投入办案的时间和精力非常有限。有的地方法院实践中的做法是给院领导配备办案经验比较丰富的法官助理，由法官助理承担大部分的办案任务，或者直接选择办理一些简易案件、批量案件或者执行案件来完成办案任务。将中部 H 省 C 市某基层法院近五年院领导参与合议案件数占合议案件总数比例与入额院领导人数占员额法官总人数比例进行对比可以发现，入额院领导人数占员额法官总人数比例远高于院领导参与合议案件数占合议案件总数比例，这意味着院领导实际参与合议案件的数量远低于其应当参与合议案件的数量（如图 1）。另外，在法官承办案件制下，案件流转至承办法官手上后，除一些特殊案件必须指定由院领导办理外，考虑到对办理案件的自主把控以及院领导繁重的行政事务，为确保办案效率，一般也会尽量避免将院领导纳入合议庭。

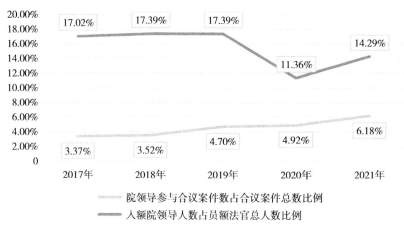

**图 1　院领导参与合议案件数占合议案件总数比例与入额院领导人数占员额法官总人数比例对比图**

2. 合议庭其他成员缺位：参与合议流于形式

（1）阅卷比率偏低

阅卷是案件审理的起点，也是了解案件全貌的基本步骤，然而司法实践中，有时合议庭其他成员①很少阅卷，他们对案件的了解来源于庭审中当事

---

① 本文中合议庭其他成员是指除承办法官或审判长以外的其他合议庭成员，包括法官和人民陪审员。

人的"只言片语"，有的甚至庭审也未参与，仅仅依靠承办人对案件的汇报。究其原因，一是办案压力大，没有充足的时间和精力阅卷。根据中部 H 省 2021 年的统计数据，法官年度人均办案数为 188 件，需要注意的是这里综合了三级法院办案数，实际上基层法院法官的人均办案数更大，例如中部 H 省某省会城区法院 2021 年法官人均办案数高达 540 件。在如此繁重的办案任务下，法官只能将有限的时间和精力放在自己承办的案件上，加之缺乏对阅卷率的考核，合议庭其他成员更没有动力阅卷。二是阅卷不方便。立案后，案卷随案件直接分配给承办法官，合议庭通常临近开庭才组建，有时合议庭其他成员来不及阅卷。即使合议庭在分案后第一时间组建，考虑到要到承办法官手中借卷，有"喧宾夺主"之嫌，合议庭其他成员往往也不愿阅卷。由人民陪审员组成的合议庭，由于受诉讼专业知识的限制，且并不常驻法院，不愿意也不方便阅卷。

（2）参与庭审程度较低

合议庭成员只有亲历庭审，积极参与案件的审理，才能形成心证。虽然经过改革以及庭审督查等形式，合议庭其他成员不参加庭审的现象已大大减少，但庭审大多数情况下还是由审判长或承办法官主导，合议庭其他成员可能很少发言和提问，参与度很低，甚至有些合议庭成员就是抱着"坐庭"的心态参加庭审。从中部 H 省 C 市某基层法院近五年随机抽取的 100 份合议案件庭审笔录来看，合议庭其他成员在法庭调查环节进行提问的仅有 15份，占比仅为 15%。

（3）评议不充分

有的合议庭其他成员阅卷比率偏低和参与庭审程度低直接导致其不熟悉案件情况，只能依靠承办法官对案件情况的汇报来了解案件。同时，最高人民法院 2002 年颁布的《关于人民法院合议庭工作的若干规定》第十条①规定的评议案件发言顺序又为合议庭其他成员发表形式化意见提供了空间。由于承办法官全程跟进案件，最熟悉案件全貌，先由承办法官发表意见，合议

---

① 最高人民法院《关于人民法院合议庭工作的若干规定》第十条："合议庭评议案件时，先由承办法官对认定案件事实、证据是否确实、充分以及适用法律等发表意见，审判长最后发表意见；审判长作为承办法官的，由审判长最后发表意见。对案件的裁判结果进行评议时，由审判长最后发表意见。审判长应当根据评议情况总结合议庭评议的结论性意见。"

庭其他成员在前期未阅卷，中期庭审未实质参与的情况下，为确保发表意见的正确性，当然倾向于同意承办法官的意见。<sup>①</sup> 此外，有时合议庭评议案件还存在"不议"和"虚议"现象：有些合议庭成员简单作"同意承办法官意见"的表态或是仅表达自己的裁判意见而不充分阐述证据、事实和法律适用方面的理由；有些合议庭不实际组织评议，而是进行"书面合议"，由承办法官与合议庭其他成员个别沟通，由书记员补做评议笔录，再由合议庭成员签字确认，有些甚至没有进行个别沟通，为确保程序合法人为"造"出评议笔录。从中部 H 省 C 市某基层法院近五年随机抽取的 100 份合议庭评议笔录来看，合议庭其他成员仅作是否同意表态的有 54 份，占比 54%，合议庭成员表态后有简单理由的有 33 份，占比 33%，合议庭表态后有较为详细理由的有 13 份，占比 13%（如图 2）。从是否同意承办法官意见的角度进行统计可以发现，一致同意承办法官意见的有 65 份，占比 65%，承办法官意见为多数意见的有 34 份，占比 34%，承办法官意见为少数意见的仅 1 份，占比 1%（如图 3）。合议庭评议案件的形式化使得合议庭评议失去了辩论性，难以实现观点碰撞激发思维的效果，也达不到发挥集体讨论集中智慧的作用。

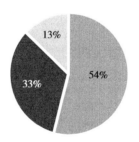

■ 仅作是否同意表态

■ 表态后简单陈述理由

■ 表态后详细陈述理由

**图 2　中部 H 省 C 市某基层法院合议庭评议案件陈述理由情况**

---

① 参见彭海青：《我国合议庭评议表决制度功能缺失之省思》，《法律科学（西北政法大学学报）》2009 年第 3 期。

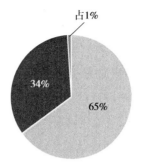

图3　中部 H 省 C 市某基层法院合议庭发表意见情况

3. 承办法官越位：包揽案件现象普遍

承办法官包揽案件与合议庭其他成员放弃行使权力互为因果，承办法官包揽案件主要体现在三个方面：一是包揽程序性事项；二是包揽案件实体审理过程，主导案件评议结论；三是包揽裁判文书制作。承办法官的"过度作为"导致合议制实质上沦为了独任制。

（二）考核失效：现有考核机制不够精准

目前对合议庭的考核仍然存在缺乏针对性和系统性现象，主要着眼点还是法官承办案件的数量，虽然有些法院也对法官参与办案数进行考核，但还是倾向于将法官作为独立个体进行考核，将合议庭作为整体考核的机制比较欠缺。考核标准参照绩效指标，以结果为导向，对合议庭成员在案件审理中的表现基本只能通过合议庭发表的意见来评判，无法对合议庭成员参与案件审理的过程进行评价，而过程评价才是促进合议实质化的关键。

（三）监督失衡：合议庭缺乏内部监督机制

合议庭运行面临上述现实困境的原因之一是缺乏有效的监督，而合议庭内部的监督更是一个真空地带。首先，合议庭其他成员在案件审理各环节有时参与程度低，导致发现问题的可能性大大降低。其次，合议庭成员往往是一个庭室的法官或者经常见面打交道，碍于情面也不会对他人承办的案件"指手画脚"，而且即使发现存在问题，往往也只是善意地提醒，主要还是承办法官对案件负责。最后，作为合议庭审判团队的审判辅助人员主要是在审判长或承办法官的指导下处理事务性的工作，更不可能对合议庭进行监督。

**（四）责任模糊：合议庭责任承担缺乏标准性**

依据合议庭成员发表的评议意见与经法定程序纠正的裁判意见是否一致来认定和追究责任是目前比较常见的责任承担方式，但合议庭审理案件并非只是参与评议，还应当参与庭前阅卷和开庭审理等事项，这个过程亦应区分责任，全部归责于承办法官似乎有失公平。为细化和区分责任追究，部分法院出台了错案责任追究办法，但关于合议庭责任追究的客体、主体以及追责事由等规定并不一致。在客体标准方面，有的法院规定合议庭不当行为导致错案或严重后果时追究责任，有的法院规定合议庭办理案件存在不当行为时就应当追究责任，有的法院采取"不当行为+后果"的责任追究模式。在追责主体方面，有的将合议庭发表错误意见者列为追责主体，有的将审判长和承办法官二者均列为担责主体，有的明确发表评议意见不受追究。在追责事由方面，可归责于合议庭的责任要素也不尽相同。①

**二、目标导向：权责统一视角下基层法院合议庭运行应遵循的基本原则**

合议庭运行存在困境的根本原因是没有处理好"放权"和"监督"的关系，在还权于合议庭的同时，责权不明、考核失效、监督失衡等问题逐渐浮现。② 为恰当地处理二者的关系，笔者认为应当坚持权责统一的总原则，以"独立审判，共同审理，平等行权，制约监督，集体担责"等基本原则为目标导向。

**（一）独立审判**

审判权依法独立行使是法官公正裁判的基本保障，这里的独立应当包括

---

① 参见徐振华、王星光：《合议庭不当评议的责任追究》，《人民司法》2015年第23期。
② 参见孙徹、张奚：《审判监督管理结构与过程双闭环体系之建构》，《人民司法》2021年第28期。

外部独立和内部独立两个维度①，包含组织独立、事务独立、人身独立三层含义②，即外部独立于其他单位或组织，内部成员间相互独立，排除不当因素的干扰，在组织形式、办理具体事务的权力以及法官切身利益方面保持相对的独立性。我国在立法层面确立了法院独立审判的基本格局，但法院独立审判的实现归根结底需要依靠行使审判权的审判组织来实现，这要求独任庭或合议庭裁判主体资格应当一贯而终，且要排除一切干扰审判权独立行使的因素。虽然司法责任制改革语境下，"让审理者裁判、由裁判者负责"已形成共识，也在一定程度还权于审判组织，但从法院内部的组织和管理模式来看，仍然没有摆脱行政化的窠臼。即使有些法院试图推行扁平化的管理模式，依旧难以摆脱行政思维惯性影响，上级对下级拥有较大的话语权，也为上级干预下级办案提供了可能的空间。在"集体办案、集体负责"机制之下，在加强领导、强化案件质量管理、服务中心工作、过度绩效考核等目标之下，合议庭往往难以实现真正的独立审判。③ 因此，强调合议庭独立审判是理论和现实的双重需求。

### （二）共同审理

合议制度设置的初衷是通过多数人共同参与和分权制衡，集思广益，克服偏见，抑制司法擅断，实现理论上最大概率的正确性，以最大限度地实现司法公正。④ 案件审理的过程实际上是一个内心确信逐步形成的过程，审判人员必须亲历审判，与证据进行全方位接触，与当事人进行直接交流，否则仅凭之前的办案经验和对同类案件的感性认知进行决断，得出的结论很可能是不契合实际情况的。因此共同审理理应成为合议庭运行的基本原则。合议庭成员共同审理案件，并不意味着所有合议庭成员对全部审判工作都亲力亲为，比如庭前准备、主持庭审、组织评议案件及撰写裁判文书，不需要也不

---

① 参见汪习根：《司法权论——当代中国司法权运行的目标模式、方法与技巧》，武汉大学出版社 2008 年版，第 24 页。

② 参见［德］米夏埃尔·施蒂尔纳：《德国民事诉讼法学文萃》，赵秀举译，中国政法大学出版社 2005 年版，第 129—133 页。

③ 参见刘少军：《司法改革语境下合议庭独立审判问题研究》，《法学杂志》2017 年第 10 期。

④ 参见陈增宝：《合议制的原理与规则——基于群体决策理论的检视》，《法律适用》2008 年第 5 期。

可能由所有合议庭成员承担①，而阅卷、参与庭审、评议案件等则需要也必须由所有合议庭成员参与。

（三）平等行权

合议庭内部虽然有不同分工，但是合议庭成员对案件的裁判权是平等的，每一个合议庭成员对案件都具有平等的话语权。② 从理论上来说，只有每个合议庭成员的权力是平等的，才能发挥集体智慧的作用，如果某个合议庭成员的话语权权重较大或者某个合议庭成员的话语权权重较小，那么话语权权重较大的合议庭成员的观点势必会覆盖或侵蚀话语权权重较小的合议庭成员的观点，那么组建合议庭也就失去了其原本的意义。虽然有的合议庭成员因自己承办的案件数量较多，或者事务性工作太多，或者认识存在偏差，没有真正参与到合议庭审理案件中，但这并不影响其平等行权。

（四）制约监督

权力必须关进制度的笼子才不会被滥用，合议庭行使独立审判权同样要受监督。就外部监督而言，院庭长可以对合议庭行使审判监督管理权，但院庭长的监督更多的是对程序或者案件处理结果等案件质量方面的监督。而法院内部监察部门的监督，更多的是对审判人员是否违纪违法的监督。对于合议庭成员是否实质参与审理以及案件事实认定、证据判断与法律适用等方面的监督就需要依靠合议庭形成内部监督机制，这种内部监督应当涵盖合议庭成员之间的相互监督，以及合议庭成员对辅助办案人员的监督。只有内外结合，形成全面监督，才能推动合议庭运行的实质化，全面提升合议庭的运行质量。

（五）集体担责

要落实"让审理者裁判、由裁判者负责"的改革目标，在充分尊重合议庭办案主体地位和"放权"的基础上，还要加强责任的落实，有权必有责，这是权责统一原则的必然要求。确立集体担责原则，可以通过责任追究来倒逼合议庭成员认真履职，实质参与审理。当然这种集体担责，并不是合议庭成员之间均等的、无差别的担责，而是要根据实际履职情况以及各自的

---

① 参见丁朋超：《我国民事合议制度内部关系的再改革》，《时代法学》2016 年第 6 期。
② 参见徐瑞柏：《合议庭工作机制的改革》，《法律适用》2003 年第 7 期。

过错程度加以区分，否则集体担责原则可能沦为个别人躲避责任的工具。

## 三、完善路径：权责统一视角下基层法院合议庭运行的具体模式

### （一）权力归位：承办法官适当"退出"与合议庭其他成员合理"进入"

1. "加减法"组成模式

为保证合议庭审理案件的相对独立性，合议庭组成应坚持"随机组成为主"规则，防止可能提前利用"熟人关系"指定合议庭成员对案件审理造成的不当干扰，减少固定合议庭成员之间"碍于面子"不愿过多发言的顾虑，让当事人直观地感受到程序上的公平公正。然而，对于有些重大、疑难、复杂案件，如果随机组成合议庭，可能难以保证案件审理的专业性，毕竟受年龄、经历、专业知识结构差异影响，不同法官的业务水平是各异的。尤其是"四类案件"①，处理结果社会影响重大，关系到法院形象和司法公信力，此类案件宜指定组成合议庭，将院庭长纳入。

（1）做好指定院庭长办理"四类案件"的加法。院庭长带头办理重大、疑难、复杂案件是司法责任制改革的要求，从基层法院的实际情况看，院庭长多是审委会委员，提高院庭长参与合议的比率有利于提高合议的质量。笔者认为，立案阶段识别标注的"四类案件"应当指定由院庭长承办，在案件审理阶段标注识别的"四类案件"可以由合议庭提请院庭长承办。首先，院庭长本身就具有"四类案件"监管职责。其次，可以改变院庭长通过办简案和批量案件完成办案任务的现状，也不会大幅加重院庭长的工作量，因为基层法院办理的大部分还是比较简单的案件，疑难案件占比较小。就笔者所在基层法院而言，有80%—90%的案件适用简易程序，而入额院庭长占员额法官总人数的38%左右。院庭长大多配备了办案经验比较丰富的法官助理，可以承担很大部分的事务性工作。最后，"四类案件"要求在

---

① 根据《最高人民法院关于进一步完善"四类案件"监督管理工作机制的指导意见》第二条的规定，四类案件是指符合下列情形之一的案件：（一）重大、疑难、复杂、敏感的；（二）涉及群体性纠纷或引发社会广泛关注，可能影响社会稳定的；（三）与本院或者上级人民法院的类案裁判可能发生冲突的；（四）有关单位或者个人反映法官有违法审判行为的。

办案平台全程留痕，且社会关注度高，影响大，可能有人大、政协委员、纪委监委、媒体和群众等多双"眼睛"盯着，产生廉政风险的可能性也比较小。

（2）做好"审判长和承办法官合二为一"的减法。考虑到基层法院案多人少的实际情况，为提高合议庭运转的效率，建议合议庭的"审判长"和"承办法官"合二为一。按照规定，审判长主要负责合议庭的召集、审判活动的组织、主持和协调工作，承办法官则负责处理办案中的具体程序性事项，包括调查收集证据、委托鉴定、组织调解、撰写法律文书等。合议庭的审判长和承办法官存在两种具体情形：一是审判长和承办法官分别为不同的合议庭成员，此时两人的职责存在部分重合，实践中基本上还是承办法官包揽实质性的审判工作，审判长的存在不过是在叠床架屋的行政式管理模式下再增加一层行政长官，不仅难以发挥其对案件的把关作用，还增加了审判管理成本。另一情形是审判长和承办法官为同一合议庭成员，此时二重身份和职能本就合一。因此，审判长和承办法官相分离的二元核心模式基本无存在的必要，反而降低了合议庭的审判效率。笔者认为可以将二者合而为一，保留审判长，在合议庭内部按照资历深浅，由资历最深的合议庭成员担任审判长，具体承办案件，审判长因案而设，案件办结后审判长也随合议庭的解散而撤除。

2. "必修+选修"参与模式

基层法院办案压力大，工作任务繁重，若要求所有合议庭成员参与案件办理的每一个步骤显然不太现实，而且经过人员分类改革，很多程序性的事项可以由审判辅助人员办理，笔者认为对于合议庭实质性参与案件要求可以采取"必修+选修"的模式来落实。"必修"项目是指合议庭成员必须参加的案件审理环节，包括庭前阅卷、法庭审理以及庭后评议，由于合议庭评议对于案件裁判起着关键性作用，且合议庭评议诟病较多，本文将在本节第三部分专门论述。"选修"项目是指合议庭成员可以视情况参与的环节，包括庭外调解、审理报告及裁判文书制作等。结合合议庭的考核制度，运用正负面的激励机制，对"必修"和"选修"进行分类考核，对于"必修"项未完成的，予以考核扣分，对于完成"选修"项的，予以考核加分，促进合议庭成员积极履职。

（1）必修一：电子阅卷，系统留痕

庭前阅卷对于合议庭成员熟悉案件基本情况，梳理案件疑难争点以及明确庭审重点等具有奠基性作用，有助于打破承办法官对案件信息的垄断，弥补承办法官的知识缺陷，提高合议庭庭审、合议的质效，促进共同参与，落实合议庭办案责任制。[①] 司法实践中，制约庭前阅卷的主要因素包括合议庭成员办案压力大而少有时间和精力阅卷以及阅卷不方便等，因此从客观上便利合议庭成员阅卷是提高阅卷率的关键。笔者认为，可以借助办案系统中的电子案卷来解决"阅卷难"问题，立案后要求将全部案卷材料上传，在组建合议庭后，赋予合议庭成员阅卷的权限，要求合议庭成员阅卷后必须在平台制作阅卷笔录，并对阅卷情况进行系统留痕，以此作为合议庭成员考核的依据之一。

（2）必修二：亲历庭审，主动发问

在推进以审判为中心的诉讼制度改革背景下，庭审实质化要求凸显庭审在认定证据、查明事实、保护诉权、公正裁判方面的作用。[②] 随着庭审要求越来越严，合议庭其他成员"挂名"办案现象有所减少，但"坐庭"办案现象依然普遍，他们在庭审中主动性和积极性不高，很少主动发问。笔者认为要改变这种状况，首先应确立"亲历庭审、主动发问"规则，运用合议庭考核机制，通过查看庭审视频和庭审笔录等方式，对合议庭成员的庭审表现进行评价，以促进庭审质效的提高。

（3）选修一：庭外调解，尽其所长

调解能够以更温和的方式化解纠纷，避免矛盾激化，做到案结事了，但是由于需要投入更多的时间和精力反复做双方当事人的工作，很多法官不愿做调解工作。[③] 为了激励合议庭其他成员参与案件调解，笔者认为，可以在考核时适当增加主持和组织调解案件合议庭成员工作量的权重，比如可以按本案件工作量的 1.2 或 1.5 的权重计算。另外，由于不同法官的年龄、性

---

① 参见方勇：《合议庭交叉阅卷制度研究》，《人民司法（应用）》2016 年第 25 期。

② 参见魏晓娜：《以审判为中心改革的技术主义进路：镜鉴与期待》，《法商研究》2022 年第 4 期。

③ 参见石东洋、潘红：《论审判权运行机制的困局及破解之策》，《中共郑州市委党校学报》2016 年第 3 期。

格、经历和专业知识等不同，所擅长的调解领域也不同，合议庭应根据案件具体情况和合议庭成员的专长，确定主持和组织调解的人员。

（4）选修二：文书制作，多数随机

裁判文书由承办法官制作似乎是合议庭其他成员"象征性"参与合议的必然结果，但制作主体与负责主体不一致显然违背了权责对等原则。承办法官制作文书后交由合议庭其他成员依次签发，但合议庭其他成员很少会仔细审核文书内容，仅从形式上签发文书，难以发现文书可能存在的问题。另外，若制作文书的承办法官恰好是合议庭的少数意见者，其可能对文书制作存在心理排斥，也可能因没有被多数意见说服而难以对裁判结果进行充分说理。因此，笔者认为裁判文书不应当然由承办法官制作，可以从多数意见合议庭成员中随机指定一人来制作，且应当在合议庭评议案件之后进行，合议庭成员在事先不知道由谁（很有可能由自己）制作的情况下，会产生一定的心理压力，从而认真对待案件审理和评议。

3."充分论证，顺序发言"的可视化评议模式

合议庭成员独立充分发表意见是合议庭意见交流和思想碰撞的前提，经过充分辩论后形成的决策意见更能经得起时间和人民群众的检验。按照群体决策心理理论，群体在决策时具有从众和服从权威心理，为确保合议庭成员评议案件充分发言且尽量不受其他成员影响，合议庭评议案件的顺序非常关键。[1] 正如前文所述，先由承办法官发表意见容易引起合议庭其他成员的附和，笔者认为按合议庭成员资历由浅至深的顺序依次发言较妥，以便降低资历较浅成员发言时的顾虑，保证资历较浅的成员能够独立充分发表意见。

此外，合议庭评议还应当以可视化的形式为人感知。从形式上而言，整个合议庭评议的过程应当"看得见"。目前科技法庭和云上法庭等视频录播平台和技术在法院信息化和智慧化建设中已得到普遍运用，笔者认为这种运用不应局限于开庭审理，还应扩大到合议庭评议案件，由此形成的视频资料还能成为合议庭考核的依据之一。从实质上而言，合议庭评议的最终结果应

---

[1] 参见余亚宇：《群体决策心理视角下的合议庭评议功能之弥合》，《法律适用》2014年第1期。

当以适当形式完整呈现，不应局限于一致或多数意见，少数意见亦应公开，如在裁判文书中公开，展示多数意见对少数意见的回应。① 因为多数意见仅仅是司法裁判正当性的根据而非其正确性的根据②，少数意见公开表明案件处理结果是经过较为激烈的辩论形成的，充分展示了合议庭成员对案件的思考，最大限度保证合议庭评议结果的科学性，不仅体现对合议庭成员作为审理者主体性和独立性的尊重，而且可以倒逼合议庭进行实质合议，减少"合而不议"现象。

**（二）考核精准："专项+过程"考核模式，强化结果运用**

目前基层法院考核机制多以法官个人为主体，以法官承办案件数量和质量为客体，这种个体化考核机制容易使合议庭法官过于关注自己承办的案件，使合议庭朝形式化方向发展，是"形合实独"现象产生的重要原因。笔者认为，应当增强考核机制的精准性，建立合议庭专项考核机制，以合议庭成员在案件审理过程中的履职行为为考核重点，推动考核结果的强制运用，具体构想如下：

1. 专项考核。根据最高人民法院《关于加强和完善法官考核工作的指导意见》（以下简称《考核指导意见》），合议庭成员审理案件的权重系数比重根据其在合议庭审理中的贡献度决定，权重系数参照指导意见指引确定的标准计算，但指引确定的标准考虑因素多而繁杂。为了突出合议庭考核的精准性，笔者认为，应当建立合议庭工作专项考核机制，结合《考核指导意见》关于考核指标应当按照四级法院审级职能定位分层分类设置的要求，对应基层法院重在准确查明事实、实质化解纠纷的定位，计算合议庭成员贡献度时，应适当加重合议庭成员在证据认定、查明事实以及化解纠纷方面发挥作用的权重。

2. 过程评价。过程评价依赖案件办理过程的留痕，需要以智能化办案系统和相应的技术设备为支撑。过程评价的内容应当包括：第一，合议庭成员是否参与阅卷，参与阅卷后是否制作阅卷笔录；第二，合议庭成员是否参

---

① 目前沿海一些发达城市的法院已经做出了有益实践，比如广州海事法院和上海市第二中级人民法院。

② 参见杨月萍：《论合议庭少数意见的公开》，《河南大学学报（社会科学版）》2017年第6期。

与庭审，庭审的发问情况如何；第三，合议庭是否参与评议案件，是否充分发表评议意见等。此外，考核还应考虑合议庭成员分工的不同，设置有区别的参照标准，比如对审判长的考核，还应涵盖其庭前准备、主持庭审以及组织合议等具体事项的履行情况。

3. 强化结果运用。考核的目的是使考核对象的行为不断趋近考核目标，只有将考核结果与法官等级晋升、绩效等切身利益挂钩，才能充分发挥考核"指挥棒""风向标"的作用。因此应注重合议庭考核结果的强制运用，除了加重合议庭工作在法官考核中的权重以外，还应将法官在合议庭工作中的表现情况与绩效奖金、法官等级晋升以及员额退出机制直接挂钩[1]，比如优秀等次法官优先从合议庭工作情况评价为优秀的法官中产生，在法官等级晋升时同等条件下优先考虑；对于合议庭工作情况评价为不称职的，法官考核等级不得评为基本称职以上，对应奖励性绩效考核奖金为平均水平以下；对于合议庭工作情况连续两年评价为不称职的，按照程序退出员额序列。

**（三）监督有效："内外结合，全程监督"模式**

全面落实司法责任制要求构建有权就有责、用权受监督、失职要问责、违法要追究的权责统一的责任体系。相对于外部监督存在的滞后性，合议庭内部监督及时有效，应当重点关注。

1. 合议庭成员相互监督。合议庭成员作为案件的办理者，亲历每一个环节，最容易实施事中监督，监督的效果也最及时有效。然而，合议庭成员相互监督面临的一个难题是合议庭成员不愿意履行这种监督职责，因为说到底法院内部是一个熟人圈子，过多地进行"提醒"，可能有"好为人师"和"指手画脚"之嫌。在案件承办制下，合议庭其他成员不但没有动力履行监督职责，还可能寄希望于通过这种"放任"换取自己承办案件时别人同样的"放任"。因此，在确立共同审理、集体担责的原则之下，还应将合议庭成员履行相互监督职责的情况与案件责任追究制度挂钩，当案件存在瑕疵或错误需要追责问责时，应当考虑合议庭成员履行监督的情况，合议庭成员履

---

① 参见李春刚：《合议制改革——审判组织模式"扁平化"设计探析》，《中国应用法学》2017年第6期。

行了监督职责的，可以免责或适当减轻责任。

2. 人民陪审员对事实监督。在基层法院办理的合议案件中，人民陪审员参审的比例较高，就笔者所在的法院而言，过去五年人民陪审员参审的合议案件比例基本保持在90%以上（详见表1）。人民陪审员除了发挥"审判员"、"调解员"和法治"宣传员"的作用外，还有一个重要的身份是"监督员"，在参与案件审判程序和实体处理的过程中对法官的办案行为进行监督。① 《人民陪审员法》② 规定七人合议庭评议时，人民陪审员对事实认定问题发表意见并表决，对于法律适用问题，人民陪审员可以发表意见，但不参与表决。人民陪审员由于缺乏法律专业知识和专门的法律思维训练，对于法律适用问题难以发表有效意见，但是事实认定很大程度上是基于生活经验。英美法系中分别由陪审团和法官负责重构事实和适用法律的权力配置形式，事实上形成了一种相互监督和制约的关系。③ 笔者认为，人民陪审员的监督职责也应主要定位于对事实认定的监督。

**表1　中部 H 省 C 市某基层法院近五年人民陪审员参与合议情况表**

|  | 人民陪审员参审案件数 | 合议审结案件数 | 陪审率 |
|---|---|---|---|
| 2017 年 | 2131 | 2161 | 98.61% |
| 2018 年 | 1863 | 1875 | 99.36% |
| 2019 年 | 1062 | 1120 | 94.82% |
| 2020 年 | 828 | 922 | 89.80% |
| 2021 年 | 1037 | 1122 | 92.42% |

3. 对审判辅助人员的程序性监督。合议庭审判辅助人员虽然不对案件的审理情况负责，但实际掌握着一些"程序性权力"，比如审查诉讼材料、

---

① 参见田圣庭：《人民陪审员制度改革试点新问题研究》，《信阳师范学院学报（哲学社会科学版）》2016 年第 6 期。

② 即《中华人民共和国人民陪审员法》，该法第二十二条规定："人民陪审员参加七人合议庭审判案件，对事实认定，独立发表意见，并与法官共同表决；对法律适用，可以发表意见，但不参加表决。"

③ 参见蔡彦敏：《中美民事陪审制度比较研究——兼对中国民事诉讼简易程序扩大化趋向分析》，《学术研究》2003 年第 4 期。

协助法官组织或受法官指派组织庭前证据交换、调解、调查询问、提讯或听证，受法官委托或协助法官办理财产、证据保全、委托鉴定和评估等，因此对辅助人员也应当进行监督，否则事情是辅助人员办，而责任则由合议庭法官担，这种"避风港"容易鼓励辅助人员"躺平"，怠于履职。笔者认为，对辅助人员的监督情况和结果应当与辅助人员的绩效考核挂钩，且每一个合议庭成员都应对辅助人员完成工作情况进行评价。

**（四）责任清晰："集体担责，轻重有别"的过错责任模式**

从权责统一的视角来看，对应合议庭共同审理原则，应当确立合议庭集体担责原则，否则权责错位，"合而不审""合而不议"的问题无法从根本上得到解决。然而，集体担责并不意味着合议庭成员平均地承担责任，而应在集体担责的基础上，根据合议庭成员在案件办理中的行为表现，按照过错原则，对责任轻重有所区分，否则又会落入"平均主义"消极和低效的窠臼中，正如有学者指出"我们很难说判决是对还是错。只要判决是依法作出的就是对的，即使你们对结果感到遗憾，也不能说它是错误的"①。有权必有责，制定清晰的合议庭职责清单并明确责任承担规则是有效追责的前提，最高人民法院针对合议庭法官制定了详细的权责清单。因此，在合议庭内部确定合议庭成员责任时，应当对照合议庭职责清单，确定合议庭成员是否存在履职不当，在此基础上再区分履职过程中是存在一般过失、重大过失还是故意，分别依法追究责任。②

## 四、系统集成：基层法院合议庭运行机制与配套机制之协调

**（一）良性互动：合议庭独立审判与院庭长审判监督管理之平衡**

合议庭独立审判和院庭长审判监督管理均是合议庭良性运行的内在要求，二者不是非此即彼而是相互促进的关系。为实现二者的平衡，笔者认

---

① 参见［美］劳伦斯·M. 弗里德曼：《法治、正义与现代化》，傅郁林整理，载宋冰编：《程序、正义与现代化——外国法学家在华演讲录》，中国政法大学出版社 1998 年版，第 153—154 页。

② 参见王庆廷：《角色的强化、弱化与衡平——负责制视角下的合议庭成员考论》，《安徽大学法律评论》2008 年第 1 期。

为，首先，应规范院庭长的审判监督管理权，运用清单方式明确院庭长权责，并将清单嵌入办案系统监督管理平台①，院庭长启动监督管理必须通过办案系统监督管理平台进行，同时应勾选行使权力的清单选项。其次，实务中要求口头汇报的情况非常普遍，由于口头汇报案件的随意性过大，且属于监管盲区，合议庭成员碍于领导权威也难以当面拒绝，笔者认为可以通过事后倒查的方式来倒逼院庭长规范行权，比如对于在办案系统监督管理平台标注为院庭长监管案件但又无院庭长监管意见留痕的，可以由监察部门或上级法院进行通报甚至问责。最后，应充分尊重合议庭的主体地位，发挥合议庭对院庭长的反向制约作用，对院庭长提出的监管意见，合议庭有权决定是否采纳，合议庭不采纳造成严重后果的，由合议庭承担责任，院庭长可以免责。

**（二）返璞归真：合议庭决定权与专业法官会议咨询功能之回归**

专业法官会议的功能呈多元化倾向，包括辅助办案决策、统一法律适用功能、强化制约监督等，但最高人民法院《关于完善人民法院专业法官会议工作机制的指导意见》（以下简称《专业法官会议意见》）将专业法官会议定性为内部咨询机制，故专业法官会议的核心功能应是提供咨询意见。②为充分发挥专业法官会议的咨询功能，笔者认为，应当适当放宽专业法官会议的启动权，取消报请院庭长决定召集环节，赋予合议庭直接将案件提交专业法官会议讨论的权力，由专业法官会议办事机构以形式审查决定最终是否由专业法官会议讨论。

与审委会不同，专业法官会议讨论形成的意见仅供合议庭参考，按照《专业法官会议意见》的要求，合议庭应及时对专业法官会议意见进行复议，当专业法官会议没有形成多数意见或复议意见与专业法官会议多数意见不一致时，区分"四类案件"和其他案件，分别"应当"和"可以"层报院长提交审委会讨论决定。笔者认为，既然专业法官会议讨论形成的意见仅供合议庭参考，意味着案件处理的决定权在合议庭，那么还应当明

---

① 参见肖瑶：《中基层法院院庭长监督指导重大案件的实践运行与机制完善》，《法律适用》2019 年第 13 期。

② 参见陈庆瑞：《专业法官会议的运行困境与出路选择——以 H 省三级法院为样本》，《西部法学评论》2019 年第 6 期。

确当合议庭复议意见与专业法官会议多数意见不一致时，合议庭亦可以按复议意见作出裁决，但是应书面说明不参考专业法官会议多数意见的理由并附卷。

### （三）理顺关系：合议庭个案责任与审委会宏观指导功能之定位

审委会个案审判权呈扩张趋势，有些案件仅仅因为存在信访因素或法官想逃避责任就提交审委会讨论，根据最高人民法院《关于健全完善人民法院审判委员会工作机制的意见》（以下简称《审委会意见》），审委会的职能定位为总结审判经验、统一法律适用和讨论审判工作的重大问题，不应成为转移责任的"避风港"。因此，应当限缩审委会的个案讨论权，严格限定于《审委会意见》第八条①规定的讨论范围，回归审委会对案件的宏观指导功能，对于第八条范围之外的案件，可以采取向审委会报备的形式，由审委会根据案件不同类型，分别出具统一的适用指导意见，具体的个案决策仍由合议庭根据指导意见作出，改变过去由审委会讨论决定导致审与判分离的现象。另外，按照亲历性要求，应当明确事实问题由合议庭负责审查和认定，审委会原则上仅讨论法律适用问题。合议庭所有成员应当列席审委会，接受审委会委员提问，直观呈现案件事实和观点。② 当构成要件事实不清楚或者证据尚未达到高度盖然性或排除一切合理怀疑的标准时，审委会可以让合议庭先把关键事实问题弄清楚再进行法律适用问题的讨论。③ 如图4所示。

---

① 最高人民法院《关于健全完善人民法院审判委员会工作机制的意见》第8条："各级人民法院审理的下列案件，应当提交审判委员会讨论决定：（1）涉及国家安全、外交、社会稳定等敏感案件和重大、疑难、复杂案件；（2）本院已经发生法律效力的判决、裁定、调解书等确有错误需要再审的案件；（3）同级人民检察院依照审判监督程序提出抗诉的刑事案件；（4）法律适用规则不明的新类型案件；（5）拟宣告被告人无罪的案件；（6）拟在法定刑以下判处刑罚或者免予刑事处罚的案件；高级人民法院、中级人民法院拟判处死刑的案件，应当提交本院审判委员会讨论决定。

② 参见宁韬、崔丹妮：《合理拓宽与适当规制：审委会列席制度研究》，《人民司法》2020年第22期。

③ 参见马荣、王小曼：《合议庭与审判委员会衔接问题探析——在审判权运行机制改革背景之下》，《人民司法》2015年第21期。

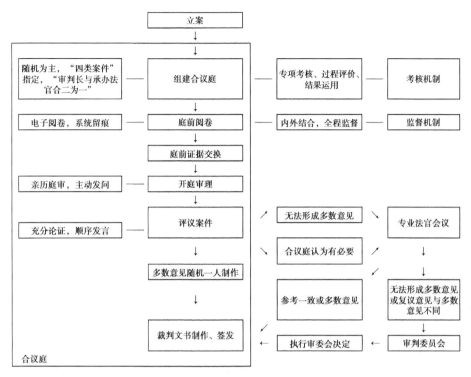

**图4  合议庭运行机制及其与配套机制衔接图**

# 结　　语

　　随着基层法院独任制适用范围的扩大，有人对合议制的重要性产生了认识偏差。笔者试图揭示基层法院合议庭运行日渐显露的弊端，以全面准确落实司法责任制为背景和视角，针对基层法院的现实状况，在强调还权于合议庭的同时，注重完善合议庭的考核、监督和责任机制，解决合议庭与配套机制的协调问题，尽力消除阻碍合议庭运行的梗阻，充分发挥合议庭在重大、疑难、复杂案件审理中的积极作用，提升案件办理质效，促进司法公正，为中国式现代化提供更加优质、高效的司法服务和保障。

# 审判人员任职限制的内部
# 风险控制体系构建研究

## ——试用《萨奥法案》过程性监督思维解析

杜　茜[*]

## 引　言

2016 年法官员额制改革以来，一系列入额遴选规则给法院队伍"四化"建设带来涤清的源头活水。继后出台的审判人员任职回避规则，则试图凭借"身份隔离"阻断法律职业群体间可能发生的利益输送。然而，任职回避"断流"规则是否能如愿给规范审判行权带来预想实效呢？可能并非如此。据笔者观察，当下重身份切割、轻过程监管的规则体系，不仅对审判行权风险控制作用甚微，更给不同法律职业群体多元交互涵养带来明显的内卷效应。

## 一、现状：回避规则悖反于顶层设计和监督实需

回避按其特征可划为身份回避和诉讼回避，规制对象、路径各有所重。任职回避实为身份回避，其对审判人员选拔任用产生的影响不可谓不广泛。借助任职回避来防控审判行权风险的理论逻辑在于，规避职业身份差异引发的私益与公益冲突。为达理性审视任职回避规则合理性和功用性之目的，笔者首先对这类规则对改革顶层设计的遵从度及其防范行权冲突的实效性进行梳理分析。

---

* 杜茜，四川省高级人民法院法官，现挂职四川省泸定县人民法院副院长。

## （一）任职回避角色定位与改革顶层设计不能耦合

表1按管控的对象范围、冲突考量、方式类型、介入时间四要素将现有回避规则划定为身份回避、诉讼回避两类并分别标记特征。

表1　回避规则要素类型

| 规则名称 | 条文 | 管控对象范围 | 冲突考量情形 | 管控方式类型 | 管控介入时间 |
|---|---|---|---|---|---|
| 《中华人民共和国法官法》 | 第24条 | 法官 | 配偶、父母、子女从事法律代理或有偿法律服务 | 身份回避（身份管控型） | 选拔任用 |
| 《关于对配偶父母子女从事律师职业的法院领导干部和审判执行人员实行任职回避的规定》 | 第1条第2条第11条 | 领导班子审委会委员法官法官助理执行员 | （1）配偶、父母、子女从事法律代理或有偿法律服务 | （1）身份回避（身份管控型） | 选拔任用 |
| | | | （2）兄弟姐妹、配偶父母、配偶的兄弟姐妹、子女的配偶、子女配偶的父母从事法律代理或有偿法律服务 | （2）身份报告（身份管控型） | 展职全程 |
| 《中华人民共和国民事诉讼法》 | 第47条 | 审判人员书记员翻译人员鉴定人勘验人 | （1）是本案当事人或者当事人、诉讼代理人近亲属（2）与本案有利害关系（3）与本案当事人、诉讼代理人有其他关系，可能影响案件公正审理 | 诉讼回避（行为管控型） | 个案办理 |
| 《中华人民共和国刑事诉讼法》 | 第29条 | 审判人员 | （1）是本案当事人或者当事人近亲属（2）本人或者他的近亲属和本案有利害关系（3）担任过本案证人、鉴定人、辩护人、诉讼代理人（4）与本案当事人有其他关系可能影响案件公正处理 | 诉讼回避（行为管控型） | 个案办理 |

续表

| 规则名称 | 条文 | 管控对象范围 | 冲突考量情形 | 管控方式类型 | 管控介入时间 |
|---|---|---|---|---|---|
| 《中华人民共和国行政诉讼法》 | 第55条 | 审判人员书记员翻译人员鉴定人勘验人 | 与本案有利害关系或者有其他关系可能影响公正审判 | 诉讼回避（行为管控型） | 个案办理 |
| 《关于审判人员在诉讼活动中执行回避制度若干问题的规定》 | 第1条第2条 | 审判人员 | （1）涵盖三大诉讼法规定内容（2）违规与当事人及诉讼代理人、辩护人不正当交往 | 诉讼回避（行为管控型） | 个案办理 |

身份回避以《中华人民共和国法官法》（简称《法官法》）和《关于对配偶父母子女从事律师职业的法院领导干部和审判执行人员实行任职回避的规定》（简称《任职回避规定》）为主，仅考量审判人员特定范围亲属是否与之有身份冲突，管控方式限为身份回避或身份报告，是从选拔任用阶段介入实施"身份管控型"风险控制。诉讼回避涵盖三大诉讼法及《关于审判人员在诉讼活动中执行回避制度若干问题的规定》（简称《诉讼回避规定》），侧重考量个案是否存在私益与公益冲突，管控方式限于个案回避，仅因时制宜采取"行为管控型"风险控制。

作为重要的风险控制手段，任职回避并非全然无用。在审判人员选拔任用中实行"身份绝缘"有利于彰显人民法院公正规范行权的决心。但冲突考量扩大化、管控方式绝对化、介入时间短时化等固有局限却令其注定无法与顶层设计完美契合。体现如下。

1. 任职回避规则无法契合"三新发展"厘定的改革逻辑

立足新发展阶段、贯彻新发展理念、构建新发展格局，是由我国经济社会发展的理论逻辑、历史逻辑、实践逻辑决定的。以"三新发展"思维指引法院司法责任制改革，意味着应理性审视当下社会主义司法体系的发展阶段和特征，探索用新理念指引构建行权监督制约新格局。《法官法》第二十四条和《任职回避规定》第一、二、十一条递进式地将任职回避的管控对象范围从法官扩至法官助理等人员，而冲突考量有从"配偶、父母、子女"

扩至"兄弟姐妹、配偶的父母、配偶的兄弟姐妹、子女的配偶、子女配偶的父母"的泛化趋势。这种双向扩张，不仅已将大量职业操守高尚、法学功底深厚、业务经验丰富的一线审判人员排除于任职门槛之外，更有完全切断法官群体和法律服务群体双向流动的趋势。回看三新思维，意在摒弃绝对化的惯性思维，倡导构建符合社会阶段性特征的监督制约机制。断流任职回避与"清亲"法律职业共同体格局构建、从优秀律师中选拔产生法官等当下司法体制改革阶段强调的新改革逻辑显相违背。

2. 任职回避规则不能覆盖"多维监督"涵摄的改革内容

按照中央最新指引，完善执法司法制度需形成立体化、多层次、全方位的制约监督体系；完善内控机制，消除监督盲点，确保政法单位内部监督"长出牙齿"。以上指引的第一层逻辑是，规范行权有赖于多维监督制约。而实现多维监督制约，意味着建立开放而非封闭的行权治理体系。第二层逻辑则是，多维监督制约应以内控机制为着力点。应严格落实政法机关内部案件管理和督察部门的动态监督、过程管控职责。"内部监督、过程管控"，当被奉为构建多维审判行权监督制约机制之圭臬。然而，当下任职回避规定仅将目光聚焦于任职起点处的身份隔离，而对本应重点关注的任职后的后续过程监督鲜有涉及。任职资格的"一刀切"恰恰体现了过程监督的乏力，头重脚轻的任职回避规则不能覆盖中央布设的"全程全方位""强化内部管控"改革内容。

3. 任职回避规则难以兼容"防范为先"导引的改革要求

落地见效的规则，当以防患于未然为其指引。制定监督制约规则首应考量，行权风险控制是否全然等同任职回避？如否，审判行权风险节点何在？现行任职回避规则对风险控制能否发挥全程效用？任职回避规则的方向性谬误在于，仅将目光聚焦于"假定身份冲突"并据此展开"无因回避"[①]。似乎仅靠无因回避即可将身份管控效应顺延至后续个案诉讼程序。然而，"防范为先"隐含的却是在个案启动、过程性监督运转中实证其效用的逻辑。任职回避规则由于从任职起点处即将有关人员予以排除，一个已经不被赋予

---

[①] 无因回避（peremptory challenge）指英美法系国家在其司法行为准则体系中规定的当事人针对陪审员享有"无须说明任何理由即可提出回避请求"的权利，基本被运用于个案陪审员挑选程序。

审判行权资格的人永远无法通过实际审判行权来反向验证这种身份管控的防范作用是否切实有效。防范为先，在任职回避这里始终只存活于假想之中。此外，对在任审判人员的行权监督仍需寻求其他防范性规则来得以实现。任职回避规则对后者更无防范为先之意义。

**（二）非廉行权特征实证任职回避规则未能如愿显效**

历数设计偏差后，再看运转实效。笔者统计了近年某省三级法院因违反《关于进一步规范司法人员与当事人、律师、特殊关系人、中介组织接触交往行为的若干规定》（简称《交往规定》）被处理处分①人员情况及关联廉洁行权的个罪文书，发现非廉行权的固有特征便决定身份管控型任职回避难在行权风险控制中显效。

1. 被处理处分人员的亲属身份不具特定性

据统计②，某省三级法院接受审查调查的人员中，违反《交往规定》的占比66.67%。由于统计区间内大部分审判人员③尚保留职务身份，故此种考察仍有意义。

在违反《交往规定》实施犯罪的人员中，占比30.77%的人员具备单纯审判人员身份，且该身份延续至《任职回避规定》生效后，故可反向推知其亲属身份非律师职业④。而另有占比13.46%的人员在非审判部门任职，亲属也非律师职业。更有高达55.77%的人员是担任领导职务的审判人员。

普通或领导身份的审判人员违规行权的特点是，大多并非仅通过自身承办案件实施非廉行为，均存在依赖其职务便利条件从他人办案中牟利的情况。而以上违反交往规定实施犯罪的人员，其特定范围亲属都非律师职业。这说明，亲属身份要素并不与其违反交往规定行为的发生存在正向关联，也非其实施违法行为的主要、特定依赖条件。

2. 被定罪处刑人员的行为模式呈现多样性

基于前述小范围非廉行为的考察指引，笔者将样本范围扩至全国。在裁

---

① 包含被运用监督执纪四种形态的人员。
② 统计区间为2016年1月1日—2021年6月30日，后文如无特别说明，则同。据某省纪检监察官网发布情况及有关资料综合统计。
③ 《任职回避规定》于2020年5月6日施行。后文"审判人员"均指该规定定义的对象范围。
④ 此指任职回避规定定义的广义法律服务职业者，后同。

判文书网检索关联审判人员职务廉洁的 12 项个罪①，分别设置"当事人段"为"审判员""法院院长/副院长"等身份特征项，检索出违反交往规定的有效文书 96 份，涉 96 人。行为模式呈现三大特征。

一是外来干扰力量的"行为指向"多样。如图 1，外来干扰力量往往并非指向于目标案件实际承办人。② 单纯通过自身承办案件实施的仅有 40 人，存在通过干扰他人办案实施犯罪的共 56 人（占 58.33%）。尤有 14 人单纯利用领导职务之利对审判执行工作实施干扰，完全不涉及自身承办案件。

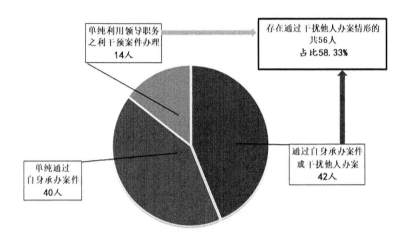

**图 1 行为指向特征分布**

二是发挥"桥梁作用"人员多样。如图 2，与当事人"直接往来"的仅有 16 案，借助"桥梁作用"实施犯罪的多达 80 案，说明"中间人"在这类犯罪中斡旋作用普遍。"中间人"从事律师职业的仅有 35 案且全非被告人特定范围亲属。

三是利益输送"具体形式"多样。如图 3，除收受现金，还交叉存在以下形式：收受购物卡等财物，由请托人代为报支相关费用，以本人或特定关系人名义虚假借款，借提供法律咨询收取好处，以与市场迥异价格与请托人

---

① 贪污贿赂罪、渎职罪类罪下 12 个罪名：滥用职权罪、徇私枉法罪、徇私舞弊减刑假释暂予监外执行罪、民事行政枉法裁判罪、执行判决裁定滥用职权罪、枉法裁判罪、受贿罪、利用影响力受贿罪、行贿罪、对有影响力的人行贿罪、介绍贿赂罪、巨额财产来源不明罪。

② 此项统计根据该案例有无中间人发挥桥梁作用为区分标准。

交易，收受请托人提供干股或其他合作投资名义收受贿赂等。

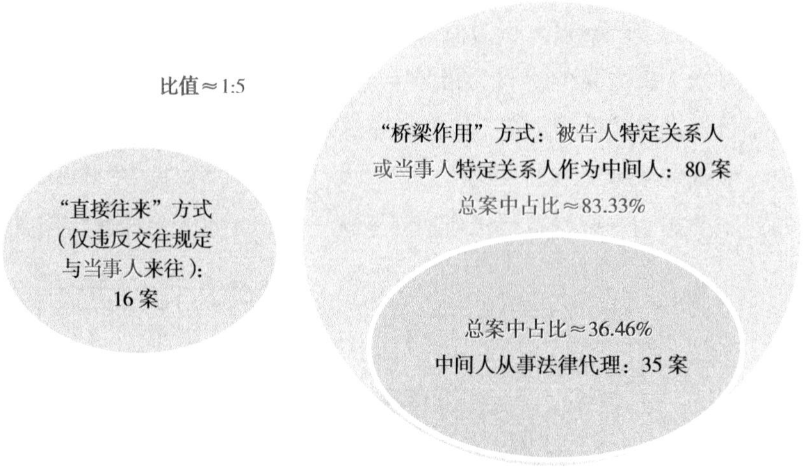

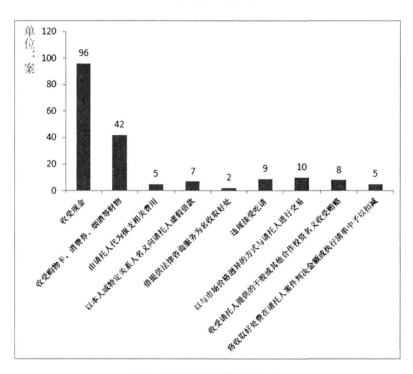

图 2　桥梁作用特征分布

图 3　利益输送形式特征分布

以上特征从行权各环节增加了犯罪的隐蔽性，也表明仅从任职起点处防控，很难在"司法掮客""圈子文化"等利益共同体的迂回犯罪中实现行权过程性监督。

3. 断流规则对不法行为的管控效应无显见性

任职回避规定将回避人员范围及亲属身份冲突考量范围双重扩大，意在强化身份隔绝的行权管控效应。但违反交往规定而被运用监督执纪四种形态的员额法官人数并不以递进加码的《法院任职回避规定》生效时间（2020年5月6日）为"分水岭"而骤降。

据统计①，2018年至2021年上半年，在某省违反廉洁纪律并违反审判职责审判人员而被运用监督执纪四种形态的人员中，被运用第一种形态的占比最高（62.80%），历年被运用该形态的人员在同一形态总数中占比依次为4.76%、2.68%、8.33%、84.23%；被运用第二种形态的占比24.49%，历年被运用该形态的人员在同一形态总数中占比依次为15.27%、26.72%、32.06%、25.95%；被运用第三种形态的占比7.10%，历年被运用该形态的人员在同一形态总数中占比依次为2.63%、21.05%、47.37%、28.95%；被运用第四种形态占比5.61%，历年被运用该形态的人员在同一形态总数中占比依次为20.00%、20.00%、33.33%、26.67%。四种形态历年人数占比不降反升（2021年半年数据已趋近或高于前三年年度数字），似乎说明仅靠不具过程防控功用的任职回避起点断流，不能如愿产生隔离墙效应。

## 二、追析：回避规则定位反映系统认知本源偏差

前已实证任职回避规则对顶层设计和监督实需均相悖，那么探究如何协调发挥行为管控和身份管控的系统集成效应则为关键。此前，有必要从价值与实践的黏合度、法律与规则的兼容性、控制与隔离的错位性三方面追及任职回避规则的认知谬误，据此明晰规则重造方向。

### （一）价值根基与实践路堤存在中空断层

辨析身份管控手段的价值根基，法律职业共同体概念无可回避。共同体

---

① 根据某省员额法官接受党纪、政务处分及组织处理的有关资料统计。

概念，成形于德国社会学家滕尼斯《共同体与社会》一书。其被引鉴至法治建设则孕育出法律职业共同体概念。法律共同体的特征是具有同质性。"为了共同的目标，以一种特定的方式把他们自己约束在一起时，他们便创立了一个团体，这个团体不是由法律虚构的，而是事物的本性使然，它不同于组成它的那些个人。"① 这与习近平法治思想中"坚持建设德才兼备的高素质法治工作队伍"、推进法治队伍实现"四化"的阐述一本同源。一体化建设的主体外延涵盖所有法律职业者。在精神内核同一性问题上，不同职业群体实质无差。

回到实践层面，任职回避导向于绝对化的群体身份隔绝。这种隔绝，在防控风险的同时也切断了共同体赖以共生的营养来源（情感联系、专业交流等）。而恰当的风险防控应协调不同群体的共生发展，使之既相融共促又监督制约，此亦为法律职业共同体建设的价值圭臬。其中，个体应部分抛却原本所代表的单一群体利益，而朝向共同价值取向努力。身份隔绝的单向内循环，无法将不同群体理性归入法律职业共同体建设的宏大命题之下。任职回避规则，只是法官来源单一化、法官任职隔绝化、法官去向禁业化等以断流价值导向为基础构造的规则体系的冰山一角。当下实践径直背离法律共同体精神同质、内核同一的根本价值。

（二）法律枝干与规则脉络缺乏体系兼容

围绕防范不同法律职业群体"利益冲突"这一核心，作为枝干的《法官法》、三大诉讼法分别对身份回避、诉讼回避从两向进行设定，而《任职回避规定》和《诉讼回避规定》对之分别细化。然而，任职回避对身份冲突的担忧，在诉讼回避制度中早有规制，前者的存在则似有实质架空"个案诉讼回避"制度的倾向。按《任职回避规定》，审判人员特定范围亲属从事律师职业则应任职回避。而按《诉讼回避规定》，审判人员与个案诉讼代理人等有特定亲属关系则应回避。"个案诉讼代理人"显然包括"从事律师职业"可能。但任职回避情况下，审判人员与"从事律师职业"亲属在个案中狭路相逢的可能性即不复存在。此时诉讼回避条款沦为僵尸规则。诉讼

---

① ［英］丹宁勋爵：《法律的训诫》，杨百揆、刘庸安、丁健译，法律出版社2000年版，第174页。

回避的本意在于解决个案利益冲突，任职回避某种程度令其制度功用折损。除非诉讼回避规则在个案风险控制中不足以解决身份利益冲突，任职回避的身份隔绝才有其必要。

法律之间、法律与规定之间契合度的缺失，表明行权监督制约规则的制定并未遵循同一价值主线，缺乏体系化考量，故难产生系统集成优势。这与前述价值与实践的断层互为表里。

### （三）全盘失控与源头切割暴露思维悖乱

简单绝对的身份隔离，暴露的永远是过程性监督的乏力。这里首先厘清两种不同管控思维的区别。全盘管控立足对审判行权的全过程风险管控，而源头切割却试图仅从任职资格剥夺上实现冲突利益绝缘。而实际上，法律职业共同体内部利益冲突不仅外化为身份的合与分，更表现为具体个案中不同身份群体直接或间接来往产生的"表见式"或"隐藏式"利益冲突。如果仅从身份表象完成切割，则不仅会造成不同群体各自"内卷"倾向愈演愈烈，还会让"隐藏式"利益勾连从管控密网中遗漏，导致全盘失控。

所以，寻求本质管控还是表象切割，恰体现对风险防控采取全盘规划还是表象剥离两种截然不同的思维。职业身份本不应当被作为利益冲突的绝对考量因素。身份源头切割，是假定审判人员处于不存在任何"间接利益链条"干扰的真空里，这种切割才能物尽其用。如否，这种表象切割除了造成职业群体内卷和过程性监督忽略外，并无意义。表象切割造成的全盘失控显见于此。

## 三、路径：重造"行为管控型"审判监督制约体系

任职回避规则这种表象切断"利益冲突之源"的方式，其最大缺憾在于未明了身份管控作为一种严厉的"资格剥夺型"管控手段，应严格考量其启动时点及必要性，应遵循"非必要不启动"原则。同时，其固有特质也导致其无法发挥全程全方位管控作用，其身份隔绝效应无法得以反向验证。所以笔者认为，"以行为管控为主、身份管控为辅"构建审判行权风险控制体系应是适宜路径。

《萨班斯—奥克斯利法案》①（简称《萨奥法案》）因其过程性监督思维长久以来被实证为有效，可作为构建"行为管控型"内部风险控制体系（简称内部风控体系）的参照指引，用以监督制约审判行权。运用《萨奥法案》指引构建内部风控体系，主要基于此种考虑：审判行权中的利益输送体现着主体身份不特定、行为模式多样和管控效应非显见三大特征，仅靠起点身份隔绝绝无可能实现风险的全面全程管控。有效处突，唯有落实到具体诉讼程序乃至个案环节、节点的内部控制上去，防控效果方能为继。

同时，构建内部风控体系仍以任职限制为前提，只是启动不再基于特定亲属"从事律师职业"直接发生身份管控型任职回避，而转变为依托审判人员个人登记式档案开展"过程性风险评估"，做到实时监督、实时评估、实时管控、实时限制，非必要不启动终身任职禁止。以下从风控视角、风控对象、风控模式三方面对内部风控体系进行说明。

**（一）风控视角朝向诉讼程序而非身份阻断**

将风控视角从任职起点扩至具体诉讼程序的意义在于，实现后续诉讼程序的全程节点化控制。

1. 将风控视角转离任职回避以规避时点局限

利益输送并非仅产生于身份冲突者的任职时刻，这种风险可能随具体诉讼推进中的动态行权而产生、变化。所以，围绕整个具体诉讼程序来设计风控体系方为上策。而任职回避的风控方向因其始终局限于任职时点而令其风控效果永远无法在个案诉讼推进中得以循序验证，也因此丧失了身份阻断规则的实证反馈价值。而内部风控体系将把监督制约视角从身份隔绝这一狭小起点转离，一路延展至诉讼终结，其方向特性体现为摒弃仅发生于起点的任职隔离，转为全程身份冲突监控、适时风险评估预警、及时限制或资格剥夺。

2. 将风控视角转向诉讼程序以产生全程管控

内部风控实与"诉讼回避"实质同源，亦有不同。两者视角均聚焦诉讼程序中的个案差异而实时启动回避。但内部风控体系与之不同在于，监督视角并非仅限于三大诉讼法关于自行回避和申请回避的范畴，而将视角扩充

---

① 该法案2002年诞生，隶属美国证券法规体系，规定了由内部审计师对美国公司进行检查的一系列行为规则。其通过过程性控制提升公司内部治理能力的实效，在全球公司内部治理领域得以实证。

至一切可能引发利益冲突的行权风险环节节点。个案回避即任职限制可能因节点事项被触发，最严重时还能引发终身任职禁止。这又不同于简单的个案诉讼回避或绝对的任职回避。其风控视角是宏大开阔的，但其风控手段又是审慎谦逊的。宏大开阔在于其全程视野，审慎谦逊在于其非诉讼必要不启动。正如《萨奥法案》在履行公司内部治理管控职责时从未将任何一家接受内部审计监督的公司从起点处决绝隔离一样，仅针对具体行权进行监督评估并据此提出应对方案，才是对这种过程性管控思维的严谨遵从。

**（二）风控对象循过程特定而非指向抽象群体**

1. 风控对象转离身份群体以避免打击错误

美国人类学家威尔·罗杰斯认为："不是我们不知道的东西给我们惹麻烦，而是我们知道但是误解的东西给我们惹麻烦。"这说明避免对象认识错误导致的行为错误应在风控对象确定中作为重点。如果像任职回避规则那样将目光聚焦于"亲属从事律师职业"这一抽象群体，则可能漏掉大量亲属不具备特定身份但实际隐蔽式发生利益冲突的个体。故将风控对象从惯性思维中对特定亲属从事律师职业人员的高度关注中抽离，确定普适性的对象，当为第一步。

2. 循导具体监督过程以实现风控对象特定化

循导具体监督过程实现风控对象特定化，最关键是要依靠评估标准化、信息要素式和程序自动化。

（1）以设计操作性强的"标准化"评估系统为前提

如图4，标准化评估的步骤是：第一步，将具体风险行为设定为层级分明、术语特定的评估要件，并预先分级赋分。第二步，对各渠道收集的信息根据评估要件的层级、术语特征进行标准化、无歧义的选项式登记。第三步，在具体监督中用预设评估要件衡量登记信息，评定风险等级。

这里尤应注意"转化"。行权风险情形应当首先被转化为评估要件而被固定在标准化评估系统中，供后期比对。当下常态化的信息收集工具是"三个规定信息填报平台"，其既未列举具体风险情形也未将情形要件化。这既可能造成填报遗漏，又高估了违反规定行为人的自查自纠自觉性，其风控作用并不显著。故而应将每种具体风险情形转化为评估要件，确保与后文将述的信息收集登记项目达成直接可比对性。

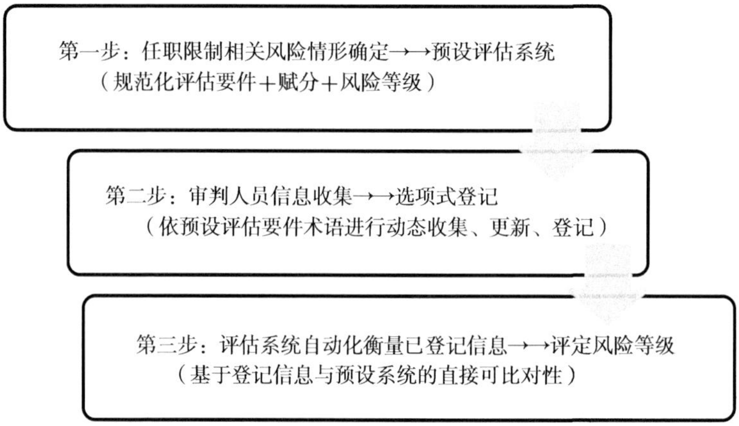

第一步：任职限制相关风险情形确定→→预设评估系统
（规范化评估要件＋赋分＋风险等级）

第二步：审判人员信息收集→→选项式登记
（依预设评估要件术语进行动态收集、更新、登记）

第三步：评估系统自动化衡量已登记信息→→评定风险等级
（基于登记信息与预设系统的直接可比对性）

**图4　"标准化"自动评估系统构建步骤示意图**

为免抽象，以"泄露司法机关办案工作秘密或者其他依法依规不得泄露的情况"这种违反交往规定的情形来解释转化方法。引号内容是以违反规定的结论形式出现，为便于后期自动比对，转化后的评估要件应包括但不限于："未具理由且未经审批下载工作秘密文本"。此时，如果系统留痕显示该工作秘密文本通过某审判人员工作账号下载，且下载信息中未附加经审批的正当理由文本，则可在标准化评估系统中实现信息比对并发出预警。这就是违规情形转化为评估要件的方式。所有跟任职限制有关的风险情形都应被逐一转化，并相辅相成构成标准化评估系统。

（2）以收集客观准确的"要素式"对象信息为基础

内部风控体系在设定标准化评估系统后，应做到信息的收集节点准确、要素式选项设计。

所谓收集节点准确，是指从诉讼启动即将每个可能与外界发生"窗口接触行为"的环节节点设定为风险控制点和信息收集节点，并与相应外部信息平台对接。以设置"诉讼回避冲突信息收集节点"为例，该节点可将从外接"鉴定机构信息库"收集的曾经担任鉴定人情况和内网办案系统审判人员信息自动比对，实现诉讼回避的自动化判断。信息收集尤应注意，每个环节节点外接的信息收集平台应据需而定。如个案诉讼代理人身份节点，与"中国律师身份核验平台"、公安机关户籍系统关联，自动比对代理人与该案审判人员的亲属关系。又如办案过程节点，运用全省法院系统"智能化大数据查询功能"自动关联该案审判人员与当事人特定关系情况。

所谓要素式选项设计，是指根据标准化评估要件的"关键词"设计内外网信息收集的要素式选项，选项间做到互不兼容，选项包含的要素式词汇能经由系统自动抓取与标准化评估要件的关键词一一比对。例如，内部风控系统通过鉴定节点从内网办案系统抓取流程文本生成鉴定流程图，该图就应能直接与标准化评估要件的预设标准流程图节点逐一比对。要素匹配证明程序合规，缺省部分如果是引发"合规判断"的必备要件，则触发预警。

（3）以兼顾内外衔接的档案式登记系统为依托

为确保标准化评估系统和要素式信息收集的准确无误自动比对，应做到内外衔接、顺畅交互。内部系统，以审判人员行权风险标准化评估系统为依托，将审判人员个人档案式登记系统作为"根档案"，下设个案"子档案"。内接内网办案系统、各种内部事项记录平台等。外部系统，侧重外部信息收集。外接的外部平台，包括但不限于司法行政机关法律职业者数据库、中国律师核验平台、法律服务合同备案系统等。内外系统建立统一话术体系，随个案启动展开实时监督评估。内外交互方式如图5。

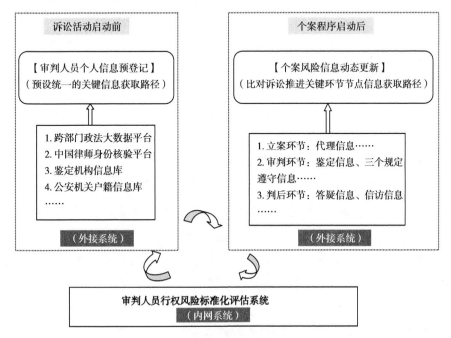

图5　内网行权风险标准化评估系统和外接系统要素式信息交换示意

### （三）风控模式遵循预警启动实时评估动态调整三原则

风险控制的题中之义是风险本身存在等级差异，故应划定风险等级并对风险节点赋分，据信息比对评定风险，据实确定规制措施。此中应遵循三项原则，确保风控流程生效。

1. 预警启动以个案评级为主、个人评级为辅

一是个人档案实现动态更新。如前，审判人员"一人一档"，通过外接平台信息收集和个人主动申报两种形式实时更新关键风险控制信息。

二是个案高风险决定个案回避。个案受理，则内部风控系统新建子档案，随个案推进展开自动信息收集和风险评估，针对个案启动预警。将风险确定为高、中、低三级，个案达"高风险"则启动个案回避并在个人根档案留痕。

三是个案风险累加为个人任职禁止。如果数起个案始终因刻意瞒报等被评为高风险启动个案回避，则累加启动"个人风险预警"，甚至将导致审判人员终身任职禁止。

2. 实时评估以系统评估为主、人工复核为辅

《萨奥法案》重视评估准确度和严谨性。因为任何过程都是由不间断的发展或反复所构成的方法论，故要求在实行内部风险评估时，实施更为严密的、连续且综合的风险评估。[①] 评估行权风险应谨记该原则。一是个案中低风险以一次评估为限，无须补充调查。二是个案高风险应开启人工复核。人工复核有助验证和补充关键错漏，人工复核应限于各平台收集的客观信息，避免信息错误导致的结论错误。

3. 规制措施随风险等级和澄清机制反馈调整

一是规制措施分级采用。个案"高风险"主要涵盖诉讼回避情形，采用个案回避并列为重点关注。个案"中风险"主要涵盖处于办案过程的可纠正的程序性重大过失，发出警告函提示及时纠正。个案"低风险"主要涵盖可补录的审判信息缺省，仅需提示补录。个案的中、低风险无须启动澄清机制，因其不会引发个案回避或任职禁止。

---

① 参见［美］苏珊·斯维茨尔：《后萨奥时代的内部审计报告》，王光远等译，中国时代经济出版社2008年版，第9页。

二是针对高风险须启动澄清机制。如遵循前两原则得出的客观性评估结论仍为高风险，则启动与本人的当面沟通、书面反馈程序，给予其解释说明、提供反证的机会。

三是如果澄清收集的主观信息导致风险等级降低，则无须启动个案回避。如不能，启动个案回避。

## 结　语

从断流规则到过程风控，体现的不仅是行权治理思维的根本转变，更是为构建和谐共生的法律职业共同体探索进路。在职业身份的双向流通、相互涵养以及由此而生的管控衡量中，我们所担心的不外乎独立公正行权可能面临的利益冲突挑战。用一种导向更清晰、在其他行业内部治理中被广泛实证为有效的风险控制手段破解这一难题，更能事半功倍。许多人也不致因他人可能之过错而丧失自主选择之权利。这于群体的意义不言自明。但愿内部过程性风险控制之思路，能为行权监督制约机制及职业共同体有效构建另辟蹊径。

# "系统本位"司法责任制度的完善优化

肖颂洋 *

## 一、问题的提出

自古至今,公正与司法总是密切相连、命运交缠。"推行正义的善意,必须通过旨在实现正义社会的目标的实际措施和制度性手段来加以实施"[1]。在历史长河和不同社会的制度建构中,司法机关被普遍认为是执掌公正与正义之器的守护者。如何确保社会公正与正义,不但是司法之本质使然,更是司法之责任所在。

司法责任是司法基础性理论问题,落实司法之责任,务必确立责任之司法,确使司法权力得到制度的规训。司法现代化的过程本质上也是一个责任司法与规制司法的过程。我国的司法责任制自古有之、完备详审,自秦汉开始便逐渐发展出违法受理责任、违法逮捕责任、违法羁押责任等十六个方面的责任司法制度。[2] 迈入新中国后,司法责任制度更是成为人民法院改革的核心内容之一,并大概分为三个改革阶段。第一阶段为"纪律型"责任。新中国成立之初,人民法院未从社会整体性建构中相对分离,不但在功能、角色和司法行政权限上未甚明确,而且在司法责任上与一般国家公务员进行"同轨"处理。1991 年,最高法制定实施《人民法院工作人员纪律处分的若干规定(试行)》,确立法院工作人员纪律处分规则。第二阶段为"错案型"

---

\* 肖颂洋,广东省清远市清城区人民法院三级法官,管理学博士。

[1] [美] E. 博登海默:《法理学:法律哲学与法律方法》,中国政法大学出版社 2017 年版,第 282 页。

[2] 参见巩富文:《中国古代法官责任制度的基本内容与现实借鉴》,《中国法学》2002 年第4 期。

责任。这一阶段表现为由下至上的改革路径。秦皇岛市海港区法院率先试行错案责任追究制推动法院系统构建全局性的错案责任追究制度。① 1998 年，最高法先后制定颁布《人民法院审判人员违法审判责任追究办法（试行）》《人民法院审判纪律处分办法（试行）》促进建立错案追究制度，追究违法审判责任。至 2009 年，最高法颁布《人民法院工作人员处分条例》，进一步巩固完善"错案型"责任机制。然而，在这一阶段的规范性文件中"既没有直接将错案作为追究对象，也没有定义何谓'错案'"②，以致在实践中出现"错案认定逻辑混乱、责任划分显失公平、法律依据明显不足"③ 等运行困境。第三阶段为"惩戒型"责任。错案责任制的诸种弊病引发广泛反思④，呼吁引入法官惩戒制度与法官履职保障制度之声不绝于耳⑤，司法责任制的制度转向与重构势在必行。2013 年，中央政法委、最高法相继出台《中央政法委关于切实防止冤假错案的规定》《关于建立健全防范刑事冤假错案工作机制的意见》。党的十八届三中全会提出，要建立办案质量终身负责制，完善主审法官、合议庭办案责任制，让审理者裁判、由裁判者负责。党的十八届四中全会进一步提出，完善主审法官、合议庭、主任检察官、主办侦查员办案责任制，实行办案质量终身负责制和错案责任倒查问责制。2015 年，最高法制定出台《关于完善人民法院司法责任制的若干意见》，旨在以严格的审判责任制完善司法责任制度。在严格约束审判权力和限制恣意裁判的同时，为保证独立行使审判权、减缓法官职业风险，最高人民法院愈加重视对法官正当行使审判权的制度构建。2021 年，最高

---

① 参见夏和平、王莉玲：《我国法官错案责任追究制度的完善》，《孝感学院学报》2012 年第 2 期。

② 王伦刚、刘思达：《从实体问责到程序之治——中国法院错案追究制运行的实证考察》，《法学家》2016 年第 2 期。

③ 魏胜强：《错案追究何去何从？——关于我国法官责任追究制度的思考》，《法学》2012 年第 9 期。

④ 参见王晨光：《法律运行中的不确定性与"错案追究制"的误区》，《法学》1997 年第 3 期；周永坤：《错案追究制与法治国家建设——一个法社会学的思考》，《法学》1997 年第 9 期；陈东超：《现行错案责任追究制的法理思考》，《法商研究》2000 年第 6 期；李建明：《错案追究中的形而上学错误》，《法学研究》2000 年第 3 期。

⑤ 参见梁慧星：《叫停"错案追究" 完善"法官弹劾"》，《公民导刊》2003 年第 10 期；严仁群：《美国宪法下的法官弹劾与司法惩戒》，《法学杂志》2004 年第 6 期。

法出台《法官惩戒工作程序规定（试行）》，并将法官惩戒制度视为"贯彻落实党的十八届四中全会精神、完善司法责任制、追究违法审判责任的关键环节"。

历史制度主义者认为，对制度的历史变迁与动态演进进行全景式回顾有利于观察制度的功用、逻辑与运行状况。① "只有具备公信力的司法权力才能构成完整的司法权威"②，司法责任制的系统性建构表现出对司法公正、司法公信的理性考量，以期达致无论何种诉讼结果都促使社会公众内心产生接受感和信服感的权威性效果。然而，从四五改革以来，司法公信力和司法权威似乎未能随着司法责任制的建构而同步增长。一组数据的简单比对和直观观察"可窥其貌"。首先是一审服判息诉率。从最高法公布的各项数据分析，一审服判息诉率2013年为91.1%、2019年89.2%、2020年89%、2021年88.7%、2022年89.3%。③ 根据最高法的官方定义，服判息诉率是指"人民法院作出裁判后不上诉、不申诉的案件数与结案总数之比"④。如果假设司法责任制改革是提高司法效能和司法公正的最重要措施之一，而历经多年司法责任制改革，作为最主要的一审案件受理单位的基层法院，其司法效能和司法公正水平必定有较大提升，进而推动越来越多的矛盾纠纷直接消化在基层，一审服判息诉率应当提高。然而，一审服判息诉率较十年前不但没有较大幅度上升甚至略为下降。其次是再审改判刑事错案。最高法公布的通过再审改判的刑事错案数据在2016年是1376件、2018年是1821件、2019年是1774件、2020年是1818件、2021年是2215件，即每年通过再审改判的刑事错案不但没有减少，甚至还有逐渐增多的趋势。最后是问责违法违纪干警人数。2013年，最高法公布通过问责违法违纪的全国干警人数是381人、2016年是742人、2018年是1073人、2019年是1385人、2020年是1561人、2021年是3087人。考虑到2021年进行了全国范围的队伍教育整顿，从2013年到2020年，问责干部也是逐年增多。

---

① 参见陈振明主编：《社会研究方法》，中国人民大学出版社2011年版，第20—23页。
② 陈光中、肖沛权：《关于司法权威问题之探讨》，《政法论坛》2011年第1期。
③ 参见最高人民法院2013年工作报告，2014年3月10日；最高人民法院2019年工作报告，2020年5月25日；最高人民法院2020年工作报告，2021年3月8日；最高人民法院2021年工作报告，2022年3月8日；最高人民法院2022年工作报告，2023年3月7日。
④ 最高人民法院2013年工作报告，2014年3月10日。

司法责任制被认为是"司法体制改革的关键""司法改革的牛鼻子"。①为何随着司法责任制的建构与完善,司法公信力与司法能力没有较大提高?人民群众对于司法的获得感、满足感并不强烈?本文认为,司法责任制的制度建构依照的是"个体本位",全面"还权"催生飞扬性肆意、解构司法行政出现对峙性格局以及追责惩戒的机制性滞后。我们必须重新检视"个体本位"与"整体本位"司法的优劣,吸收"个体本位"司法的有益成分,建立具有中国特色的"系统本位"司法,进而指导司法责任制度的完善。

## 二、改革消解:司法能力停滞的现实检视

从四五改革至今,司法责任制改革的主要措施有落实法官办案主体地位、建立防止违法干预司法活动机制、改革审判委员会制度、推进内设机构改革、建构司法监督管理机制以及建立法官责任制度等。② 系统性改革涉及诸多机制性制度性兴置废替,改革成效与实际执行力度、程度和因适性相关。在司法实践中,司法责任制存在怎样的实施性异化与悖论性结果?哪些因素(原因)导致司法责任制的改革成效被现实消解致使司法能力相对停滞?这些追问必须认真审视。

### (一)全面"还权"催生飞扬性肆意

"司法责任制的核心要义是'让审理者裁判、由裁判者负责'"③。质言之,司法责任制隐藏着更多字面未曾表达的内涵,置之于"扩权""还权"视域,司法责任制实则为司法权力机制与司法责任机制。客观评价,司法责任制改革基本实现了"让审理者裁判"的改革目标,即基本完成司法权力机制构建,法官真切地拥有了审理和裁判案件的权力。然而,制度赋权后的裁判权力得到极大张扬,个体法官可能获取司法过程中全链条的诸项权力,迅速从"制度丛林"找到制度空隙"肆意而为"。如对待当

① 贺小荣:《如何牵住司法责任制这个牛鼻子》,《人民法院报》2015年9月23日。
② 参见黄文艺:《中国司法改革基本理路解析》,《法制与社会发展》2017年第2期。
③ 参见张文显:《论司法责任制》,《中州学刊》2017年第1期。

事人态度生硬冷漠甚至直接拒见，让书记员或法官助理"代为"处理①，以恪守"司法中立"为由应依职权查明事实而不查明致使案件在基本事实不清情况下草草结案，财产保全线索的提供标准认定不一，裁判说理过于简略甚至于司法无为，随意更改立案时间、过分提高查封保全"门槛"、人为限缩律师调查令适用范围甚至一律拒绝签发等司法"卡为"②，滥用举证制度规则、因案情疑难复杂而随意移送管辖、驳回起诉或诉讼请求，在医疗事故纠纷、建设工程纠纷等案件中推诿责任"以鉴代审"等司法乱为。

**（二）解构司法行政出现对峙性格局**

"去行政化"也是司法责任制改革的主要目标之一，按照改革的理论导向认为，叠床架屋、自我膨胀的内设机构、院庭长审判管理行政化可能严重制约着司法效率和司法公正③，会存在"机构膨胀，审判与管理事务混同""职能划分过细，协调壁垒突出，效能低下"④ "行政机构对审判实行包围式管理""行政权直接干涉个案侵蚀司法权"⑤ 等缺点和负面效应。以行政管理思维设置的机构体制是"以行政管理模式进行司法管理，办案法官无法自主于各级行政领导及各类管理部门的管束"⑥，大大减损法官的审判独

---

① 实践中，存在从立案到判决始终都联系不上法官、开庭时间一拖再拖、庭审不规范、法官态度差等问题。参见武汉市中级人民法院微信公众号：《为这事，武汉中院院长集体约谈4位"一把手"》，2023年5月12日。

② 调研发现，多位执业律师反映各地法院对于诉讼保全的财产线索的要求认定严重不一致，如东莞市第二人民法院长安人民法庭要求律师在答辩期内提交书面答辩状及书面质证意见，并且不接受当庭答辩。参见法律人那些事微信公众号：《强制剥夺当事人和律师的答辩权利，这家法院开了个坏头》，2023年4月30日。

③ 也有学者认为法院的行政化主要表现为司法目的和价值的行政化、案件审判活动的行政化、上下级法院关系的行政化、司法人事制度和法院结构的行政化以及审判管理的行政化等。参见龙宗智、袁坚：《深化改革背景下对司法行政化的遏制》，《法学研究》2014年第1期。

④ 张静、易凌波：《司法改革背景下基层法院内设机构的整合与重构——基于S省C市法院"大部制"改革的实证分析》，《法律适用》2018年第5期。

⑤ 梁平：《"管理——审判"二元架构下法院内部机构设置与权力运行研究》，《法学论坛》2017年第3期。

⑥ 林艳：《人民法院内设机构配置的偏轨与重构》，《深化司法改革与行政审判实践研究（上）——全国法院第28届学术讨论会获奖论文集》，2017年，第131页。

立。基于此，司法改革总体依照"定界分权—裁并部门"的模式①裁撤部门、减少中层领导职数，期以实现扁平化管理。改院庭长案件审批制度为院庭长审判监督管理制度，院庭长的监督管理必须在法定边界内、组织化行权、全过程留痕以及循规律担责。②司法改革"把脉"病理根由，以司法责任制"剑指"司法的不当行政化弊病，确实利于还原司法的判断权属性和遵循司法运行规律。然而，"去行政化"改革在一定程度上忽略人民法院作为国家的司法行政机关的隐藏属性③，不但司法行政权与司法审判权"攻守易形"，而且由于行政权在审判领域的全部"退场"，院庭长管理及监督权限可能被持续抽空，希冀以司法权监督管理司法权无疑忽视司法权的运行逻辑，所谓的程序启动权、处理建议权根本无法有效抗衡监督个体化的审判权。虽然最高法先后出台《关于落实司法责任制完善审判监督管理机制的意见（试行）》《关于完善人民法院审判权力和责任清单的指导意见》等专门性文件，各级法院也有相应的转化性实施细则，但是实践中存在有的院庭长职责清单不能落实、"束之高阁"，尤其在庭长层面"不愿管理、不敢管理、不会管理，以及不服监督、拒绝监督、排斥监督"④等现象，致使无法有效督促部门法官积极履职、统一裁判尺度"举步维艰"、同案不同判现象屡禁不止、超审限及长期未接诉讼案件普遍存在，院庭长监督管理与法官个体化行权形成对峙性局面。

**（三）追责惩戒的机制性滞后**

司法责任机制经过多年探索与发展，逐渐从"纪律型"责任调适为"惩戒型"责任模式，《法官法》专条规定法官的惩戒，最高法及地方法院

① 参见洪泉寿：《偏离与回归：审判中心视野下法院内设机构的职权整合》，《山东法官培训学院学报》2018年第6期；陈雅凌：《法院内设机构的"扁垂双轨"改革——以新设法院机构改革设置为参照》，《人民司法》2019年第13期；李旭辉、孟思：《法院内设机构改革路径探究》，《研究生法学》2018年第4期；周山：《人民法院内设机构的特色及其改革路向》，《理论探索》2018年第4期。

② 参见何帆：《全面准确落实司法责任制的三个维度——兼论中国特色司法责任体系的形成》，《中国法律评论》2023年第1期。

③ 参见沈寿文：《重新认识人民法院的性质——兼评人民法院"去行政化"》，《学术探索》2015年第2期。

④ 李占国：《当前司法实践中影响公平正义实现的若干问题》，《中国应用法学》2022年第5期。

先后多次出台有关配套文件。① 但是，"惩戒型"责任机制存在着诸多问题有待改善。

一是惩戒机构功能定位"不实"。从定位上分析，惩戒委员会仅是一个意见咨询机构，没有主动调查权、决定权，不但引发控诉、审议、决定三者关系失当，而且产生大量上报、下达及倒流程序，"徒增惩戒实施成本的程序空转"②。从功能上讨论，惩戒委员会仅能对"故意违反法律法规办理案件""因重大过失导致裁判结果错误并造成严重后果"两个方面进行审议，即惩戒委员会仅能审议法官的部分违法审判行为，还完全将法官职业伦理责任"旁落于外"，从功能设计上相对单一、范围狭隘。在设计逻辑方面，惩戒委员会存在明显的行政化倾向，成员组成的行政化色彩较浓、学者和律师代表比例较小、法官代表的代表性不明显③，"呈现一种行政问责的价值取向，缺乏司法化的系统构建"④。而且，由于惩戒委员会的成员普遍为兼职兼任，注意力和时间分配必然有所限制，极易出现审议程序走过场、形式化的弊端。二是惩戒制度出现运用"障碍"。以法官惩戒委员会为标志的法院惩戒制度建立以来，不但极少运用被束之高阁⑤，甚至还一同消解原本运行多年、较为顺畅的错案责任制的制度效果。在法官惩戒制度建立以后，从最高院近年工作报告看，问责违法违纪的干警人数一直处于高位运行，然而适用法官惩戒程序进行问责的实属极少，至 2017 年底才有 20 个省成立了惩戒委员会，11 个省仍然筹备中⑥，甚至全国首次法官惩戒制度的运用是迟至2018 年方在黑龙江进行⑦。三是与其他追责制度的制度界限模糊。在我国，法官集审判员、公务员、党员（大部分都是）等多重身份与角色合一，由

---

① 针对法官惩戒制度，最高人民法院先后联合或单独制定出台《关于建立法官、检察官惩戒制度的意见（试行）》《法官惩戒工作程序规定（试行）》等规范性文件。

② 张洪亮、罗登亮：《法官惩戒委员会设立与运行的底层逻辑转变》，《社会科学研究》2022年第 4 期。

③ 参见白冰：《论法官惩戒主体的中立性——以中立性的双重内涵为切入点》，《法商研究》2021 年第 1 期。

④ 方乐：《法官责任制度的司法化改造》，《法学》2019 年第 2 期。

⑤ 参见夏锦文、徐英荣：《〈法官法〉修订后法官惩戒的程序规制研究——以法官惩戒委员会制度激活为中心的分析》，《江苏社会科学》2021 年第 6 期。

⑥ 参见《20 个省份成立法官检察官惩戒委》，法制网，2017 年 12 月 21 日。

⑦ 参见余雨桐：《全国首次法官惩戒听证在我省召开》，《黑龙江日报》2018 年 12 月 26 日。

此必然形成多重责任相互叠加与管辖重叠。而法官惩戒制度建立以来，由于功能设计单一、规制范围狭隘，未将法官责任制度完全统摄于内，因此形成与法院内部督察部门、检察院、纪委监委以及人大等部门"分享"制度的格局，在制度设计上未能与"三重执纪监督"① 制度进行合理区分。如检察院可以独立侦查滥用职权、玩忽职守、徇私枉法案件以及民事、行政枉法裁判等，此与惩戒委员会的职权范围存在大量重叠，两者的重叠如何解决？检察院得否在惩戒委员会作出审议之前直接对法官采取强制手段？

权力机制基本构建完成，裁判权力得到极大张扬，但却可能引发个体运权肆意、监督管理虚化的非预期性后果，而且兼之追责惩戒机制建设滞后，"司法责任制所设定的追究机制难以对法官行为构成全面、有效的约束"②，较大程度上消减了"还权"带来的改革红利，司法产品的质量和效率始终未见质的飞跃，人民群众对司法的体验感依然较为一般甚至不佳。

## 三、从"整体本位"到"个体本位"再到"系统本位"

全面深化健全司法责任制及其综合配套改革，既是推动法院工作高质量发展的重要路径，也是回应中国式现代化的司法实践之举。司法责任制不但是顶层设计的关键一招，而且是整个司法改革的底柱基石，具有牵一发而动全身的"执牛耳"之地位。正因如此，司法责任制改革本身即具有系统性、整体性、全面性特征。从当前出现的诸种弊病和消解效果来看，在推进司法责任制改革过程中出现片面强调权力机制、忽略责任机制及其他配套机制的不平衡性、不协调性现象，更深刻而言则是改革方法论陷入工具理性误区，"司法资源没有实现妥当分配，制度设计的权力与责任并不对等，制度安排的随意性也很大"③，改革的方法论和理论范式同时缺乏理论准备和

---

① 陈铭强：《三重执纪监督下法官惩戒制度的反思与完善》，《人民司法》2020年第13期。
② 顾培东：《法官个体本位抑或法院整体本位——我国法院建构与运行的基本模式选择》，《法学研究》2019年第1期。
③ 高志刚：《司法改革方法论的反思性整合——一个实践理性的视角》，《法学论坛》2022年第1期。

中国特色①，亟需面临调整。

传统上，我国司法是一种深刻的"整体本位"。司法在长久的帝制历史中长期依附于行政，与行政权同为一体，尤其在地方层面，地方长官兼具立法者、行政长官和司法长官于一身。迈至近代，司法不但在革命时期便形成"政法"传统，促使司法必须服务"诸权合一"的制度需要②，而且从中国法院最初的"刑事法院"定位和维护人民民主专政的角色也显然易见③，司法具有浓厚的整体主义色彩。这样的整体主义逻辑在法院的运作过程中具体表现为以法院组织为整体的组织化、院庭长签批裁判文书、责任模糊化、人事财政资源依赖地方化等。"整体本位"与"个体本位"之争辩长期存在。事实上，晚近的改革进程确实是以"放权""还权"为建构主线，推动法官成为司法权的主体的"个体本位"改革④。该模式具有以下特征：法官是司法产品的生产者和负责者，法官在法院组织中是原子化的个体，互相独立开展工作，不具有行政隶属关系，裁判的生产与形成过程排斥其他主体的意志。⑤ 然而，这表现出强烈的英美法范式特征，将司法产品的低效低质输出主要归咎于法官不能独立行使审判权，过度遮蔽由行政化、地方化、非专业化、司法权配置异化以及一系列陈旧体制机制构织而成的"缺陷之洞"，不当割裂久经岁月磨炼和革命检验的中国司法的部分优良传统，进而演变为改革实践中对去行政化、去地方化的着重、对个人主义的高扬。尤其是，这种"个体本位"根植于西方个人主义和原子论哲学基础之上，不但与中国总体国情基础殊难契合，而且也无法真正指导中国司法的良性发展。

事实上，我国自古而来就呈现出强烈的整体主义哲学特征，并遵循着系

---

① 参见陈瑞华：《司法改革的理论反思》，《苏州大学学报（哲学社会科学版）》2016年第1期。

② 参见周尚君：《党管政法：党与政法关系的演进》，《法学研究》2017年第1期。

③ 参见吉敏丽、任尔昕：《人民法院的结构功能与行动逻辑——基于〈最高人民法院工作报告〉的文本研究》，《兰州大学学报（社会科学版）》2013年第2期。

④ 参见崔永东：《新时代以来司法改革的主要成就与理论逻辑》，《政治与法律》2022年第12期。

⑤ 参见顾培东：《法官个体本位抑或法院整体本位——我国法院建构与运行的基本模式选择》，《法学研究》2019年第1期。

统论原理进行治国理政实践。不论是将世界万物联结为一个统一的整体并简约抽象为"道""太极"进行理解的本体论①，还是将事物作为一个整体统筹思量，追求和合的融会贯通而非割裂分裂，主张"事物的整体连续性，即强调事物的相互联系的整体功能"②的认识论，抑或是主张以社会群体和社会责任为本位的伦理观③，都呈现出强烈的整体性特征和整体性思维。此外，我国在治国理政中十分注重系统观念和系统治理。在党的全面领导下，政治对行政、经济、司法以及社会等系统形成主导并多元统合，进行整体布局和整体决策，追求整体目标和整体利益，体现着一种整合观而非总和观，符合系统论整体性原理中"系统整体上的性质并不等于它的多个组成部分在孤立状态下的机械相加"④的根本要义。党的二十大报告就指出，我们必须坚持系统观念，国家治理需要从系统整体的视角去认识和把控。司法系统作为国家治理系统的子系统，既在总系统既定的框架下相对独立进行自我运作，又通过与其他子系统的结合获取治理资源、实现司法治理。在整体主义哲学和系统论的影响下，我国的司法历来注重在整体系统中的地位和作用，强调从全局出发、服务整体利益。在此维度上，与其说"服务中心大局"是法院系统的"有意"为之，不啻说是法院系统对整体主义哲学深层逻辑的自觉表达。

以司法审判工作现代化推进中国式现代化，巩固深化司法责任制改革成果，建构更加高效、更加优质、更加负责的司法制度。中国的司法必须"注重利用中国本土的资源，注重中国法律文化的传统和实际"⑤，在此基础上才是兼容并蓄的"洋为中用"，进而建构具有中国特色的司法模式。因此，中国司法必须在吸收"整体本位""个体本位"的精华后，重建整体为主、兼容个体的"系统本位"，并以此指导司法责任制的改革路径和进程。

基于当前的国情、本土资源以及深厚的整体主义哲学底蕴，"系统本

---

① 参见代杰：《中国传统思维方式的特征及形成原因》，《哈尔滨学院学报》2004 年第 8 期。
② 廖小平：《试论中西方传统哲学认识论的基本判别》，《晋阳学刊》1994 年第 2 期。
③ 参见刘晓虹：《从群体原则到整体主义——中国传统价值体系中的群己观探析》，《文史哲》2002 年第 4 期。
④ 李愿：《试论现代系统论对整体与部分范畴的丰富和发展》，《中央民族大学学报》1999 年第 1 期。
⑤ 苏力：《法治及其本土资源》，北京大学出版社 2015 年版，第 6 页。

位"司法应当具有以下具体内涵。一是在建构方式上，必须毫不动摇坚持党对司法的绝对领导。坚持中国共产党对司法工作的绝对领导，不但是对党从革命时期伊始就建构和领导司法的历史遵循，更是系统论原理的有机运用。作为使命型政党的中国共产党，必然将行动目标和政治话语源源不断地传输到司法系统，并由司法系统调适转换为符合司法规律的话语和符号。二是在运作方式上，必须实现审判权和管理权、监督权有机融合。基于系统论的具体原理，法院本身必须是一个逻辑自恰的有机系统，必须要集司法裁判权、行政管理权和监督权于一体。司法权是一种判断权，具有封闭性和平等性特征，司法权逻辑天然不适合用于监督和管理。要实现对司法权的有效监督和管理，行政权既不能"越位"，但也不能"离场"。在"个体本位"司法下，行政权被视为"洪水猛兽"，必得除之以后快。然而，没有行政权为支撑，院庭长的监督管理如何落实？如何协调内部梗阻和化解外部压力？"系统本位"司法充分吸收"整体本位"和"个体本位"的优点，在尊重法官个体地位与权力的前提下，明确院庭长的行政管理职权职责，充分发挥行政权的命令性、强制性以及纵向性特点，推动审判管理的实质化、有效化和现代化。三是在组织方式上，必须具有整体主义范式特征。内设机构改革仅仅止步于基层法院而没有继续往上推动，完全证明了以原子化为组织逻辑建构中国法院必然走向个体涣散、管理困难的"嫁接"陷阱。团队化设置不但增加统一裁判尺度的沟通距离，而且被管理主体的增多必然耗散管理时间和精力。基层法院的组织结构应当回归到"层级同构"的设置，优化上级法院指令传导机制和强化场域外部任务转接机制。四是在追责方式上，必须建构兼具开放性和自组织性的司法责任制度。系统的开放性是指系统保持对外学习、主动交流的行为和方式，而自组织性要求其是一个自我驱动、自我发展的复杂事物，即在保持开放性特征的情况下能够自我调适、应对风险，既重视开放又注重对外部干扰因素的阻却。司法责任制度必须在确保法官追责"两非"原则（非因法定事由，非经法定程序，法官依法履职不受追究）的基础上，既合理衔接检察院、纪委监委以及人大等外部监督制度，又完成内部司法化、规范化、实效化的追责惩戒制度。

## 四、优化路径：基于"系统本位"的具体措施

当下的司法实践与困难堵点较之本轮司法改革启动之前已发生巨大变化。公众所面对的不再是"无力"和被干预的司法。"司法责任制的目的是要求司法人员严格依照法律的规定认真慎重地对待每一个案件，既要对国家对法律负责，也要对案件当事人负责"[1]，司法必须要被合理规训才能更好更全面地负责。基于"系统本位"的内涵和要求，应当廓清理论迷思、重塑融合性系统性司法思维，进而回应新时代下"公正与效率"的宏大命题。

### （一）构建审判权和管理权、监督权互相融合的审判监督管理制度

推行司法责任制后，法院内部也清楚认识司法必须监督、必须管理、必须规训。"我们对审判管理监督的态度是旗帜鲜明的，只能加强，不能削弱"[2]。然而不但理论上未能厘清管理权、监督权的性质和特征，而且在实践中因去行政化基调也产生混淆认知的现实情况，致使法院系统一直要求加强审判管理监督，而现实中的审判管理监督却一直处于监管虚化弱化的状态。既然去行政化改革不是去案件的监督管理，那就不应理解为行政权的过度收缩甚至全部"退场"。在审判管理场域，审判权和管理权、监督权必须三者"共场"、三元合一，"司法权和行政权像两个不同职能的有机分裂那样的任何截然分立是不存在的"[3]。按照司法逻辑和司法规律的方式确保审判权独立行使，但管理权、监督权应当理解为适度的行政权，管理权、监督权必须要以行政的力量为支撑才具有纵向势能和执行效力。第一，坚持将司法思维和司法逻辑作为审判管理的首要原则。"去行政化不是去监督管理，强化监督管理也不是再绕回案件请示审批的老路子上去"[4]，要切实尊重司法工作规律，"旗帜鲜明支持法官防范和排除审判权正常行使的各种不利因

---

① 张智辉：《论司法责任制综合配套改革》，《中国法学》2018年第2期。

② 胡仕浩：《关于全面落实司法责任制综合配套改革的若干思考》，《中国应用法学》2019年第4期。

③ ［奥］凯尔森：《法与国家的一般理论》，商务印书馆2013年版，第393页。

④ 李占国：《当前司法实践中影响公平正义实现的若干问题》，《中国应用法学》2022年第5期。

素"①，全面保障法官履职的独立性。破除量化指标的过分崇拜，切实摒弃违背司法效率的考核指标，重新稳慎考虑当前结案率、结收比、二审发改率等主要指标的合理性，防止出现"逆向奖励和淘汰机制"②。合理设置分地区、分层级与分身份的差别化绩效模式，增强绩效考核的应用性、灵活性。第二，细化优化司法性审判管理权限权责。要针对违规变更审限、长期未结诉讼案、无法定事由超审限结案、裁判尺度不统一等广泛存在的问题，围绕程序性事项审核、审判工作综合指导、统一裁判标准等进一步严格制度机制、开发应用平台，动态把控节点、流程和结果，实现由"隔断性监管"迈向"最精准监管"。第三，明确行政性监督管理权限。实际上，当前实践中的制定审判工作计划及规范性文件，指导、督促完成审判工作任务、督促案件审理进度③，以及"组织制定本专业团队内部管理规定，优化内部管理措施，研究制定团队内部成员具体职责分工"④等院庭长审判管理职责内容均为行政性监督管理权。对于这类行政性监督管理权，必须破除"司法权—行政权"完全隔绝和对立的理论误区，重新塑立"司法权—行政权"融合性思维，强化责任管理，完善行政性监督管理权内容和运用方式，推动形成审判权和管理权、监督权互相融合、责任闭环的审判监督管理制度。

**（二）构建职权实效、运转高效、衔接有效的法官问责制度**

法官行为严格依照程序是法官在法律内活动的主要标志，是防止司法专横的主要手段，正是行为的正当保证了结果正当的高概率。⑤第一，要推动构建实权化的法官惩戒委员会。当前惩戒委员会作为意见咨询机构的定位于司法责任制度的建构而言毫无裨益，如似一个精美的制度"摆设"。应当转

---

① 《以审判管理现代化促进法院工作现代化》，最高人民法院微信公众号，2023年5月9日。
② 李拥军、傅爱竹：《"规训"的司法与"被缚"的法官——对法官绩效考核制度困境与误区的深层解读》，《法律科学（西北政法大学学报）》2014年第6期。
③ 参见《广东省高级人民法院院庭长审判监督管理职责清单（征求意见稿）》，2020年5月21日。
④ 《宁夏回族自治区高级人民法院关于进一步落实院庭长审判监督管理职责的办法（试行）》，2018年7月26日，宁高法〔2018〕77号。
⑤ 参见周永坤：《错案追究制与法治国家建设——一个法社会学的思考》，《法学》1997年第9期。

变惩戒委员会的功能角色，赋予惩戒委员会调查权、决定权，从法律上明确其为法官惩戒的决定机构，"明确惩戒委员会的建议具有法律效力，法院和检察院受制于该建议"①。基于"异体惩戒"的原则和惩戒委员会的"裁决者"角色定位，结合当前国情和制度设计，惩戒委员会应当相对独立，惩戒委员会办公室设在人大部门。② 第二，推动法官惩戒委员会的高效运转、规范运作。积极采取专业主义的委员选任模式，委员应由人大有关专业人员、法官、法学学者、律师以及公众代表等组成，其中人大有关专业人员应当具有法律职业资格，法官应为四级高级法官以上，法学学者应具有教授职称，律师则应为从业十年以上且社会名望较好、专业操守较高，公众代表应具有本科学历及以上。综合人民司法主义和职权主义传统，应当优化惩戒启动模式，推动准许当事人向惩戒委员会直接申请的依申请启动模式和职权启动模式"双结合"。深化惩戒程序的司法化构造，"尽可能地以诉讼形态的裁决模式对法官责任事项作出裁决"③，采取文书送达、答辩、听证、辩论、合议以及裁决的准司法诉讼模式，并应保障受惩戒法官享有"聘请辩护律师、陈述意见、查阅、摘抄、复印文书资料、自行或申请调查取证、复议、申诉等"④ 一系列基本权利。听证时，应在惩戒委员会委员中随机选定3—7人的单数组成主持团，其他惩戒委员会委员为听证人员。主持团负责主持听证中的具体程序，裁决由所有惩戒委员会委员共同作出。如裁决同意对法官作出惩戒的，应经过三分之二的委员同意。第三，应建立惩戒边界合理、内外转承有效的衔接机制。法官惩戒制度"涉及党纪、政纪、职业操守和刑事法律等多方面的规范，需要多元惩戒程序综合运行，尤其需要惩戒主体之间的顺畅衔接"⑤。一方面，应当适度扩大法官惩戒委员会的管辖范围，不但司法内行为直接影响到每一个案件中的公平正义，"法官的职务外行为于公众对司法公信感观影响甚巨，亦应

---

① 谢小剑：《司法改革中的司法惩戒：进步、问题与出路》，《内蒙古社会科学（汉文版）》2019年第2期。

② 参见马长山：《新一轮司法改革的可能与限度》，《政法论坛》2015年第5期。

③ 白冰：《法官责任追责程序的基本要素》，《政法论坛》2020年第2期。

④ 王小光、李琴：《我国法官惩戒制度二元模式的思考与完善》，《法律适用》2016年第12期。

⑤ 万进福：《我国法官惩戒主体制度的反思与重构》，《人民司法（应用）》2017年第22期。

纳入惩戒范围"①，故问责事由应当包括违法审判责任和职业伦理不当行为。职业伦理不当行为即为"司法外行为不当"，主要是对法官"明显有失法官威信之行为"进行惩戒。②另一方面，应将法官惩戒委员会的审议决定作为对法官进行违法审判责任追究和职业伦理不当行为追究的前置程序。③在党政体制下，多重监督和问责机制并存必然是我国长期存在的现实格局。但是，基于对司法逻辑和法官群体地位的尊重，对于法官的问责必须如同对待法律修改一般稳慎。如检察院、纪委监委等发现或收到法官涉嫌违法违纪线索的，如果是与司法行为有关的（包括司法内行为与司法外行为），应当移送法官惩戒委员会并作出裁决。惩戒委员会作出惩戒裁决后，检察院、纪委监委等部门再依照法律追究该受惩戒法官的刑事责任。如果该违法违纪线索不直接指向司法行为的，检察院、纪委监委可以依照有关法律规定进行侦查调查。检察院、纪委监委在侦查调查过程中，发现对象人员的部分违法违纪行为涉及司法行为的，应当将该部分内容移送惩戒委员会，由惩戒委员会作出处理。

## 结　语

在中国式现代化的宏大命题下，中国司法改革道阻且长、任务艰巨。置于经济转型高质量发展、社会利益格局加速演化、未被法律认定的新型权益不断衍生的"巨变型期"，司法面临着"地方性与普适性、个体性与群体性、情理性与法理性、多发性与疑难性"④等复杂需求和多重任务，社会对司法的需求和要求是不断演化、不断进化及不断提高的过程。"司法公正是司法公信和国家公信的基础，如果这一基础被虚化，人民群众对公平正义的

---

① 蒋银华：《法官惩戒制度的司法评价——兼论我国法官惩戒制度的完善》，《政治与法律》2015 年第 3 期。

② 参见徐静村、潘金贵：《法官惩戒制度研究——兼论我国司法弹劾制度的建构》，《公法研究》2004 年第 0 期。

③ 参见陈铭强：《论法官惩戒委员会的法律地位》，《政治与法律》2020 年第 2 期。

④ 侯明明：《转型时期中国社会的司法回应：原因、机理与控制》，《甘肃政法学院学报》2019 年第 2 期。

信心、对法律的信任、对法治的期待，就会一落千丈"①。公正之司法必然不是肆意之司法，而必然是责任之司法。正因如此，司法责任之提高才具有如此迫切之重要性，致使人民法院已进行了二十余年的系统改革。从改革史观出发，"放权"总是比"收权""控权"容易许多。人民法院四五改革以来的实践也恰恰证明，司法权力机制构建的过程非常顺利，而司法责任机制构建则相当迟滞，而且令人诡异的是，改革原本想解决"权责不一"（轻权重责）的问题，然而改革后却仍然呈现"权责不一"（重权轻责）的局面。其中既有改革的协调性、平衡性问题，也有各地区司法文明水平差异问题，还有法官队伍整体素质的历史遗留问题，但更为根本的是客观上的司法设定问题。正是在设定以法官独立为核心的"个体本位"，导致了个体司法权力对监督管理机制的反噬。"整体本位"的司法在我国具有深厚的历史社情、文化哲学以及实践传统，不能过分随意因改革前存在的诸种问题轻易归责其中，而必须稳慎正视"整体本位"司法的优势与不足。为此，笔者建议司法改革和法院建构应当回归到以"整体本位"为基础，兼容"个体本位"的"系统本位"司法，进而在此理论的指导下推动司法责任制度的健全完善。

---

① 张文显：《法治与国家治理现代化》，《中国法学》2014年第4期。

# 【司法公信力】

# 少数民族习惯在刑事司法中的
# 应用及其完善

## ——以司法公信力提升为视角

王书剑*

## 引　言

司法公信力是指司法机关根据其信用所获得的社会公众的信任和尊重程度。一个国家或地区司法公信力的高低，是衡量其司法文明程度乃至法治文明程度的重要标尺。[①] 随着"以审判为中心"的司法体制改革的推进，如何提升司法质量与效率、形塑司法公信力等问题成为改革的重点所在。在司法公信力建设方面，司法系统发挥主体作用，行政系统发挥支撑作用，社会组织系统发挥辅助作用，立法系统发挥基础作用。[②] 可以说，司法透明是社会公众对国家法治的信赖感和司法公信力的来源。[③]

---

\* 王书剑，山东大学（威海）法学院博士研究生。

① 参见孟祥沛：《司法公信力的本质属性及其对评估指标的影响》，《政治与法律》2021年第12期。

② 参见崔永东：《论司法公信力建设的系统性》，《首都师范大学学报（社会科学版）》2022年第6期。

③ 参见肖沛权：《司法公信力若干问题之探讨——以刑事审判为视角》，《法学杂志》2015年第4期。

具体到刑事司法过程中，努力追求刑法与民族习惯的良性互动，是司法公信力提升以及民族地区刑事法治健康发展亟待解决的重要问题。反观现有理论研究，多围绕民族习惯法与刑法的冲突与协调等问题展开。有些学者提出要积极运用我国刑法第九十条民族地区变通立法这一规定，以解决民族习惯法与刑法的冲突。也有些学者意识到变通立法能够发挥作用的局限性，提出应着眼于司法途径变通的路径，但鲜有针对民族习惯在刑事案件中适用的情况展开的实证分析研究。不从实践实际情况出发研究民族刑事问题，难以对刑事司法路径的建构提出实质性建议。本文通过分析民族习惯在刑事司法中具有的重要功能，结合民族习惯在刑事司法中的应用实践现状，分析其适用中的困境及其原因，在此基础上提出一些司法上的完善措施，以期对涉民族刑事案件重要问题的解决有所裨益，促进民族习惯在刑事司法中功能的合理发挥。

## 一、民族习惯在刑事司法中的功能定位

禁止习惯（法）并不代表习惯（法）在解释中的缺位，也不意味着不能以其作为有利于被告人的根据。① 本章通过定位民族习惯在刑事司法中所具有的作为出罪或从宽量刑依据以及强化裁判文书说理的主要功能，进而证成刑事司法实践对于民族习惯的态度不应"一刀切"，而要注重发挥民族习惯在其中的积极作用，克服其功能发挥过程中遭遇的障碍。

### （一）作为出罪或从宽量刑依据

罪刑法定原则的核心要义在于限制国家刑罚权以充分保障人权，入罪必须以法律有明文规定为前提，但是，若缩小、阻却处罚范围，并非一定要有明文法律规定（下文详述）。例如，超法规的违法阻却、责任阻却情形。② 西田典之教授的观点可以证明，对行为人有利的民族习惯可以作为出罪或从宽处罚的依据。当然，民族习惯只能作为对犯罪人从宽的依据，刑事司法活动应尽量保障民族习惯保有者的合法权利，这既是刑法谦抑原则的必然要

① 参见［日］野村稔：《刑法总论》，全理其、何力译，法律出版社2001年版，第55页。
② 参见［日］西田典之：《日本刑法总论》，刘明祥、王昭武译，中国人民大学出版社2007年版，第33页。

求，同时相契于尊重善良风俗的一般原则。但将民族习惯作为扩张犯罪依据的做法要坚决排除。① 实践中，当依据民族习惯认为某种行为不具有处罚的必要性与合理性，或虽然不能免除但可以减轻处罚时，完全可以考虑依据民族习惯对行为人采取出罪或减轻处罚等措施。当然，对行为人采取非罪化或轻罪化措施有充分依据。

除上述我国刑法第十三条但书规定外，第三十七条规定"对于犯罪情节轻微不需要判处刑罚的，可以免予刑事处罚"。这两条规定意味着我国刑法对犯罪采取了"定性+定量"的规定方式，即当司法者在对某行为是否构成犯罪进行认定判断时，不仅需要认定该行为是否符合刑法分则明文规定的构成要件这一"定性"的要求，亦要注重判断该行为是否已经具备犯罪的"量"。当某行为在民族习惯看来缺乏处罚的必要性及合理性或应当采取较轻处罚，但该行为依据刑法构成犯罪时，民族习惯可能派上用场，作为司法者定罪量刑的参考因素之一。可以说，我国刑法第十三条但书与第三十七条免予刑事处罚规定为民族习惯分别作为出罪与免除处罚事由提供了直接的正当性根据，法官可以在经过深思熟虑后将某些在民族习惯看来合法或轻微违法的犯罪行为认定为"情节显著轻微，危害不大"予以出罪，也可以依据刑法第三十七条的规定对民族习惯认为构成犯罪但不具有处罚必要性的行为免予刑事处罚。同时，刑法第六十一条规定："对于犯罪分子决定刑罚的时候，应当根据犯罪的事实、犯罪的性质、情节和对于社会的危害程度，依照本法的有关规定判处。"对少数民族地区犯罪行为的量刑要考虑行为的社会危害程度，一些在刑法看来是极其严重的行为，在民族地区民众看来可能属于正常的行为。如某些少数民族存在抢婚、重婚等习俗，行为人实施其认为是遵从该习俗的行为在刑法看来可能构成强奸罪、重婚罪等罪名。此时，行为造成的社会危害程度在少数民族地区相对较低，可以据此对犯罪人从宽量刑。

**（二）强化裁判文书说理**

法官应当加大裁判文书释法说理力度，这是现代法治建设的必然要求。

---

① 参见谢晖：《民间法、民族习惯法研究专栏主持人手记（二十一）》，《甘肃政法学院学报》2009 年第 3 期。

刑事裁判文书作为得出裁判结论所依赖的一系列推理分析过程的唯一载体，其中的"本院认为"部分为法官阐明裁判理由提供了场所。一般情况下，当事人及社会公众能够与法官面对面交流的机会少之又少，裁判文书的说理部分能够避免时空条件的局限性，向社会公众展示法官据以得出裁判结论的理由与过程。对于一份说理充分的刑事裁判文书而言，当事人和社会公众据此可以完全还原法官对于案件的心证过程，有助于令被告人发自内心地认罪息讼、让社会公众接受司法裁判，约束自己不去实施类似行为。裁判文书的可接受性即裁判结论是否能够为当事人和社会公众所认可，这关乎法律的权威与公信力以及公众认同感的培养。裁判文书的可接受性不仅在于判决结果是否众望所归，在更大程度上取决于裁判结论说理论证过程的充分、合理程度。最高法于 2018 年印发的《关于加强和规范裁判文书释法说理的指导意见》第八条规定，宣告无罪、判处法定刑以下刑罚等案件裁判文书，应当强化释法说理。第十三条规定"除依据法律法规、司法解释的规定外，法官可以运用下列论据论证裁判理由，以提高裁判结论的正当性和可接受性：……民间规约……"这两条规定为民族习惯融入刑事裁判文书应当强化释法说理提供了必要性以及可行性依据。结合上文提及的，民族习惯在刑事司法具有出罪或减轻处罚的功能，可以得出：民族习惯不仅具有作为法官论证裁判结论、丰富裁判文书说理根据的可行性，而且根据该规范性文件的要求也应当如此。

一般情况下，运用民族习惯的刑事案件相较于运用民族习惯的民事、行政等其他案件而言，更需要以民族习惯强化裁判文书说理。一方面，一般来说，刑事案件的社会关注度和影响力较大，往往成为社会热点和关注焦点。有学者统计，我国法院在改革开放以来受理的刑事案件数量在各类案件中占比仅一成且仍持续下降，但在 2013 年至 2020 年八年内入选的"中国十大影响性诉讼"中，刑事案件平均占比 56.7%，相比之下表明了刑事案件的社会关注度非常高。[①] 刑事案件中运用民族习惯本就受到许多非议，若其裁判结论并未通过民族习惯提供充分说理，加之刑事案件的社会关注度很高，

① 参见高尚：《刑事裁判文书说理的基本要求与理想模式——基于三则改判案件的经验考察》，《东北师大学报（哲学社会科学版）》2022 年第 4 期。

很可能因为裁判结论的可接受性低,而损害司法的权威及公信力甚至造成其他恶劣后果。充分运用民族习惯对此类案例进行说理,可以有效说明民族习惯对刑事司法是否发挥以及发挥何种作用,据此来推翻一些结果不公正或者可接受性不高的裁判结论,避免冤假错案的发生。另一方面,牵涉民族习惯的刑事案件又不完全等同于普通刑事案件,即具备"事出有因"的特征,使得刑事法官在撰写裁判文书过程中必须将民族地区民众对裁判结论的接受程度摆在重要位置。因为相较于国家制定法,民族地区民众更愿意信奉千百年来流传至今的民族习惯,判决结果只有充分运用民族习惯进行说理论证,才能得到民族地区民众的理解和接受。由于刑事案件特别是其中运用民族习惯的案件具有特殊性,这类案件的裁判文书中更要注重民族习惯强化说理功能的发挥。司法实践的实际情况是,这类案件中只有极少数说理相对充分的案例,如奉某某强奸案中,法院认为:"辩护人提出的'被告人奉某某法治观念淡薄,按民族风俗习惯确定恋爱婚姻关系,与未成年人发生性关系,其犯罪动机和主观恶性较之其他强奸犯罪要小,且系初犯偶犯;被害人及其亲属均表示谅解,请求适用缓刑'。经查,被告人奉某某与被害人均系瑶族,有民族特有的婚恋习俗,奉某某的行为构成犯罪,但考虑瑶族风俗习惯和被告人奉某某当庭认罪悔罪,被害人及其法定代理人均对其表示谅解,所在社区矫正机构亦建议对其实行社区矫正,故辩护人的辩护意见,理由成立。"[①]该案法院较为充分地说明为何采纳辩护人所提出的将民族习惯作为从宽处罚依据的辩护意见。实践中多数运用民族习惯的案件都未对民族习惯在刑事司法中是否发挥以及发挥何种作用进行充分说理和论证,这显然有违法律适用的正常逻辑,需要进一步积极发挥民族习惯所具有的增强说理的功能。

## 二、民族习惯在刑事司法中的应用现状及原因分析

为了准确地分析与把握近些年来民族习惯在刑事裁判文书中的运用情况,以发现问题并提出完善对策,笔者通过北大法宝法律数据库搜索相关案例,探索民族习惯在刑事司法中的应用情况。鉴于民族习惯在刑事裁判文书

---

① 湖南省隆回县人民法院(2017)湘 0524 刑初 478 号一审刑事判决书。

中缺乏统一表述，因此以文书中频繁出现的"习惯""习惯法""习俗""风俗""民俗""民间法"等词，搭配"族"字作为全文检索关键词，并以"刑事"为案由、以 2022 年 12 月 31 日为截止日期由此展开检索，[①] 结果如下：检索"族习惯""族习俗""族风俗""族民俗""族民间法"，分别收获 88、85、179、23 和 7 篇裁判文书。排除重复及不切主题的裁判文书，共收获 105 篇裁判文书。通过收获的样本，笔者总结民族习惯在刑事司法中的应用呈现如下规律：

**（一）民族习惯在刑事司法中应用的基本情况**

1. 适用地域及法院层级

据样本分析，一方面，民族习惯运用于刑事裁判文书的案件主要集中在四川、云南、贵州、甘肃、广西壮族自治区、西藏自治区、新疆维吾尔自治区以及青海等少数民族聚居的省份，从多到少分别有 37、23、17、10、5、4、4、3 件（如图 1）。另一方面，民族习惯运用于刑事裁判文书的案件分布于基层法院、中级法院、高级法院以及专门法院（多为铁路法院），分别

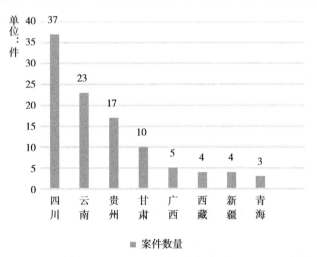

**图 1　2012—2021 年民族习惯运用于刑事裁判文书案件适用地域**

---

① 刑事裁判文书中多出现"回族习惯""藏族习惯"或"民族习惯"等少数民族习惯的表述，汉族习惯因不具有特殊性而极少见"汉族习惯"的表述，故采用"族习惯""族习俗"等检索出来的基本都是少数民族习惯。参见杨钢：《少数民族习惯在民事司法中运用的调查报告——基于裁判文书的分析》，《民间法》第 29 卷，研究出版社 2022 年版。

为 65、27、9、4 件（如图 2）。中级和高级法院审理的相关案件几乎都是刑事二审程序，从整体上看，绝大多数的一审案件分布在少数民族地区的基层法院。上述样本数据从刑事案件的角度再一次印证了彭中礼教授得出的研究结论，"基层法院存在民间法的司法适用"以及"少数民族地区社会纠纷中存在民间法的司法适用"。①

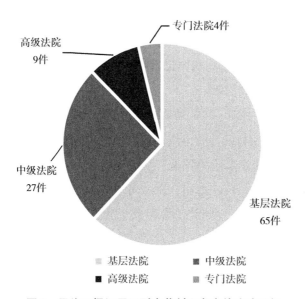

**图 2　民族习惯运用于刑事裁判文书案件法院层级**

2. 审结年份

据样本分析，民族习惯运用于刑事裁判文书的案件自 2014 年开始增多，一直到 2021 年都处于平稳状态（由于裁判文书网上公开需要一段时间，2022 年相关裁判文书数量较少）。2012—2021 年的裁判文书数量分别为 2、3、13、10、13、14、10、17、13、12 件。

3. 适用案由

据样本分析，民族习惯运用于刑事裁判文书的案件案由，主要体现为危害公共安全，侵犯人身、民主权利，侵犯财产以及妨害社会管理秩序等犯罪。样本中出现较多的罪名，由多到少排列大致如下：非法持有枪支罪、故

---

① 彭中礼：《当前民间法司法适用的整体样态及其发展趋势评估》，《山东大学学报（哲学社会科学版）》2010 年第 4 期。

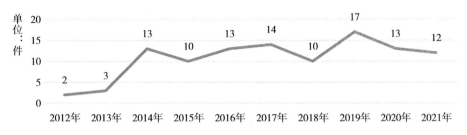

**图3 民族习惯运用于刑事裁判文书案件年审数量**

意伤害罪、故意杀人罪、强奸罪、强制猥亵妇女罪、重婚罪、抢劫罪、盗窃罪、诈骗罪、妨害公务罪、寻衅滋事罪、非法猎捕杀害珍贵濒危野生动物罪、非法狩猎罪以及聚众型犯罪等。民族习惯运用于刑事裁判文书的案件之所以集中于某些罪名，民族特有的习惯是其中一个重要因素，如下文将提到一些非法持有枪支罪的案件，某些民族向来有佩带枪支用于防身或打猎的习惯，在适用该罪名对民族地区民众定罪量刑时，理应将这一民族习惯考虑在内。

**（二）法院极少主动援引民族习惯，被动考虑时也大多不予采纳**

民族习惯运用于刑事裁判文书的案件，民族习惯可由法官、检察官、当事人或其代理人提出。出于行文方便，笔者将法官提出的情形称为"法官主动援引"，将法官之外的其他主体提出的情形称为"法官被动考虑"。

第一种情形是法官主动援引民族习惯，此类情形在实践中虽然存在，但仅有少数几例。如陆某海非法制造、买卖枪支案，"考虑到当地少数民族在生产、生活中持火药枪防盗、狩猎的民族习惯由来已久等实际，因此，可以对其酌情从轻处罚"①。

第二种情形是法官被动考虑民族习惯，即由检察官主动提及，作为其提出从宽量刑建议或抗诉的依据，或者由当事人或代理人以民族习惯作为诉讼主张或辩护理由。在少数民族地区，检察官在少数情况下会将民族习惯作为从宽量刑甚至出罪的依据向法院提出量刑建议或者作为抗诉依据，因为民族习惯是能够影响行为人刑事责任大小的因素，检察官在提出量刑建议或对裁判结论不满时，可以将民族习惯考虑在内；当事人也会主动提及民族习惯，以行使诉讼权利，维护自己的合法权益。

---

① 参见贵州省黎平县人民法院（2014）黎刑初字第62号一审刑事判决书。

在法官被动考虑民族习惯的情形中，又存在法官采纳与不采纳两种情形。法官采纳占少数。如杜某某、容某某非法持有、私藏枪支、弹药罪一案，"被告人杜某某的辩护人提出，被告人持有的涉案子弹腰带是装饰品，属民族习惯，被告人主观上无危害社会的故意，请求法庭对被告人从轻处罚"。"对被告人的辩护人所提辩护意见，本院决定予以采纳。"① 法官不采纳的情况占大多数，如吴某某非法猎捕、杀害珍贵、濒危野生动物一案，辩护人提出"少数民族有打猎的民族习惯，主观恶性小"，法院并未采纳该辩护意见。②

从样本可以看出，实践中的法官在刑事裁判文书中主动援引民族习惯的情况很少，对于检察官、当事人及其辩护人提出的那些由法官被动考虑民族习惯的场合，多数情况下法官也不予采纳。法官不予采纳又存在两种情形：明确驳回或避而不谈。法官明确驳回的情形以梁某某等盗窃案为例，梁某某的辩护人提出辩护意见："梁某某随身佩带刀具系壮族习俗，不应认定携带凶器盗窃，不能作为量刑时的加重情节。"法院认为，"梁某某在第一起盗窃被发现后，持刀威胁目击证人后逃跑，故对三被告人及辩护人辩称随身佩带刀具是民族习俗非携带凶器盗窃应从轻处罚的辩护意见不予采纳"。③ 法官避而不谈的情形很多，以杨某强制猥亵妇女案为例。

究其原因，一些非本土法官并不熟悉民族习惯。近半数非本土法官主动援引民族习惯影响刑事裁判的前提是对当地民族习惯有一个较为充分的认识，对检察官、当事人等提出的民族习惯进行被动考虑时也要经过一系列的识别过程，这一过程是复杂且困难的，法官在考虑民族习惯能否影响刑事裁判时，至少要考虑几个问题：首先，法官被动考虑的民族习惯是否在一定少数民族的民众聚居范围内具有普适性。本文所称"民族习惯"，一定是被少数民族群众广泛认可，并且对该地区少数民族成员具有稳定约束力的民族习惯，否则没有必要探讨。如果法院被动考虑的民族习惯只在一个很小的少数

---

① 参见四川省成都市金牛区人民法院（2019）川0106刑初278号刑事判决书。

② 参见浙江省杭州市中级人民法院（2015）浙杭刑终字第724号刑事裁定书。类似案件较多，如梁某某等盗窃案，详见河南省范县人民法院（2017）豫0926刑初11号一审刑事判决书；洛某某抢劫罪案，详见四川省成都市武侯区人民法院（2016）川0107刑初40号一审刑事判决书等。

③ 参见河南省范县人民法院（2017）豫0926刑初11号一审刑事判决书。

民族聚集区内具有普遍性，案件中牵涉到的其他当事人并不认可该习惯；或者该习惯在该聚集区仅受到一部分民众的遵守，或者约束力较差，此时法官若采纳该民族习惯，所得出的裁判结论可能对其他当事人不公。此时，对于不熟悉民族习惯的非本土法官来说，需要证实该民族习惯是否具有普遍性是存在困难的。其次，法官被动考虑的民族习惯真实性如何？之所以需要考虑真实性问题，在司法实践中，存在当事人或其辩护人为维护自己的合法或非法利益，借民族习惯的名义虚构事实、隐瞒真相的情形。由于违反刑法可能面临的惩罚更为严厉，这种现象在刑事司法实践中更为常见。这时，非本土法官由于并不了解该习惯的真实性，需要采取包括走访调查在内的各种措施以证实该民族习惯的真实性，这是有难度的。再次，法院被动考虑的民族习惯是否真正合情合理。即使被动考虑的民族习惯客观存在且具有普遍性，法官也必须证明该民族习惯的合理性。这对于不了解民族习惯的法官来说，也需要其结合公序良俗等因素综合考量，无疑是一个费时费力的大工程。① 最后，要考虑此种民族习惯与刑法之间的关系，此种民族习惯在认定犯罪及确定惩罚措施方面与刑法的定罪量刑相比，存在多大的偏差，是根本性的区别还是细微的差异，是否能够以民族习惯作为裁判依据，都需要非本土法官去分析思考。综上，法院被动考虑民族习惯是一个极其复杂、细致的工作，一些非本土法官由于不熟悉民族习惯，并不愿意在刑事裁判文书中主动援引或者被动考虑民族习惯。

### （三）民族习惯适用过程隐晦，缺乏充分说理

通过分析样本，发现绝大多数案例都存在说理不充分的弊病。只有极少数案例运用民族习惯对裁判结论的得出进行充分的说理，或者在三段论演绎推理的过程中，通过说理弥合事实认定与法律适用之间的缝隙，将案件事实涵摄于法律规范之下。如马某某故意伤害一案，"被告人与被害人虽未领取结婚证，但按照当地民族风俗举行了结婚仪式，可以视为家庭成员，二人因家庭纠纷产生矛盾应认定为民间纠纷，一审对此量刑情节已予评判"②。该案中，法官肯定被告人与被害人按民族风俗举行结婚仪式可以视为家庭成

---

① 参见杨钢：《少数民族习惯在民事司法中运用的调查报告——基于裁判文书的分析》，《民间法》第 29 卷，研究出版社 2022 年版，第 463—464 页。

② 甘肃省高级人民法院（2017）甘刑核 78464778 号刑事裁定书。

员，就可以将二者之间的纠纷认定为民间纠纷，此时民族习惯影响了事实认定，因此对于被告人实施的暴力伤害行为，可以依据最高法于 2010 年 2 月 8 日发布《关于贯彻宽严相济刑事政策的若干意见》第二十二条之规定予以从宽处罚，即"对于因恋爱、婚姻、家庭、邻里纠纷等民间矛盾激化引发的犯罪……应当作为酌定量刑情节予以考虑"。

即使在法官主动援引或被动考虑民族习惯的场合，也广泛存在刑事裁判文书说理不充分的现象。如何某某故意伤罪一案中，辩护人提出辩护意见"本案的发生是由民族差异引起"，"本院认为"部分对此也仅有轻描淡写的一句话，"考虑到本案系因生活琐事、民族习俗差异等因素引发，酌情从轻处罚"。[①] 又如上文提及的杜某某、容某某非法持有、私藏枪支、弹药罪一案，"被告人杜某某的辩护人提出，被告人持有的涉案子弹腰带是装饰品，属民族习惯，被告人主观上无危害社会的故意，请求法庭对被告人从轻处罚"。"对被告人的辩护人所提辩护意见，本院决定予以采纳。"第一个案例采用极其简洁的话语说明民族习惯对案例起到了从宽量刑的作用，但没有说明从宽量刑的依据是什么。第二个案例中，法官甚至没有再次提及辩护意见中的民族习惯，仅笼统说明其采纳辩护意见。此类案例不胜枚举，反映出民族习惯在刑事裁判文书中的适用具有适用过程隐晦且缺乏充分说理的弊端。

究其原因，实践中大部分法官刻意回避民族习惯和刑法之间的紧张关系，不愿对是否以及如何运用民族习惯影响刑事裁判展开更多的分析说理。许多法官并非意识不到民族习惯的独特作用和强大活力，只是基于社会效果以及追责压力等方面的考虑，在是否主动援引或被动考虑民族习惯这一问题上陷入矛盾，更不想在是否以及如何运用民族习惯影响刑事裁判问题上着墨过多。具体来说，如果完全不顾社会一般公众的判断标准，直接适用刑法对少数民族地区民众定罪量刑，可能会激起民众的不满，不利于少数民族地区的和平与稳定，也不利于法律效果和社会效果的统一；反之，法官在刑事裁判文书中以相当篇幅论述民族习惯对裁判文书结论生成的影响，看似会出现民族习惯替代刑法的表象，且可能因违背法治原则或罪刑法定原则而面临追责压力。因此，要么法官在刑事裁判文书中丝毫不提及民族习惯；要么适用

---

① 参见安徽省六安市裕安区人民法院（2019）皖 1503 刑初 340 号一审刑事判决书。

过程隐晦，以"认罪态度良好"等替代"民族习惯"的字样，将民族习惯隐晦地伪装起来；要么缺乏充分说理，一笔带过。对民族习惯影响裁判结论进行充分说理的情形屈指可数。实际上，不管法院是否采纳民族习惯，只要有民族习惯可能发挥一定积极作用的场合，就应当对采纳或不采纳民族习惯进行充分的说明。因为，在人文与地理环境等风格迥异的偏远民族地区，运用好某些民族习惯处理刑事案件往往能够发挥出刑法所不可代替的作用，运用离不开充分说理。司法裁判的公信力也依赖理性的权威和针对裁判结论的充分说理论证。如此才能更有效发挥民族习惯的作用，维护当事人的合法权益，同时能够通过说服包括当事人和其他社会公众在内的大部分听众，以增强裁判文书的可接受性。

### （四）民族习惯基本不作为出罪依据

样本中有较多案件将民族习惯作为从宽量刑依据，如阿某某非法持有、私藏枪支、弹药案的"本院认为"部分写明："被告人违反国家对枪支管理的相关规定，非法持有枪支两支，且具有致伤力，其行为触犯刑律，构成非法持有枪支罪……其因民族风俗而非法持有枪支，未造成严重后果，主观恶性不深，可酌定从轻处罚。"最终法院判处有期徒刑三年，缓刑五年。[1] 民族习惯之所以可以影响量刑，是因为某些民族习惯的存在使民族地区民众犯罪行为的社会危害性及其人身危险性降低了。

相比之下，刑事案件以民族习惯作为出罪依据的案件在样本中仅一例，在盘某某等非法狩猎罪一案中，检察机关指控几名被告人涉嫌犯非法猎捕、杀害珍贵、濒危野生动物罪。辩护人提出："本案发生有一定民族习俗及历史原因，公诉机关指控罪名不成立。"法院认为，被告人盘某某等四人均为农民，无法分清鸟的种属及国家保护级别的范围，四人以食用为目的捕鸟，主观上无故意猎捕、杀害珍贵、濒危野生动物的直接故意。[2] 该案被告人由于缺乏猎捕、杀害珍贵、濒危野生动物的故意，并未认识到其捕鸟行为的违法性，法院最终并未以检察机关指控的罪名对其追究刑事责任。此外存在一些由当事人或其辩护人提出将民族习惯作为出罪依据，但法院不予采纳的案

---

① 参见云南省宁蒗彝族自治县人民法院（2018）云 0724 刑初 99 号一审刑事判决书。

② 参见广西壮族自治区环江毛南族自治县人民法院（2016）桂 1226 刑初 146 号一审刑事判决书。

件。如杨某犯非法购买珍贵、濒危野生动物，珍贵、濒危野生动物制品罪案中，辩护人提出："独龙江地处边远山区，几百年来因交通不便，医疗条件差，形成靠山吃山的民族风俗，一直保留民间药方的治病传统，及利用野生动物制品用于民族崇拜的习惯。鉴于生活在独龙江的独龙族历史变迁的特殊性，根据刑法第十三条规定可以不认为是犯罪。"但法院对该辩护意见不予采纳。①

究其原因主要在于理论与实务界对罪刑法定原则的不当理解。罪刑法定原则能够一直作为刑事立法与刑法解释学的指导原则而长盛不衰，主要原因在于该原则有更高层次的普遍原理即"实质的保障人权原理"作支撑。② 不过，罪刑法定原则对于民族习惯的排斥和民族习惯在民族地区具有的较强规范效力之间存在令学者和实务人员十分头疼的矛盾。一方面，作为刑法基本原则，因为民族习惯在刑事司法中发挥作用而违反罪刑法定原则的做法是不能采取的。另一方面，民族习惯在少数民族地区具有较强的普遍性和约束力。若彻底置民族习惯的规范效力于不顾，有可能引发少数民族民众对司法权威和公信力的质疑，更有甚者可能造成刑事司法的危机。

## 三、完善民族习惯在刑事司法中的应用

我国刑法赋予了民族自治地方以地方立法变通刑法的权力，③ 为缓解民族习惯与刑事立法的紧张关系提供了可能途径。不过，自 1979 年刑法规定变通权至今，并未有任何一个民族自治地区根据民族特点制定变通或补充规定。变通立法并非朝夕之功，能够发挥的作用也是局限的，当立法出现滞后的情况，司法解决路径的探寻更具现实意义。因此，目前应着眼于探寻有利于完善民族习惯在刑事司法中应用的司法途径，以充分发挥民族习惯的积极作用。

---

① 参见云南省贡山独龙族怒族自治县人民法院（2016）云 3324 刑初 17 号一审刑事判决书。
② 参见［日］曾根威彦：《刑法学基础》，黎宏译，法律出版社 2005 年版，第 12 页。
③ 我国《刑法》第九十条规定："民族自治地方不能全部适用本法的，可以由自治区或者省的人民代表大会根据当地民族的政治、经济、文化的特点和本法规定的基本原则，制定变通或者补充规定，报请全国人民代表大会常务委员会批准施行。"

### （一）培养民族司法群体，合理行使自由裁量权

在少数民族地区或其他少数民族聚集区的纠纷化解和秩序维护等事项中，宗教人士以及少数民族"领头人"发挥重要作用。对于刑事审判而言，培养少数民族司法群体十分重要。具有三点理由：第一，少数民族司法群体是从少数民族群众中选拔产生的佼佼者，相比之下更易于获得广大民众的认可。第二，少数民族司法群体具有与当事人沟通上的优势，相较于汉族司法群体而言，其深入少数民族内部完成侦查阶段的任务，全面收集证据和群众意见更加方便无阻，有助于查明案件事实。第三，少数民族司法群体不仅了解当地民族习惯，而且也或多或少对法律有一定的了解，在适用法律的过程中倾向于主动想办法协调刑法与民族习惯之间的紧张关系，将刑法与刑事政策的基本精神贯彻落实到少数民族地区。正如有学者所言，在处理少数民族民众因民族特点而实施的犯罪行为时，可以考虑将宗教人士、少数民族有威望的人士吸纳到案件的审理过程中。综上，在少数民族地区尽可能多地培养少数民族司法群体，能够让更多的当地民众接受裁判结果，有助于刑法在少数民族地区顺畅实施，维护国家司法的权威和公信力，逐步实现刑事案件的审理过程全权归属于国家审判机关。

少数民族地区的刑事法官对于牵涉民族习惯的刑事案件，应在充分考虑民族习惯等因素的前提下，缓解民族习惯与刑法之间的紧张关系，合理行使自由裁量权，作出具有可接受性且合法合理的裁判。"假使可能的决定中没有一项决定是显然不正当的，那么这一类事件的最后决定就取决于法官个人的价值理解及确信。"[①] 很多情况下，民族习惯有其特定的历史背景和形成条件，并没有明显不当，只是与刑法规定存在不一致，此时就需要法官积极行使自由裁量权，充分考虑民族习惯和宗教信仰，对于刑法规定为犯罪但依民族习惯不认为是犯罪或处罚不至于那么重的行为，要结合民族习惯实际情况，充分考虑行为人的习惯观念与其行为目的、动机之间的联系。如果不从实际情况出发，对法律仅仅是机械地适用，那么法律因不能满足少数民族民众的需要而难以顺利实施。因此法官的目光应往返于静止的规范与灵动的事实之间，刑法与民族习惯都应被作为"规范"进行全面充分的考虑，以作

---

① ［德］卡尔·拉伦茨：《法学方法论》，陈爱娥译，商务印书馆2003年版，第175—176页。

出被民族地区民众广泛接受且公平的裁判结论，促进民族关系更加和谐。当然，法官的自由裁量权要受到一定的限制：民族习惯必须与现代法治精神以及罪刑法定原则无根本冲突；民族地区民众必须对民族习惯有着确定的、短期内难以动摇的信赖；以及如果法官不考虑该民族习惯将产生严重的不良社会影响。

**（二）不断完善少数民族刑事调解与和解制度**

近年来，少数民族地区基层司法机关逐渐面临案多人少的窘境，司法工作人员的工作压力越来越大。以此为背景，将其中一些民间冲突通过调解等方式予以解决，能够有效减轻基层法院工作人员的办案压力。国家对人民调解工作持鼓励态度，地方政府对调解过程中所需的经费给予支持和保障，地方司法行政部门对调解活动进行指导。在国家法律体系框架下，调解工作为民族习惯的立足提供了空间，二者在基本精神、任务目标及组织形式等多方面具有共通点，也是当下少数民族地区多元纠纷解决方式的关键一招，对于缓解基层司法机关工作压力、降低民族地区民众纠纷解决成本具有不可估量的价值。同时，我国刑事诉讼法于 2012 年增设了针对一部分刑事案件适用的刑事和解制度，"刑事和解就是被告人和被害人主体意愿的体现，也是公权力对私人权利范围适度让步的产物"[1]，其旨在为刑事纠纷的双方提供一个能够自愿、平等协商的机会，以求当事人通过谈判、磋商等方式最终达成合意以消除二者之间的纠纷，同时恢复为犯罪行为所侵害的社会秩序。若双方当事人均可满足对方最低限度的请求，那么双方均能以最低的代价谋取最大利益，同时化解双方的对抗情绪，避免双方矛盾进一步激化，最终使二者纠纷完全解决。在和解过程中，有利害关系的双方当事人通过纠纷解决过程，充分表达自己的诉求，发挥双方主体的能动作用，最终取得双赢的结果。因此，"刑事和解所蕴涵的法治精神恰恰与少数民族习惯法所载蕴的价值理念不谋而合"[2]。刑事和解方式的扩大应用，不仅为国家解决民族地区刑事纠纷提供了一个变通的争端解决方式，而且也为民族习惯与刑法的融合指明了一条切实可行的道路。

---

① 陈光中、葛琳：《刑事和解初探》，《中国法学》2006 年第 5 期。
② 韩宏伟：《智慧性生存范式：民族地区刑事和解的本土化建构——基于恢复社会正义的视角》，《思想战线》2013 年第 2 期。

### （三）结合案例指导制度强化对涉民族习惯裁判结论的说理

作为一种重要法源，指导性案例也能成为裁判文书说理的重要依据。[①]以一部法律来规制不同民族地区民众的行为是不切实际的，在"两高"发布一些内容为民族习惯影响刑事裁判的指导性案例之前，在面临刑法与民族习惯相互冲突的案件中，应结合体系解释方法，对某法律规范的理解，"不仅需要意识到法律概念、法律规范、法律原则和技术性定义等要素，还要看到法律价值、道德规范、习惯规范等意义，在这些要素之间展开逻辑关联的思考"[②]，在对刑法条文的解释说明过程中要充分考虑民族习惯等内容。因为法律在制定时将各个民族的实际情况考虑进来是不现实的。正如博登海默所言："法律是一个带有许多大厅、房间、凹角、拐角的大厦，在同一时间里想用一盏探照灯照亮每一间房间、凹角和拐角是极为困难的，尤其当技术知识和经验受到局限的情况下，照明系统不适当或至少不完备时，情形就更是如此了。"[③]需要注意的是，民族习惯在刑事裁判文书中应与法律规范联合使用，表现为"刑法规定如何，但考虑到民族习惯，置之于不顾将不利于实现社会效果和法律效果的统一"。在不久的将来，"两高"如果发布一些内容为民族习惯影响刑事裁判的指导性案例，这些指导性案例一定能够作为相关刑事裁判结论的依据和有力的论证理由。法院在审理此类案件过程中，可将其与刑法规范一并作为裁判依据及说理依据，不仅能够显示出当刑法与民族习惯存在紧张关系时刑法本位的立场，而且也充分考虑民族习惯对刑事裁判结论的影响以表示对民族习惯的足够尊重。

### （四）合理扬弃民族习惯，培养族民法治意识

任何治理方式的发展均有其特定的历史文化土壤，只有能够满足人民一定的需要，该治理方式才能长存于一个特定的历史时期。民族习惯的存在注定有一定的优点，因此不能采取"一刀切"的方式通过刑法来抑制民间法，应当通过刑法对民族习惯进行规范化引导。正如学者所言，民族习惯作为少

---

① 参见孙光宁：《裁判文书援引指导性案例的效果及其完善——以弘扬社会主义核心价值观为目标》，《苏州大学学报》2022 年第 1 期。

② 陈金钊：《体系思维及体系解释的四重境界》，《国家检察官学院学报》2020 年第 4 期。

③ ［美］E. 博登海默：《法律哲学与法律方法》，邓正来译，中国政法大学出版社 2004 年版，第 217 页。

数民族文化传统的不可分割的部分，不仅承载各民族对向往生活的期待，也显示出他们的情感与信仰。因此，对待民族习惯，不能采取"革除"等危险而极端的手段，必须慎之又慎。① 民族习惯具有顽强的生命力，有些民族习惯与刑法存在类似的合理内容，如保障人权、维护秩序、传递文化等社会功能以及对民族地区民众行为的强制、指引、评价、预测等规范作用，有些情况下，民族习惯具有刑法所不能替代的"特殊功能"。当然，对于民族习惯中一些陈旧腐朽、对法治发展没有积极意义的内容，应当予以摒弃。如有些民族习惯严重违反现代法治的原则要求。因此，民族习惯想要长期存在，发挥其对于刑事司法的功能，必须对其传统内容进行筛选，对于其中违背法治精神的内容予以剔除，发扬并进一步完善遵从法治精神的传统民族习惯，培育顺应社会主义法治的新型民族习惯，从而实现民族习惯与刑法的对接与融合。②

① 参见苏永生：《国家刑事制定法对少数民族刑事习惯法的渗透与整合——以藏族"赔命价"习惯法为视角》，《法学研究》2007年第6期。
② 参见苏方元：《少数民族刑事习惯法发展的困境与出路》，《河南财经政法大学学报》2016年第2期。

# 论作为司法公信载体的裁判文书说理

李 超[*]

## 一、司法公信力对裁判文书说理的现实需求

其一，司法公信力在我国政治话语体系中的地位提升。司法公信力的公平正义面向使执政者将其放置在更加突出的位置。从 20 世纪 90 年代开始，审判方式改革逐渐推进，1997 年党的十五大报告首次提出"推进司法改革"[①]，从此正式拉开了司法改革的序幕。党的十六大报告提出"推进司法体制改革"[②]，党的十七大报告提出"深化司法体制改革"[③]，党的十八大报告指出"进一步深化司法体制改革"[④]。2017 年，党的十九大报告鲜明地提出"深化司法体制综合配套改革"。[⑤] 2022 年党的二十大报告进一步强调"深化司法体制综合配套改革，全面准确落实司法责任制"。[⑥] 有学者做过统计，从 2014 年至 2016 年，中央全面深化改革领导小组共召开过 20 次会议，

---

[*] 李超，上海市长宁区人民法院法官助理。

[①] 江泽民：《高举邓小平理论伟大旗帜　把建设有中国特色社会主义事业全面推向二十一世纪——在中国共产党第十五次全国代表大会上的报告》，《前线》1997 年第 10 期。

[②] 江泽民：《全面建设小康社会　开创中国特色社会主义事业新局面——在中国共产党第十六次全国代表大会上的报告》，《科学新闻》2002 年第 22 期。

[③] 胡锦涛：《高举中国特色社会主义伟大旗帜　为夺取全面建设小康社会新胜利而奋斗——在中国共产党第十七次全国代表大会上的报告》，《前线》2007 年第 11 期。

[④] 胡锦涛：《坚定不移沿着中国特色社会主义道路前进　为全面建成小康社会而奋斗——在中国共产党第十八次全国代表大会上的报告》，《人民日报》2012 年 11 月 18 日，第 1 版。

[⑤] 习近平：《决胜全面建成小康社会　夺取新时代中国特色社会主义伟大胜利——在中国共产党第十九次全国代表大会上的报告》，人民出版社 2017 年版，第 39 页。

[⑥] 习近平：《高举中国特色社会主义伟大旗帜　为全面建设社会主义现代化国家而团结奋斗——在中国共产党第二十次全国代表大会上的报告》，人民出版社 2022 年版。

085

审议通过了 33 个司法改革文件，中央政法单位制定出台 157 个司法改革文件。① 概言之，从审判方式改革到司法体制改革，不论话语体系如何变迁，提升司法公信力作为司法体制改革的核心目标，始终保持高频率出现在政治文本中，进一步彰显了司法公信力在我国政治话语体系中的地位。

其二，我国司法公信力提升面临的现实症结。与司法体制改革"永远在路上"相比，我国司法公信力建设仍存在较大的提升空间。② 实践中偶有发生的具有重大社会影响的案件面临巨大社会舆论压力等现象，也反映了司法在裁判结果的认同机制构建上还有待完善。此外，近年来报道的个别冤假错案也给司法公信力造成一定损害，比如"聂树斌案""呼格吉勒图案"，易引发民众对司法不公正的联想，减损司法改革的效果。正如英国哲学家培根所说"一次不公正的审判，其恶果甚至超过十次犯罪"③。此外，在行政诉讼领域，部分地方法院未完全行使《行政诉讼法》赋予的司法审查权，监督行政机关的职能弱化，致使行政权力无边界扩张，出现行政违法行为纠正不力等问题。久而久之，便形成"信访不信法"现象，司法公信力建设的实际成效也大打折扣。

其三，加强裁判文书说理对提升司法公信力的价值功能。主要体现在三个方面：一是加强裁判文书说理有助于彰显当事人在司法程序中的主体地位，降低司法的对抗性与强制性。法律以对抗和强制作为生效的保证，然而如果仅依靠对抗和强制，法律就无法在当事人心中形成内心认同，并转化为自觉尊法守法的实际行动。如果司法所依据的规则维护的是有利于民主的根本价值，那么司法就是民主的，④ 失去民意基础的司法是无效的。⑤ 而加强裁判文书说理可以有效地避免此种问题。裁判文书提升说理功能，让抽象的、空洞的法律规则转变为具体的、生动的法律话语，拉近当事人之间、当事人与法律之间的距离，削弱了当事人对于模糊判决的内心抵制，强化当事

---

① 参见王逸吟：《司法改革已出台了 157 个文件》，《光明日报》2016 年 1 月 22 日。
② 参见陈光中：《略谈司法公信力问题》，《法制与社会发展》2015 年第 5 期。
③ 培根：《名人谈法》，《学习与辅导》1988 年第 5 期。
④ 参见周永坤：《我们需要什么样的司法民主》，《法学》2009 年第 2 期。
⑤ 参见汪习根、刘晓湧：《论司法调解对司法公信力的价值及其作用方式》，《河南省政法管理干部学院学报》2011 年第 2 期。

人对裁判结果的内心认同。二是加强裁判文书说理有助于增进司法的可接近性、巩固民众对司法的信任感。丰富裁判文书说理内容对法官来说，可能增加了审判精力的投入，但对当事人而言，却能够在说理充分的判决书中找到司法为民的价值内涵，及时、高效地履行生效判决，减少上诉、信访等行为，从整个诉讼周期上降低诉讼成本。与此同时，加强裁判文书说理有助于提升司法在社会矛盾化解中的能力，使司法取信于民、使民众信赖司法。三是加强裁判文书说理有助于化解说理论证难题，达致实质正义。传统说理不充分的判决中，法院说理部分很少甚至缺失，而是径直给出司法决断来"结案"。败诉方往往不了解法官论证思路、论证依据和论证理由，因此无法接受裁判结果。而加强裁判文书说理能够较好解决这一问题，通过加强说理，不论是胜诉方还是败诉方，都能够在裁判中找到法官中立的价值立场，并在这种立场中发现缜密的论证思路和理由，在能看懂判决的基础上自觉地接受判决并履行相应义务，最终实现案结事了。

## 二、当前裁判文书说理中存在的问题

### （一）裁判文书体例结构问题

现行裁判文书样式基本沿袭 1992 年《法院诉讼文书样式（试行）》的规定，其中列明包括民事、刑事、行政、执行 4 类文书在内的 314 种样式。随着后来实践发展，进行了相应的增补。总的来说，我国裁判文书样式格式化程度很高，但不应过分把关注点集中在结构上而忽略其体例本身就是一个开放的系统。① 当前的裁判文书在体例上还存在以下问题：

1. 格式模板较为单一

从裁判文书的正文来看，主要包括首部、事实、理由、依据和尾部。这种模板化的裁判文书一定程度上能够规范文书制作，保持司法的权威性。但是在繁简分流背景下，其弊端也是显而易见的，即未能根据案件繁简程度进行相应的类型化处理，易把简单案件复杂化，复杂案件简单化，有限的审判

---

① 参见［比］马克·范·胡克：《法律的沟通之维》，孙国东译，法律出版社 2008 年版，第72 页。

资源也得不到有效分配，造成不当损耗。即使是实践中允许法官进行必要及适当的续造，但从现实反馈来看，主动进行续造的很少，绝大部分法官依旧沿用模板化的格式。

2. 内部体系有时存在割裂

在我国诉讼模式向当事人主义模式转变之前，我国民诉法采用的是被称作超职权主义的诉讼模式。① 一般认为此种模式的产生是苏联超职权主义模式和革命战争时期的"马锡五审判方式"两因素共同契合的结果。② 2002年最高院发布《关于民事诉讼证据的若干规定》，其中基于当事人主义的立场对证据规则进行了明确规定，这也被认为是民事诉讼中的当事人主义基本确立的标志。③ 正是因为当事人主义模式的确立，法官裁判时必须对当事人的诉讼主张进行回应。然而现实是，当前的裁判文书仍带有较强的职权主义色彩，在案件事实的调查上仅仅机械地罗列证据，当事人的举证也与诉讼争点分离，诉讼的对抗性未能体现。这样的结果便是造成文书内部的割裂，隐藏个案特性，很难通过案件争议焦点进行说理。④

3. 内容重复一定程度上会造成逻辑失恰

从内容上来看，目前裁判文书样式，"经审理查明"是法官审查后的叙事部分，"本院认为"是法官说理部分。按照科学的逻辑体系，两者应该紧密相邻，但实际情况却是相距甚远甚至脱节。⑤ 这就很容易造成当事人"弄不清"，而内容上的重复本身就反映了裁判文书逻辑上的失恰。

4. 当事人对裁判的接受度有时有限

当前的裁判文书基本使用文字表述，使用图表等精炼方式的几乎没有。一些案件可能本身并不复杂，但是法官在裁判文书中使用了过多的法律术语，超出当事人接受的限度，造成当事人虽然拿到判决书但仍然不懂内容的窘境，案虽结但事未了，这与定分止争的功能不符，也在一定程度上影响了社会公众对于释法裁判的接受度。

---

① 参见苏志强：《民事诉讼律师强制代理：当事人主义诉讼模式的一种修正机制》，《政治与法律》2019 年第 12 期。
② 参见张卫平：《民事诉讼基本模式：转换与选择之根据》，《现代法学》1996 年第 6 期。
③ 参见翁晓斌：《职权探知主义转向辩论主义的思考》，《法学研究》2005 年第 4 期。
④ 参见王松：《创新与规制：民事裁判文书的说理方法》，《人民司法》2008 年第 5 期。
⑤ 参见王贵东：《判决书结构及其说理功能》，《学理论》2008 年第 8 期。

### （二）裁判文书说理内容问题

1. 事实认定说理的结构缺陷

裁判文书说理有广义与狭义之分。广义的裁判文书说理包括事实认定说理和法律适用说理，狭义则仅包括法律适用说理。[①] 事实认定说理是指法官从法律关系的构成出发，在证据证明情况下高度概括案件事实，厘清案件性质。有观点认为，事实认定无需通过说理来进行论证，理由是当时轰动一时的"彭宇案"，法官试图分析事实论证问题，结果造成麻烦，且从比较法的视角看，各国对事实问题都是不予分析和论证的（英美法系有陪审团，大陆法系国家依靠法官自由心证）。[②] 虽然该观点具有一定的合理性，但是，我国的国情和当前所处的法治阶段同域外相比，还存在较大差别，各级法院很难完全撇开事实审只进行法律审。因此，开展事实认定说理具有必要性。但当前的事实认定说理仍有许多问题亟待解决。首先，在证据的认定上，机械的罗列堆砌较为严重。部分裁判文书将案件中的所有证据列明，然而从裁判文书中并无法知晓哪项证据被采纳，哪项证据未被采纳。对此，有学者认为大量判决书中90%以上内容是证据罗列，仅有10%是在进行说理论证。[③] 其次，缺乏对证据的论证分析导致法律事实产出困难。判决书中对证据证明力的大小及与事实之间的关联，都未展开充分论证，法律事实认定不具备严密的逻辑推理过程。最后，事实认定与文书说理相脱节。主要表现为案件查明的事实与说理内容并无实质关系，或是裁判文书中并无相应的事实认定过程，但却在说理部分出现了未认定事实。例如在某离婚案件的判决书中，事实查明部分并没有夫妻关系是否破裂、双方共同财产的事实，却调查了多少彩礼等情况。[④] 这些事实认定说理中的结构性问题，也削减了裁判文书的可接受性。

2. 法律适用说理的证成缺失

法官在裁判过程中，除了事实认定说理，更为重要的便是法律适用说理。法律适用说理是指法官根据法律规定对具体案件进行处理时的法律上的

---

① 参见赵朝琴：《司法裁判的现实表达》，法律出版社2010年版，第130—134页。
② 参见［美］理查德·波斯纳：《波斯纳法官司法反思录》，苏力译，北京大学出版社2014年版，第11—12页。
③ 参见周光权：《判决充分说理与刑事指导案例制度》，《法律适用》2014年第6期。
④ 参见雷鑫、黄文德：《当前法院裁判文书存在的问题及原因分析》，《法律适用》2010年第1期。

理由，法官在查明基本案件事实基础上，更需要对案件性质、争议焦点、如何回应当事人诉讼请求等问题进行分析研判。法律适用包括发现过程和论证过程，前者是指法官如何发现规则并得出最终结论的，后者则是站在更宏观角度要求法官阐述如何证立判决的正当性基础。① 从比较法角度来看，域外法律适用说理主要有以下几种模式：一是直接援引法条。为防止被指责有造法意图，法官避免解释法律，直接列明判决的法律依据。二是分析式法条展开。德国等国家要求在判决书中要解释各类法律概念及其相互关系，论证过程需清晰可见。三是选择式对话。英美法系国家通过先例的选择筛选，运用演绎推理手段，来总结解决某些共性问题的规则。四是综合式展开。既在判决书中分析法律构成要件，又在理由中阐明当事人间的争议焦点。② 从我国实践来看，判决书中的法律适用说理部分的证立基础还不足。具体表现在裁判文书单纯援引法律条文而忽视援引的正当理由。"本院认为"部分确实载明了依据，比如根据《民法典》第 xx 条，但是至于该案件事实为何要选择此条作为适用依据，却缺乏展开性、体系化的解释，事实与法律适用之间并不存在着"流转"，反而存在着巨大缝隙，虽然判决的结果是正确的，但是正当性基础却语焉不详。

**（三）裁判文书说理风格问题**

1. 法律推理的逻辑倒置

在法律推理方式上，大陆法系国家主要通过演绎推理的方式，遵循由一般到个别模式，在法律规则作为大前提，案件事实作为小前提的基础上推导出案件结论。英美法系国家则相反，崇尚的是归纳推理方式，遵循从个别到一般模式，注重从个案中归纳出具有普遍性指导意义的一般规则。两大法系在推理风格上的截然不同，根植于其生成的客观土壤，而没有自主选择性养成的可能，因此两者都有其发展优势和功能局限。③ 在我国裁判文书的演绎推理过程中，法律推理的倒置是较为普遍的问题。所谓推理倒置，是指法官

---

① 参见［荷］伊芙琳·T. 菲特丽丝：《法律论证原理：司法裁决之证立理论概览》，张其山译，商务印书馆 2005 年版，第 6 页。

② 参见王贵东：《判决理由模式之比较》，《贵州社会科学》2007 年第 10 期。

③ 参见蔡杰、程捷：《封闭与开放：裁判文书论理风格之类型化检讨》，《法学论坛》2006 年第 2 期。

的推理并不是严格按照"大前提—小前提—结论"的逻辑进行演绎，而是先确定结论，再围绕结论去检索法律依据，阐明法律理由，如此一来，判决的结论便不是法律推理的产物，而是成为法律推理的上位依据。

2. 防卫型司法导致说理风格狭隘

我国自从清末修律以来，就注重向大陆法系国家学习，裁判文书中演绎推理的身影随处可见，整体上威严色彩浓，偏向格式化，凸显法院整体意志。[①] 但有时易过于僵化，裁判文书流于形式。不过，大陆法系国家之间也各不相同，法国坚持形式理由优先，[②] 判决书中载明裁判的关键性理由即可，无需过多阐述附论，更不会援引学说。[③] 当然，也引来一定的批判，有学者认为没有充分说明判决依据的意义范围及采用此依据的动因。[④] 而德国却在严格推理论证的道路上越走越远，在严格坚持逻辑推理基础上，不断扩充法律之外的论证素材，很多裁判文书如同学术论文。从我国法治建设水平来看，总体上我国仍处于社会主义初级阶段，法治发展还存有不完善之处，"信访不信法""司法权威受到质疑"等客观情形依然存在，对裁判不满、攻击伤害法官的事件偶有发生。防卫型司法必然会在程式化、简约化的裁判文书中体现，法官裁判既要遵循法律规定，又要让当事人接受。这便产生了一条说理原则：既要让普通人理解，又要防备他们的潜在质疑，既要符合学理，又不能过于学理。[⑤] 可以说，防卫型司法的局面，使当前裁判文书说理风格受到很大局限。

## 三、裁判文书说理繁简分流的体系化展开路径

### （一）完善裁判文书说理制作机制：妥善对待法官助理起草裁判文书

在司法改革浪潮下，法院人员分类管理的目标就是构建"法官、法官

---

① 参见 ［美］埃尔曼：《比较法律文化》，生活·读书·新知三联书店1997年版，第227页。

② 参见张志铭：《司法判决的结构和风格——对域外实践的比较研究》，《法学》1998年第10期。

③ 参见 ［日］大木亚夫：《比较法》，范愉译，法律出版社2006年版，第266—268页。

④ 参见 ［法］雅克·盖斯旦等：《法国民法总论》，陈鹏等译，法律出版社2004年版，第446页。

⑤ 参见凌斌：《法官如何说理：中国经验与普遍原理》，《中国法学》2015年第5期。

助理、书记员"一体化审判模式，将法官从冗杂性、烦琐性的事务中解放出来，从而有更多的精力分析案件。法官助理不仅是承担部分辅助性工作，还扮演着"未来法官"形象，在其日常的工作职责中，起草裁判文书是核心内容。2015 年最高院发布的《关于完善人民法院司法责任制的若干意见》中就明确规定"19. 法官助理在法官的指导下……草拟裁判文书……"但是在意见的起草过程中，对于此规定存在着分歧。一种观点认为法官撰写裁判文书，本身就是自由心证的形成过程，是法官基于对案件事实和法律适用明确之后做出的决定。按照"由裁判者负责"要求，裁判文书应当由法官自主书写，不然可能会影响裁判文书质量，也会助长部分法官的懒惰习气。另一种观点认为，设立法官助理制度的目的就是为法官减负，其中也当然包括协助撰写裁判文书，此外，这也是法官助理提升核心本领，成为法官的必由之路。① 笔者认为，由法官助理撰写裁判文书应当视情况而定。一方面，法官助理来源的不同，决定了裁判文书是否由其撰写的可能性。当前，我国法官助理还没有专门的法定身份，各地招录、管理甚至称呼也不尽相同。具有中央政法专项编制的法官助理有两种途径，一是外部招录，即法院外部人员可通过公务员招录考试成为法官助理。二是通过内部转换，具有公务员编制经考核优异的书记员等可以通过内部程序转换为法官助理。其中具有政法编制的法官助理是未来法官的主力军，撰写裁判文书有助于快速积累审判经验，而合同制的法官助理则不应当撰写裁判文书，亦不具备相应的法律素养。另一方面，撰写裁判文书也应当分情况判断。有的法官可能比较习惯自己着手撰写裁判文书，并交给法官助理校对提出相应的修改建议，也有的法官则是让法官助理负责起草，之后自主修改完善直至定稿。然而无论采取哪种方式，法官助理在裁判文书的撰写中，都是扮演参与者的角色，而不是整个起草、修改、定稿过程都由其完成。此外，裁判文书是以法官名义签发的，法官当然要对文书质量负责。对此，可以借鉴我国台湾地区做法，法官助理原则上撰写一些事实清楚、案情简单的裁判文书，能力较强或较为资深的法官助理撰写一些复杂案件的裁判文书。

---

① 参见最高人民法院司法改革领导小组办公室编著：《〈最高人民法院关于完善人民法院司法责任制的若干意见〉读本》，人民法院出版社 2015 年版，第 65 页。

**（二）完善裁判文书说理评价机制**

裁判文书是法官的能力名片，[1] 历史上唐朝便将"身、言、书、判"明确为官吏选拔的标准，其中的判词制作是核心的考核内容。[2] 然而当前针对法官的考核评价机制中，"办案能手""业务标兵"等荣誉首先是与办案数量直接画上等号的，其次才会考虑办案的质量，比如二审发回、改判的案件数量。很少有法官因为裁判文书说理充分透彻而被表彰，这在一定程度上影响文书说理的发展。因此，应当不断完善裁判文书说理评价机制，通过正向激励，鼓励办案法官产出更多高质量的裁判。

1. 将裁判文书说理纳入考核指标

当前针对法官队伍的管理呈现行政化色彩，法官的考核、奖励、晋升都归入一般公务员模式进行，主要考察"德能勤绩廉"五个方面，对裁判文书的考察还较为模糊。司法权作为居中裁判的权力，具有高度的专业性，应与行政权区分开来，是法官考察中的重要因素。可以将裁判文书说理评价机制的结果反馈给承办法官，载明存在的问题和完善建议，并入档备查，作为日后考核、奖励、晋升的重要因素。但是若将裁判文书说理评价机制转换为对法官的惩戒手段，那么需要赋予被惩戒法官适当的申诉异议权。美国的法官评估制度是一个很好的镜鉴，通过设立法官评估制度，推动法官素质提高，并为相关决策机构提供重要参考。2005 年美国律师协会制定的《法官绩效评估指南》便把裁判文书的评估作为重要内容，注重"评估法官的法律推理能力；评估法官的沟通能力包括撰写判决书时思维清晰且逻辑严密"。

2. 拓展裁判文书说理评价主体的范围

当前，裁判文书说理的评价主要是在法院系统内部进行，一种是上级法院对本辖区内各级法院的裁判文书进行评价，包括质量抽查、优秀裁判文书评选，比如最高院每年都会在全国评选 100 个优秀裁判文书。另一种是法院内部自主进行评选。一般而言，是由本单位审判管理部门负责，评委主要是院领导、审委会成员、审判业务专家等。然而，此种评价方式总体上较为封

---

[1] 参见劳洛、合理：《裁判文书是法官的能力"名片"》，《人民法院报》2012 年 4 月 15 日。
[2] 参见（元）马端临：《文献通考》卷 37《选举考》。

闭，并没有吸纳外部评价主体，评价的公开透明度和公正度还有提升空间。司法改革推进过程中，为满足当事人知情权和社会监督需要，打造更透明的阳光法院，裁判文书公开逐渐制度化，2014年起裁判文书上网，公众可通过中国裁判文书网一键查阅。笔者认为，可以在单位内部设立裁判文书评价委员会，专门负责裁判文书的评价工作。此外，还可以扩大评价主体，吸收校外专家学者、律师等法学专业人员和社会公众代表参与评价。同时，有学者认为，裁判文书直接的受众是当事人，因此也应当将当事人纳入评价主体中来。对此，笔者认为，鉴于当事人身份的特殊性，其作为诉讼中的利益一方，必然会有胜诉与败诉情形，如果让其参与，那么评价的本身公正性就难以保证，毕竟是曾经利益牵涉方。因此，不建议当事人参与本案件的裁判文书说理评价。除了个人主体，法院还可以委托独立的第三方作为评价主体参与文书说理评价。2014年中国社科院法治指数创新工程项目组受浙江法院委托，对文书公开进行指数评估，其中明确提及了对文书说理的测评，比如测评"针对当事人的诉求是否都作出了回应""是否阐述适用某条法律规定的理由"等内容。随着人工智能时代到来，可借助高校智库、科研院所等第三方机构的专业的评估技术，通过系统化操作、智能化分析、可视化呈现，科学地评估裁判文书说理的质量。

**（三）完善裁判文书说理激励机制**

裁判文书说理激励机制是试图构建完整的文书说理长效机制，引导法官解决"不敢说""不好说"的问题。有观点认为，法官说理不当的，应当进行相应的惩戒。[1] 虽然通过惩戒能起到一定的警示作用，但是此种做法未必能带来好的效果，还有可能会损害职业尊严，挫伤法官积极性。因此，比较妥当的进路是采取正面激励的方式，来避免反面惩罚。制度的激励机制，可以通过资源分配和利益激励，鼓励人们采取社会上认可的做法。[2] 激励机制可通过以下两个方面展开。

1. 以小见大：发挥案例制度引领作用

在英美法系国家，由于遵循先例制度的存在，案例具有很高的地位。正

---

[1] 参见马明利：《构建裁判文书说理的激励机制及实现条件》，《河南社会科学》2009年第2期。

[2] 参见周雪光：《组织社会学十讲》，社会科学文献出版社2003年版，第85页。

所谓法律的生命不是逻辑，而在于经验。① 普通法是基于实践产生，判例是重要的法源，上级法院的判例会成为下级法院审理时的重要依据。

当前，我国正在形成具有中国特色的案例指导制度，其重要的价值皈依便是加强对法律适用的指导，促进适法统一，从而提升案件质量，更高效地维护司法公正。最高院于 2010 年发布《关于案例指导工作的规定》（以下简称《规定》）以来，便着力推动我国司法领域案例指导制度的发展，印发了《关于指导性案例编选工作规程》《指导案例入选证书颁布办法》等更为详细的操作指南，充分调动地方法院在案例选取、案件推荐报送上的积极性，并在总结实践经验基础之上，于 2015 年 6 月发布《规定》的实施细则，规范案例指导工作，其中第十一条明确规定了承办人员应查询相关指导性案例，文书中引述的还应当在裁判理由部分说明编号和要点。② 此规定可以在一定程度上凸显法官的职业荣誉感，产生正面激励作用。在最高院推动下，地方法院纷纷结合本院工作实际健全案例工作制度，有的法院还将文书说理内容纳入考核范畴。以北京知识产权法院为例，通过颁布示范性的典型案例，鼓励法官积极援引示范性案例，并在官方文件中明确指出对引证、引用示范案例的案件，结案的考评分可适当增加。③ 一个案例胜过一沓文件，④ 通过案例以小见大、见微知著的辐射效应，不断构建正向的裁判文书说理激励机制。

2. 以点带面：调整现有裁判文书署名方式

裁判文书的署名具有一定的对外宣示意义，与文书说理之间存在密切联系。通常而言，制作人署名的文书说理较强，不署名的文书说理相对较弱。域外裁判文书署名方式主要有以下几种：一是法官不署名，署之以法院名义，以法国为代表。二是法官进行签署，由参与判决该案的所有法官署名，

① 参见尹伟琴：《法律的生命在于经验吗？——从人性角度分析司法过程的性质》，《浙江社会科学》2004 年第 6 期。
② 其第十一条规定："在办理案件过程中，案件承办人员应当查询相关指导性案例。在裁判文书中引述相关指导性案例的，应在裁判理由部分引述指导性案例的编号和裁判要点。"
③ 《北京知识产权法院在裁判文书中援引示范案例和生效裁判工作规范》第六条："对引证、引用示范案例或者生效裁判的案件，该案结案时的考评分予以相应增加，引证的按增加 20% 计算、引用的按增加 10% 计算。"
④ 参见《一个案例胜过一打文件》，《检察日报》2018 年 8 月 6 日。

包括持少数意见的法官，陪审员、书记员无需进行署名，主要代表国家是德国。三是以英美国家为代表的文书制作人签名，遵照文责自负原则。《英国民事诉讼规则》就规定判决书须载明制作人名称和职务。① 就我国而言，主要做法是在裁判文书结尾处加盖法院公章，列明法官、人民陪审员、书记员姓名，不标明制作法官。当前，司法改革中的重要一环便是落实做细司法责任制，即"让审理者裁判、由裁判者负责"②。而只有明确谁是裁判文书的制作者后，才能更好地让裁判者负责，这样才能保证司法责任制有效地落实下去。试想一下，如果裁判结果并不是文书制作者的真意，此时谈追究责任就难以保证真正的公平。故在裁判文书尾部应当有合议庭成员、法官助理、书记员的署名，同时标注裁判文书的制作法官。具体而言，可在制作法官后添加"裁判文书制作法官"，以进一步细化司法责任制。

**（四）完善裁判文书说理保障机制：构建类型化案件文书说理数据库**

针对实践中裁判文书说理"说不好"的问题，需要发掘既有的审判资源，对其中类型化案件进行梳理总结。随着大数据时代到来，人工智能飞速发展，互联网司法具有强势的发展空间，想要打造智慧法院，必须牢牢掌握司法大数据应用，挖掘蕴含其中的更深层次的司法信息。③ 地方法院顺势而为，将司法与科技相融合，在智慧审判上积累了很多有益经验。以上海为例，上海法院利用资源和技术优势，首创裁判文书分析系统，通过技术分析、算法演算，可发现裁判文书中的诉讼请求遗漏、援引法律条文错误等问题，其中的 C2J（Court to judge）法官智能辅助办案系统，能一键查询审判案例、法律司法解释、相近案件等，有效提升文书质量。近年来，最高院一直强调类案检索制度，并于 2017 年提出"建立类案及关联案件强制检索机制"，这为构建类型化案件文书说理数据库提供了很好的示范先例。就构建此数据库的思路而言，纵向上按照"最高院—高院—中院—基层法院"的序列，横向上遵循"民事—刑事—行政"的分类，细化各种类型化的案件，如刑事案件—危害公共安全罪—交通肇事罪，将文书中的"本院认为"部

---

① 参见王贵东：《判决书署名形式之比较》，《山东审判（山东法官培训学院学报）》2006 年第 6 期。

② 倪寿明：《让审理者裁判 由裁判者负责》，《人民司法》2015 年第 19 期。

③ 参见应斌杰：《浅议大数据时代对中国司法的影响》，《现代企业教育》2014 年第 14 期。

分筛选出来，将逻辑清晰、论证充分、说理性强的裁判理由总结入库，汇聚成庞大的文书说理"智囊团"。其中这个说理数据库还应当具备以下特征：一是司法数据规模化。这是数据库运转的基础和保障。数据库要与裁判文书网数据互通，并保持实时更新，动态展现数据库案例情况。二是系统操作的智能化。作为信息化、技术化的产物，数据库本身的使用不应过于烦琐，否则就是本末倒置。理想状态是数据库有自动推送相关信息的功能，及时抓取关键词推送裁判文书说理部分，法官若不采纳，可以通过裁判要点检索、关键事实检索、法律依据检索等，① 获得该类案件裁判文书说理的模板，直接查询关联文书。三是数据公开社会化。类型化案件文书说理数据库仍需要秉持司法公开原则，增加司法大数据的公开性，以保证司法工作的透明度。可以充分吸收法院外部的院校学者、律师、在校学生等法律专业人员和社会人员参与数据库应用，听取关于裁判文书说理构建中的意见建议，构建完善的体验、交流、评价、推荐机制，推动裁判文书说理水平的提高。

---

① 参见张骐：《再论类似案件的判断与指导性案例的使用——以当代中国法官对指导性案例的使用经验为契口》，《法制与社会发展》2015 年第 5 期。

# 司法公信力视野中的
# 律师诚信构建问题研究

周　静<sup>*</sup>

## 一、律师诚信对司法公信力的重要性

### （一）律师诚信的概念解析

#### 1. 内涵解析

诚信作为律师职业道德的核心，是律师赢得客户信任和维护司法公正的基础。诚信作为一种基础性的道德规范，其适用范围涵盖社会生活的方方面面。诚信具有普遍性，但不同文化、历史背景和具体情境下诚信的表现形式和内涵却存在显著差异。西方社会常将诚信与契约紧密联系，而在中国文化中，诚信往往带有熟人社会的色彩。① 即便在中国，不同时期对诚信的理解也有所不同，如古代更强调忠君和尊长的等级观念，而现代社会更倾向于自由和平等。尽管诚信具有普适性，在不同场景下对其内涵进行深入研究具有重要意义。

律师作为法律职业的重要组成部分，其身份与执业行为具有特殊性，对律师诚信有更高的道德标准。诚信不仅是律师的基本道德要求，还是法律层面必不可少的要求，对律师的执业行为具有重大影响。从理论和实践角度来看，推动律师执业诚信建设，不仅对律师个人和律师行业具有重要意义，也对国家法治的健全与发展起到不可忽视的作用。在律师职业中，诚信不仅体现在传统的坦诚与守信方面，还衍生出更加个性化的内涵。由于律师的执业

---

＊　周静，上海申浩律师事务所律师，华东政法大学司法学研究院研究员（兼）。

①　参见石新中：《论信用概念的历史演进》，《北京大学学报（哲学社会科学版）》2007年第6期。

行为涉及特定的社会关系和法律责任，他们的诚信要求也随之变化。因此，在构建律师职业诚信时，不仅要关注普遍性的道德规范，还应结合其职业特性进行更深入的研究。

道德相对性说明，根据职业和社会角色的不同，廉洁的具体要求也会随着社会生活和人际关系的多样化而有所区别。比如，对于医生来说，诚信更多的是体现在对病人的专业和责任心上[①]，而会计人员的诚信则集中体现在他们公正、透明地为会计信息使用者提供高质量的服务上[②]。学术研究者的诚信，讲求的是对科学、真理的追求，讲求的是诚实守信地从事研究。这些职业所具有的不同特性，决定了各个领域不同的诚信表现。职业赋予了诚信道德更具体、更丰富的内涵，使其不仅限于普遍性的道德要求，而且由于职业的特性而得到了进一步的发展和演绎，诚信也称为诚信道德。

2. 内容解析

职业诚信是各行各业的核心伦理原则，而律师职业作为高度专业化、涉及复杂社会关系的职业，更是对诚信有着独特的要求。律师在法律服务中的诚信，不仅体现了其职业道德的基本规范，也是律师获得公众信任的基石。

（1）对法律忠诚

律师职业的首要职责是对法律的忠诚。作为法律专业人员，律师必须以法律为依据开展所有的执业活动。《中华人民共和国律师法》明确规定律师应依法取得律师执业证书，并在执业过程中遵守宪法和法律。律师必须严格遵循法律，确保所有法律服务符合法律的要求，而不利用法律漏洞或灰色地带为当事人谋取不正当利益。

律师对法律的忠诚，还包括其在法律解释中的谨慎。律师应当准确解读法律精神，尊重立法目的，并在执业中避免故意曲解法律或利用法律漏洞。

（2）诚信提供法律服务

律师主要职能是为当事人提供法律服务，律师的诚信是尤为关键的，一是必须始终把当事人的利益放在第一位，对委托合同的条款必须严格履行，不能随意承诺超出法律范围的结果，以保护当事人的合法权益不受损害。

---

① 参见陈佩：《诚信——医生的职业精神之源》，《中国医院》2004 年第 9 期。
② 参见杨雄胜：《会计诚信问题的理性思考》，《会计研究》2002 年第 3 期。

律师在接受委托时，必须向当事人清楚地告知有关案件的可能走向所面临的法律风险及合理的期望值，使当事人有充分的信息作出合理的决定，而不是因为能力不足而影响当事人实现自身合法权益，所以未具备相关专业能力的律师应该积极主动向当事人说明情况，并建议当事人另找合适的律师，避免由于能力不足而给当事人带来不利后果。

保密义务的履行情况是反映律师诚信的一个方面，在执业过程中经常接触到涉及当事人敏感资料等一些信息，作为律师必须严格遵守保密义务，未经当事人同意不得向任何第三方泄露这些信息，否则有损害律师与当事人之间的信任关系，这是作为律师职业操守的应有之义。

（3）司法过程中的诚信

律师在诉讼活动中的诚信，既体现在为当事人服务上，也体现在与法律职业共同体成员的交往上。如与法官、检察官沟通上。不能引导当事人参与虚假诉讼或提供虚假证据，妨碍司法公正，律师必须如实反映案件事实，如实举证。

在具体案件处理过程中，律师与法官或检察官的私下接触，尤其是不正当利益交换，严重损害了司法公正和律师职业形象，应当鼓励律师与法官、检察官之间的正常交往，促进法律职业共同体内部的文化和价值认同。[1] 律师在与法官、检察官的接触中，必须时刻遵循职业伦理，避免因行为不当而影响司法公正性。

（4）律师同行之间的诚信

律师同行之间要互相尊重、相互信任。不能因业务关系而对同行产生轻视或贬低的情绪，不能妨碍别人的执业活动。在处理合作案件时，律师之间要本着透明诚信的原则进行合作交流、共享资料、各尽所能、各得其所，并按照公平合理的原则进行报酬的分配。这是维护职业稳定和发展的基础。[2]

律师同行之间既有合作又有竞争，这是市场经济的基本特征之一，也是法治社会的基本要素之一，在合作中律师之间要做到坦诚沟通、相互信任、分工明确、各尽其能，共同为当事人提供高质量的法律服务；在竞争激烈的

---

① 参见彭恩：《论律师信用系统及其建设问题》，华南理工大学 2013 年硕士学位论文。

② 参见黎玉：《律师诚信建设对策研究》，《中国司法》2011 年第 10 期。

情况下，律师要本着维护当事人利益原则积极协商解决意见分歧，不能采取不正当手段，如贬低同行或虚假宣传；在竞争之外，律师之间也要做到相互尊重、相互信任、通力合作、共同促进法治事业的发展。

### （二）律师诚信与司法公信力

1. 律师诚信构建是国家法治进程的重要一环

亚里士多德认为，法治包括两方面：既要有完善的法律体系，也要法律得到普遍的服从。[①] 换言之，法律的正确实施是法治目标实现的前提。在我国，经过多年努力，中国特色社会主义法律体系已初步建立，立法工作取得了阶段性成果。然而，随着这一任务的基本完成，法治建设的重心已转向法律的实施，确保现有法律能在社会生活中发挥实质作用，已成为当下法治建设的关键问题。

在这一背景下，律师作为法律的实施者，承担着将法律条文付诸实践的重任。律师的核心工作是为当事人提供法律服务、参与诉讼，并通过这些活动促进法律的正确实施。然而，律师在职业生涯中面临着社会责任与经济利益的冲突。如果律师为了经济利益而偏离法律本质，其行为可能妨碍甚至损害法治进程。

律师的执业诚信与否，不仅与其个人行为是否符合法律规范有关，而且在实际生活中，法律能否得到正确的贯彻执行，也有着直接的影响。诚信律师能够准确传达法律精神，在为当事人提供服务的同时，帮助当事人对法律内容进行理解，保证当事人在诉讼过程中按照法律规定办事。此外，确保法官、检察官对案件事实的准确把握和法律的正确适用，从而维护司法公正，律师对法官、检察官的诚信也有助于诉讼程序的有序进行。因此，保证律师在法治进程中能够成为积极力量而不是消极因素，是法律正确实施的重要保障。

在我国，随着中国特色社会主义法律体系的基本构建，法律框架已相对完善，但法律体系中依然存在个别漏洞和滞后性问题。这些问题并不是立法者在制定法律时有意为之，而是由于现实发展的复杂性和法律的滞后性所致。因此，法律的完善并非一劳永逸，而是一项长期任务。

---

① 参见［古希腊］亚里士多德：《政治学》，吴寿彭译，商务印书馆1965年版，第199页。

　　律师作为法律的实践者，在促进立法完善过程中发挥着不可忽视的作用，虽然法律的制定和修改是立法者的首要职责，但日常法律实践中的实践经验对立法工作有重要的反馈作用，使立法者对法律的实际运用情况有更深入的了解和认识，从而对法律条文进行相应的修改和改进，以顺应社会发展的需要。但律师的这种推动作用必须建立在诚信执业的基础上，只有诚信的律师才能做到忠实于法律的精神，准确揭示法律中的问题并为立法工作提供真实有效的建议。因此，在促进立法工作中，律师的诚信是不可或缺的。

　　此外，律师在为当事人服务时，代表的不仅是个人的利益，还代表着社会成员的广泛诉求。在维护当事人利益的同时，一个诚实的律师也折射出社会的普遍诉求。这就使得律师在参与立法活动时，能够将公众的利益诉求真实地表达出来，有利于立法者制定符合社会需要、推动立法质量提高的法律。因此，律师执业诚信既是促进立法完善的基础，也可以帮助立法者更好地了解社会现实，进而制定出更合理、更可行的法律，律师执业诚信是立法完善的基础。

　　2. 律师诚信制度建设对构建司法公信力的价值贡献

　　提升司法公信力是中国式法治现代化的重要任务。最高人民法院在《人民法院审判理念读本》中对司法公信力作出阐释："司法公信力是指司法权凭借自身的信用而获得公众信任的程度，它是一种具有信用和信任双重维度，既能够引起普遍服从、又能够引起普遍尊重的公共性力量。"[1] 这里所提及的"讲信用"的司法，表明司法机关可以输出正义的司法产品，保证司法活动的质量和效率。通过"信用司法"的建设，建立起大众对司法的信任，我们方能保证司法的强制力、判断力、自控力和拒斥力，从而从根本上提升司法公信力，最终在社会树立起司法权威。[2]

　　以信用为基础的司法制度是法治得以实现的应有之义。"徒法不足以自行"，"以诚为本，信为用"，这是古已有之的道理。"信""诚""礼""义""法"五者缺一不可。律师在这一过程中起着举足轻重的作用。

　　首先，在司法体系中，律师的诚信是保证司法诚信的根本所在。由于法

---

[1]　最高人民法院编写组编：《人民法院审判理念读本》，人民法院出版社2011年版，第122页。

[2]　参见崔永东：《司法学体系研究》，人民出版社2023年版，第4—6页。

官要依靠律师所提供的证据和法律意见来作出裁决，故律师的诚信程度有直接的影响，直接影响法官能否作出公正的裁决。在诉讼中对当事人的诉求如实陈述并提供充分的证据支持不仅使法官对案件事实的了解更加透彻，而且可以促使裁判结果更具公信力，并得到当事人的信任和拥护，所以律师的诚信直接影响着司法能否维护正义。因此，在司法过程中必须把律师的诚信问题摆在重要位置加以重视。

其次，在律师与法官之间存在着一定的监督和制衡关系，作为诉讼过程中的对抗性角色，律师能够对法官是否以诚信的方式履行职责进行监管，并通过如实表达意见提交证据的方式限制法官的失信行为的发生，有利于提高司法透明度，抑制司法腐败，维护法律的权威和公信力等方面的工作。因此，律师的诚信是推进司法公正的重要保障之一。

最后，律师职业的诚信不仅对个人执业生涯具有影响，而且对司法系统整体建设具有深远影响，诚信的律师不仅可以为法官和检察官提供良好的表率作用，而且为司法诚信建设奠定了坚实基础，因此加强律师诚信建设对于增强整个司法体系的诚信度也具有积极的作用，因此，当前，我国司法改革在推进过程中，要注意发挥律师的作用。

## 二、律师诚信缺失的表现

### （一）违背对法律的忠诚义务

律师职业的首要义务是忠诚于法律。丹宁勋爵曾指出："正像科学家追求真理一样，律师应该寻求正义。"律师职业的核心职责是为当事人提供法律服务，法律则是其执业活动的基础。因此，违反对法律的忠诚义务不仅背离了律师职业的正当性基础，还严重破坏了律师的职业道德。

法律的抽象性与社会法律问题的多样性等决定了律师在执业过程中不可避免地要对法律进行解释。然而，有些律师为了获取不正当利益，滥用法律解释方法，故意曲解法律条文，误导公众和当事人，甚至在庭审过程中强词夺理，干扰诉讼进程。

法律的不完善导致了部分律师可能钻法律的空子，利用法律漏洞为自己或委托人谋取不当利益。这种行为不仅会削弱法律的权威性，也将严重损害律师职业的社会形象。

**（二）对当事人失信**

律师对当事人的失信行为包括但不限于：接受委托后不尽职尽责、泄露客户隐私或商业秘密、违反服务合同条款等。这些行为不仅违反了律师与当事人之间的信任关系，也损害了律师行业的整体形象。律师应当以维护当事人的合法权益为首要任务，任何背离这一原则的行为都是不可接受的。

律师职业活动的核心是律师与当事人的关系。由于律师掌握的法律知识相对全面，在委托关系中易于处于优势地位。律师不诚信不仅表现在委托关系成立后，还可能通过虚假宣传或诉请等方式，骗取当事人信任，直至委托关系成立。

1. 接受委托前的失信行为

为吸引顾客，有的律师不顾职业操守，进行虚假宣传或过分包装自身，以夸大其业务能力和阅历。有的律师捏造学历资料、诉讼经历、社会地位，甚至是虚构与司法机关或政府官员的关系，对当事人造成以偏概全、以假乱真、以次充好的错误认识和印象，从而对法律服务市场的公平竞争环境造成不良冲击，对当事人的信任也造成了不可挽回的伤害。

2. 委托关系中的失信行为

在委托关系确立后，一些律师利用其法律知识和地位优势，不认真履行对当事人的法定义务或合同义务，甚至通过收取额外费用等方式侵害当事人的合法权益。律师对当事人的不负责行为，包括准备不足、不按时到庭、敷衍了事等，都违反了诚实信用原则，损害了当事人的合法权益。

**（三）失信于法官、检察官**

律师在法庭上的失信行为可能五花八门。如民事诉讼中，有的被告代理律师为拖延诉讼进程，对案件的实际情况可能置之不理，随意提出管辖权方面的异议；有些律师在刑事诉讼中，指使被告在法庭上故意妨碍程序，滥用沉默权。更为严重的是，一些律师通过伪造证据或诱导虚假证言等手段，欺骗法官、检察官，使司法公正严重受损，为的是争取案件的胜利。①

律师失信不仅限于法院内部，还包括与法官、公诉人的私下交往。有的

---

① 参见江伟：《民事诉讼法修改专家意见稿与立法理由》，法律出版社2008年版，第11页。

律师把主要精力放在如何与承办法官建立私人关系上，而不是在案件准备、取证等方面做文章，甚至牟取不正当利益。有些律师可能会为试图以不正当手段影响案件结果的当事人进行贿赂或暗示贿赂行为。这些行为不仅违背法律规定，而且损害了律师行业整体形象，破坏了司法制度的公正透明。

### 三、律师诚信缺失的成因

#### （一）律师执业诚信构建的现状与背景

1. 律师诚信问题的现状

当前我国部分律师在执业中表现出明显的诚信缺失问题，主要包括以下几个方面：（1）挑讼行为：一些律师故意挑起或夸大案件争议，以增加诉讼数量和费用，谋取更多经济利益。（2）不负责任的法律服务：有的律师在提供服务时对案件处理敷衍了事，未能履行应有的职责。（3）谋求非法利益：个别律师在服务过程中试图通过不正当手段获取非法利益，如贿赂或其他形式的利益交换。（4）泄露隐私：部分律师泄露当事人的个人隐私或商业秘密，造成当事人严重损失。（5）其他违背诚信的行为：包括虚假承诺、不正当收费等行为，进一步损害了律师行业的诚信形象。[①]

部分律师认为，在社会生活中，为了获得利益，可能不能恪守诚信原则。他们认为在某些特定环境中，不诚信反而能获得更多的好处，从而严重冲击了诚信在律师行业中的地位。由此导致诚信问题在律师行业中日益突出，有些律师在追逐利益的过程中，为了一己之利而不惜牺牲职业尊严和伦理道德，对既有的法律和行业纪律造成损害，甚至涉及伪证等诸多违法行为。另外，行业内部的管理不规范现象也进一步凸显了诚信缺失的问题，既对律师行业整体形象造成了影响，又给法律服务的公正性和有效性带来了严重威胁，因此必须引起我们的重视。

2. 中国社会结构的转型

改革开放前，中国社会结构高度一体化，国家控制所有社会资源，并通过再分配体制将资源分配给社会成员。这种结构导致社会资源的分配具有高

---

① 参见高光亮：《论我国律师诚信制度的完善》，《法学杂志》2008 年第 3 期。

度同质化的特点，个人和单位对国家的依赖性很强。

改革开放之后，经济体制改革打破了国家对资源的垄断，市场机制逐渐成为资源分配的主导方式。这一变化带来了社会资源分配机制的多元化，社会流动性增加，原有的同质化利益结构逐渐转变为弹性化和分化的利益结构。在新的社会结构中，利益关系成为人们社会交往中的基本关系，社会组织结构也开始分化。①

**（二）律师诚信缺失的社会原因**

1. 社会诚信道德有所滑坡

中国传统上注重诚信，诚实守信是中华文化的核心价值观之一。然而，自改革开放以来，市场经济的迅猛发展引发了一系列社会变迁。这种变迁虽然带来了经济的繁荣，但也暴露出一定的道德滑坡的问题。在市场经济的推动下，经济利益逐渐占据主导地位，个人和组织在追求利益最大化的过程中，诚信成为一种相对的、可忽略的品质。②

律师作为社会的重要职业群体，频繁接触到各种失信行为，这种职业背景使他们对诚信问题变得麻木甚至消极。长期面对违背诚信的案件，有的律师可能对诚信的判断变得模糊，甚至在某些情况下，可能会在案件处理中默认或合理化不诚信行为。此外，部分律师为了扩展业务或提高收入，可能会容忍甚至参与不诚信行为，这进一步恶化了行业的诚信环境。

2. 相关法律制度不够完善

目前我国法律体系中，虽有规范律师执业的规定，如《民事诉讼法》《刑事诉讼法》《律师法》等，但往往是条条框框散乱，不够条分缕析。尤其是在律师的诚信义务方面，法律条款规定得不够明确、不够细致，造成法律执行力度不够，监督力度不够。这些规范往往缺乏足够的法律效力和约束力，尽管存在职业道德规范，律师在执业过程中自由度较大。

现有的监督机制对律师的诚信行为监督有明显的缺失。监管者的职责往往流于形式，缺乏实质性的调控手段，也缺乏有效的惩戒措施。这种缺乏力度的监督，不能对失信行为形成有效的震慑，使得律师在执业过程中，对承

---

① 参见孙立平：《转型与断裂——改革以来中国社会结构的变迁》，清华大学出版社 2004 年版，第 5—31 页。

② 参见朱国华、张君强：《行业协会信用担保制度研究》，《天府新论》2014 年第 5 期。

担的诚信义务可能存在更多的忽视倾向。而诚信激励措施的缺失，也让守信之举得不到充分的褒奖与鞭策。

3. 一定程度上缺乏有效的社会监管

目前的行政监管主要集中在律师执业证书的发放和注册等形式性工作，对于律师执业中的诚信问题，实际监管作用微乎其微。一些地方的行政监管部门在利益驱动和地方保护主义的影响下，对律师的不诚信行为往往采取宽容态度。这种监管的形式化和松散，使得失信行为在行业中屡禁不止。

律师的高度专业化使得普通公众对律师的执业行为难以进行有效监督。由于法律服务的复杂性和专业性，非专业人士在面对律师时处于信息劣势，难以对律师的行为进行有效的评价和监督。这种信息不对称加剧了律师行业的诚信问题，使得失信行为更易被忽视和包容。①

4. 社会功利引诱

在市场经济的背景下，物质利益逐渐成为社会主要的价值衡量标准。这种价值观的转变对律师行业产生了深远的影响。律师在追求经济利益的过程中，可能将其职业道德和诚信置于次要位置。市场化的法律服务模式下，律师的收入和职业发展高度依赖于其经济利益的获取，这种经济导向使得一些律师可能采取不诚信的行为以追求更高的经济回报。

5. 社会分化与分层

律师职业化让律师在社会中的地位有所改变。一方面，律师不再依赖国家获得了相对独立的社会地位；另一方面律师获取资源、获取利益需要通过市场机制来实现。大城市的律师通常从事高利润的非诉业务，小城市的律师则主要依靠低利润的诉讼业务生存，经济上的分化和职业层次的分层尤为明显。这种分化，使得律师竞争加剧，社会分层现象加剧。

**（三）律师诚信缺失的主观因素**

1. 律师自身素质

（1）价值观方面

一些律师在改革开放后受到市场经济影响，对个人经济利益过于看重，导致职业道德的缺失。拜金主义和商业化思想盛行，使得这些律师在执业过

---

① 参见岁正阳：《信用约束促律师行业诚信体系步伐行稳致远》，《中国信用》2022年第9期。

程中缺乏诚信，甚至故意欺骗当事人。这种现象的累积不仅损害了律师队伍的形象，也降低了公众对律师行业的信任。为了维护行业的公信力，必须加强对这些问题的关注和解决。

（2）业务能力不足

律师行业的快速发展带来了能力差异。一些早期未受过专业法学教育的律师加入了行业，他们在法律知识和实务操作上存在不足。特别是年轻律师缺乏必要的法律实务经验和技巧，导致在提供法律服务时质量不高，从而引发失信问题。传统的律师事务所内部辅导机制受到收入分配影响而削弱，使得这些律师更难获得必要的业务能力提升。

2. 利益驱动

律师职业化、商业化的特征在目前的社会环境下表现明显，以经济利益为追求主要动因。[①] 在执业过程中，律师往往需要在费用和收入之间取舍。如果某种行为虽然违反了社会规范，却能带来较高的经济回报，而且风险较低，律师可能倾向于采取这种行为。很多律师把灰色的手段用在了实践中，甚至把灰色的手段当成了生意的一部分。有的律师违规操作、行业"擦边球"现象屡见不鲜，折射出律师诚信行为在社会结构、职业环境等方面所受到的深刻冲击。

## 四、构建律师诚信的多元化解决方案

### （一）律师诚信内容的体系化重构

1. 律师执业诚信的核心内涵

律师诚信的核心内涵包括认真履行义务、慎重行使权利两个方面。诚信不只是守信用，它所包含的"诚"也更为宽泛，那就是对真实和善意内涵的追求。法律规范和道德规范要求律师在执业过程中，既要履行法定义务，履行约定义务，又要审慎行使自己的正当权利，这是法律规范和道德规范要求。[②]

律师诚信不仅体现在履行法定义务上，更体现在对当事人负责，对司法

---

① 参见顾培东：《中国律师制度的理论检视与实证分析（中）》，《中国律师》1999 年第 11 期。
② 参见李学尧：《非道德性：现代法律职业伦理的困境》，《中国法学》2010 年第 1 期。

人员负责，对社会负责。在提供法律服务时，律师必须恪守职业操守，以诚实、善意的态度处理事务，同时确保相对人的利益。这种诚信要求律师在保证自己的行为符合法律和社会道德标准的前提下，既要遵守约定的义务，又要尊重他人的权利。

2. 律师执业诚信体系化的依据

体系化构建律师诚信的关键在于逻辑有序地展开其内涵，将不同主体、时间、空间条件下的社会关系纳入考量。在律师与当事人、律师与司法人员以及律师之间的相互关系中，诚信的具体表现有所不同。通过对这些关系的深入分析，可以为律师执业诚信的体系化提供坚实的理论基础。

体系化首先依赖于社会主体的身份，律师的诚信道德在很大程度上受其服务对象及其职业背景影响。在不同的社会关系中，律师应根据其职业角色履行相应的义务，遵循诚信原则，保障法律服务的公平与正义。

3. 重构后的律师诚信体系

重构的律师诚信体系分为四个方面：

（1）诚信法律服务

律师与当事人之间的关系是律师执业的核心。在委托契约的订立、履行和终结过程中，律师需承担充分信息披露、谨慎承诺、尽职勤勉等多项义务。同时，律师还负有严格的保密义务，即使在委托关系终结后，仍需继续保持对当事人秘密事项的保密责任。

（2）司法过程中的诚信

律师在诉讼过程中与法官、检察官的关系尤为重要，诚信要求律师必须遵守真实举证义务、尊重法庭秩序，不滥用诉讼权利。同时，律师还需确保其与法官、检察官的交往不越界，以保障司法程序的公平公正。

（3）同业者间的诚信

律师之间的关系既有竞争也有合作。在竞争中，律师必须遵循公平竞争原则，不得诋毁同行或采用不正当手段招揽业务；在合作中，律师需确保信息共享，妥善处理分歧，维护合作双方的信任和当事人的利益。

（4）社会诚信

律师作为法律职业者，在社会中负有更高的诚信标准，必须忠于法律，确保法律的正确实施。同时，律师在公共场合的言行应谨慎，避免影响司法公正或损害社会公共利益。

**（二）律师诚信的制度化构建**

1. 诚信法律化与律师职业诚信制度化的重要性

（1）诚信道德的法律化趋势

诚信，虽然本质上是一个道德问题，但由于它与人们的行为预期高度相关，相比其他道德观念，它更具规范化的特质。当这一道德要求应用于律师这样一个以法律服务为业的群体时，其法律性的一面更加突出。近年来，基于律师职业在国家法治建设和社会发展中的重要性，以及诚信在道德体系中的基础性地位，律师执业诚信道德的法律化趋势已成为全球发达国家的一种普遍现象。

这些国家通过立法和行业规则，将诚信这一原本隐含在社会交往中的道德要求列举为具体的法律和规章。这一过程不仅帮助律师明确其执业诚信的内涵，还为社会监督提供了依据。此外，通过法律手段赋予诚信制度更高的约束力，也有效提升了律师在执业中遵守诚信的自觉性。

（2）诚信制度化的意义

促进律师诚信制度建设具有十分重要的意义，既有利于为律师行为提供更为明确的指引，又减少了律师执业过程中的模糊地带，避免律师在行为选择时的犹豫和潜在的指责。同时，制度化的诚信规定为监督机关和社会公众提供了有效的监督工具，在增强社会对律师诚信的信任感的同时，以制度赋予的强制力进一步促使律师遵守诚信规则。当制度中包含奖惩机制时，更能有效地激励律师自觉履行诚信义务，从而有利于维护当事人的合法权益。[①]总之，在推进律师诚信制度建设方面，既要注重法律条文的明确性，又要发挥制度的约束力。

2. 诚信制度化的限度与层次

（1）诚信制度化的限度

尽管通过法律来规范道德要求有助于道德内容的实现，但过度的制度化也可能带来不良影响。第一，法制化过多，会造成法制规模扩大，执行和监管成本增加。第二，过分强调利他性和道德要求，可能会造成法律对伦理道

---

① 参见王亲生：《律师诚信制度与律师职业道德》，《中国律师》2002年第8期。

德的过分干涉，使其价值受到削弱。所以，在律师执业诚信制度化的时候，一定要坚持适度的原则，只介入涉及社会公共利益的部分，而把涉及律师和当事人的诚信问题交给合同当事人约定。

（2）诚信制度化的层次

律师诚信的制度化，不能只考虑范围的限制，而应该在制度层面上有所侧重。不同层级的机构，其调整社会行为的深度、广度各不相同，其重要程度与社会利益相关。比如，诉讼中的举证诚信问题，就涉及国家的法律秩序问题，要从法律规范中进行调整。通过行业规则来约束同业者之间的竞争诚信。[①] 这种分层的制度安排，确保社会利益最大化，才能在最大程度上有效地调整律师的诚信。

**（三）律师诚信构建的社会化解决方案**

1. 加强社会诚信建设

（1）社会诚信与律师诚信的关系

律师执业诚信是社会诚信的组成部分，社会诚信的整体水平对律师诚信有着深刻的影响。社会诚信不仅为律师执业诚信提供价值基础，还营造了适合其发展的道德氛围。[②] 社会诚信的提升能为律师诚信问题的解决提供依据。通过培育社会诚信新风，提升社会整体的诚信水平，可以给律师行业带来正面的影响，使律师从业者感受到诚信的压力和责任，减少失信行为的发生。

（2）培育社会诚信新风

在社会经济不断发展的背景下，我国传统的诚信观已难以适应现代市场经济的需求。为适应新形势下的诚信要求，社会需要构建符合社会主义市场经济、现代法治和中华民族美德的新型诚信道德体系。这不仅对律师职业的发展至关重要，也对全社会的诚信氛围形成有重要影响。社会诚信新风的培育，需要通过加强诚信教育和大众媒体的宣传，特别是对青少年、律师等特殊职业群体的诚信教育，从而促成新的诚信观在全社会的传播和接受。

---

① 参见白小明：《谈现代诚信的制度保障》，《改革与理论》2003 年第 9 期。

② 参见曾秀兰：《从传统诚信观向现代诚信观的转变》，《青年探索》2004 年第 2 期。

（3）完善社会征信体系

促进社会诚信建设的基础保障是建立完善的社会征信体系。但是，我国目前的征信系统有一些问题，如滞后性。通过加快诚信立法，建立统一的诚信体系，对失信行为进行归集和公开，进而对律师执业诚信建设起到积极的促进作用，切实推动社会诚信建设。同时，对于律师等特殊职业群体的诚信行为，可以通过行业征信标准的制定进行有效监督。

2. 推进国家法治建设

（1）完善社会法律体系

律师执业诚信的根本保障是社会法制。法律不仅提供了律师诚信的行为基础，而且对律师失信行为进行了明确的法律规范约束，使其概率降低。通过健全法律责任体系，提高失信行为的成本，使律师失信行为得到有效遏制。因此，保障律师诚信执业的关键就是促进完善社会法律体系。

（2）提升司法公信力

律师诚信建设在正向上会推动司法公信力的构建与提升，反之，司法公信力的提升对律师诚信也同样具有重要作用。律师对法官、检察官职业道德的信任，是其诚信执业的基础。当司法公信力提升时，律师失信行为的动机将大幅减少。司法公信力的提升需要通过制度保障法官的独立性、加强法官职业技能和道德水平的培训，以及提升司法透明度等手段来实现，从而营造出良性的法官、检察官与社会公众之间的互动，树立公正的司法形象。[①]

（3）增强公众法治观念

增强公众对法律的认识，对律师在执业过程中的诚信也能起到重要的监督作用。加大法治宣传教育力度，提高广大市民对法律知识的了解程度，将有利于减少律师利用信息不对称实施失信行为的机会。而且随着公众法律意识的不断提高，社会对律师的监督也将更加有力，进而促使律师以诚信的方式履行自己的职责，使法治在全社会得到更好更广泛的应用。

---

① 参见孙应征、刘国媛：《略论司法公信力之构建》，《江汉大学学报（社会科学版）》2010年第 1 期。

3. 强化律师诚信教育

（1）加强法科学生的诚信教育

法科学生是未来律师职业的主要来源，提升法科学生的诚信道德水平，对于整个律师群体的诚信建设具有基础性作用。法学院应将法律职业道德教育融入法学教育体系中，培养学生对法治和诚信的信仰，增强学生对法律职业的责任感。

（2）深化执业律师的诚信教育

律师在执业过程中面对的道德挑战和复杂问题更多，因此需要持续的诚信教育来引导和规范其行为。律师协会、律师事务所应通过组织诚信学习班、诚信辩论等方式，持续深化律师的诚信意识。

（3）重视对失信律师的再教育

对失信律师的惩罚固然重要，但更为关键的是再教育。通过再教育帮助失信律师重新理解诚信的价值和意义，从而引导他们在未来的执业过程中恢复对诚信的践行。

## 结　　语

律师诚信不仅是个人职业道德的体现，更是社会法治建设的重要组成部分。在当前法治社会中，律师作为法律服务的重要提供者，其诚信行为直接影响到司法体系的运行与公众对法律的信任。[1] 在目前的法治社会中，加强律师诚信建设是十分必要的，要构建体系化的诚信保障机制，对律师的执业行为进行有效的规范和约束，减少失信行为的发生。另外，在促进律师诚信执业中，提高律师的业务素质和职业操守也是必不可少的手段。法治环境的完善、律师行业的自律建设以及公众法律意识的增强，对推进律师诚信建设都会产生积极的作用。律师诚信建设的进一步加强将对司法公信力的提升发挥重要作用。

---

[1] 参见马长山：《公共舆论的"道德叙事"及其对司法过程的影响》，《浙江社会科学》2015年第4期。

# 【司法实务】

# "四大检察"法律监督一体化研究

2022 年 1 月 17 日，最高人民检察院张军检察长在全国检察长（扩大）会议上廓清了检察一体化机制的内涵，[①] 为中国特色社会主义检察制度擘画了新的发展图景。近年来，检察机关因应司法人员职务犯罪侦查、未成年人保护、知识产权保护的特殊性要求，蹄疾步稳地开展了一系列"四大检察"纵向一体化与横向一体化的探索和尝试，为"四大检察"法律监督一体化发展积累了丰富的理论成果和实践经验，开启了检察现代化的新纪元。

## 一、"四大检察"法律监督一体化的现有模型

### （一）上下级院各有侧重的民事、行政检察工作格局

1. 区县院重点做好民事、行政审判程序和审判人员违法监督、执行监

---

* 王小玉，原日照市人民检察院党组书记、检察长。赵岩，日照市东港区人民检察院第一检察部副主任。
[①] 即纵向一体化要更加顺畅贯通，上下级院是一个整体，上级院更是下级院正确履职的坚强后盾；横向一体化要更加紧密衔接，"四大检察""十大业务"各自履职，需相关检察部门给予配合、支持的，须加强协作配合，形成监督合力。

督、非诉执行监督、虚假诉讼监督和支持起诉工作。坚持对事监督与对人监督相结合，不断加强深层次违法行为监督。对于办案中发现的倾向性、普遍性违法问题，注重运用类案检察建议，提升整体监督效果。对于履职中发现的违纪违法犯罪线索，及时移送相关部门。逐步规范依职权启动的民事执行监督案件，重点依职权监督侵害当事人、案外人实体权利的民事执行活动。着力推动法院行政非诉执行案件的立案、审理和执行工作，维护群众合法权益，维护国家利益和社会公共利益。不断完善虚假诉讼、虚假仲裁、虚假公证案件线索移送、联合查办、结果反馈等合作机制，积极会同有关部门健全防范、发现、追究和制裁机制。针对农民工、残疾人、家庭暴力受害人等弱势民事主体维权困难的情况，加大支持起诉力度，依法保障弱势群体合法权益。

2. 上级院重点做好民事、行政生效裁判结果监督工作。注重培育权力监督与权利救济相结合的民事检察思维，实现对民事审判权的监督与当事人权利救济有机统一。完善法定性与必要性相结合的民事检察监督标准，做到"敢抗"和"抗准"相统一，实现办案政治效果、社会效果与法律效果有机统一。进一步规范再审检察建议与提请抗诉程序的衔接适用，发挥好同级监督与上级监督各自的优势，不断提升再审检察建议质量。严格执行再审检察建议向上一级检察院备案的规定，上一级检察院定期对备案的再审检察建议进行分析研究并予以通报。

### （二）司法工作人员职务犯罪一体化侦查办案机制

检察机关在吸收借鉴先前自侦办案工作经验基础上，适应司法工作人员相关职务犯罪特点规律，推动省、市、县三级检察院和检察机关各业务部门的一体联动，实行案件线索统一管理，侦查活动统一指挥，侦查力量统一调配，建立了既能适应形势任务发展变化需要，又符合侦查办案规律的一体化侦查办案机制。

1. 案件线索一体化审查办理。坚持以设区的市级院立案侦查为原则，省级院带头立案侦查本地区有影响的案件，最高检根据案件侦查需要予以挂牌督办、实地指导。省级检察院在做好本级线索受理处置工作的同时，强化对下级院查否、了结线索的复核、复查工作。下级院经审查后认为无可查性、决定留存待查以及调查核实后查否的线索，实行线索复核办结制，一律层报省级检察院备案审查，省级检察院认为处置不当的，及时提出纠正意见，对于工作不负责任、不应当了结而了结，甚至存在徇私徇情问题的严肃追责，线索做到闭环管理。

2. 检察机关一体化侦查机制。制定检察侦查一体化工作规定。充分发挥上下一体、全院一体的体制优势，大力推进侦查指挥平台建设，把分散在不同层级、不同业务部门的人员整合起来，实行侦查人员指挥调动的一体化，从组织上保证一体化办案。上级院通过交办、领办、指定管辖和调用下级院检察人员办理案件等多种形式，帮助排除干扰阻力。探索推行基层院部分侦查业务骨干纳入地市级院、基层院双重管理，建立跨区域侦查办案组织。（如表1）

表1　跨区域侦查办案组织人员构成及职能分工表

| | | |
|---|---|---|
| 跨区域侦查办案组织 | 法律依据 | 《人民检察院组织法》第二十四条第一款第四项规定：上级检察院可以统一调用辖区的检察人员办理案件。① |
| | 人员构成 | 上级检察院的1名或者2名以上员额检察官+若干名本院的检察官助理、书记员、司法警察、检察技术人员＋下级检察院若干名员额检察官或者检察官助理。 |
| | 职责分工 | 上级检察院员额检察官在办案组织中居于主导地位，对案件处理结果负责并指挥其他成员履行职责；下级检察院员额检察官或者检察官助理在办案组织中起协助作用。 |
| | 调查核实 | 办案组织中的下级检察院员额检察官可以上级检察院的名义，履行员额检察官相应检察职责。 |

### （三）未成年人检察业务统一集中办理

"2018年1月，检察机关在北京、辽宁、上海、江苏、浙江、福建、山东、河南、湖北、广东、重庆、四川、宁夏等13个省（市）部署开展为期一年的未成年人刑事执行检察、民事行政检察业务统一集中办理试点工作，对促进强化未成年人全面综合司法保护、最大限度维护未成年人合法权益发挥了积极作用。自2021年起，未成年人检察业务统一集中办理工作在全国

① 作为对《人民检察院组织法》的承接和延续，《人民检察院刑事诉讼规则》第九条第二款、《人民检察院民事诉讼监督规则》第八条第三款、《人民检察院行政诉讼监督规则》第十条第二款、《人民检察院公益诉讼办案规则》第十一条第二款均作出了相同的规定。

检察机关稳步全面推开。"[①] 未成年人司法办案规律特点在"捕、诉、监、防"多个检察环节更加充分体现，初步形成了有别于成年人刑事执行检察、民事检察、行政检察、公益诉讼检察的未检业务统一集中办理特色。

1. 目标任务上，在办案监督的同时更加注重对涉案未成年人的帮教和救助，更加注重最大限度维护未成年人合法权益，促进未成年人健康成长。这最直接体现出未成年人检察业务与成年人检察业务的不同，比如，传统刑事执行检察主要是监管活动合法性监督，而未检业务还包括促进监管场所对涉罪未成年人"教育、感化、挽救"方针政策及有关制度要求的有效落实。

2. 工作方式上，贯彻未成年人最大利益要求，更加强调监督的主动性、及时性和有效性。传统民事检察主要是事后监督，往往在法院判决生效以后才开展监督。而对于涉及未成年人的民事案件，未检不仅是事后监督、被动监督，而且是注重主动监督、过程监督、同步监督，给未成年人提供最大限度的司法保护。若停留于事后监督，未成年人合法权益很难避免受到侵害，受到伤害后就难以有效弥补。

3. 力量调动上，充分发挥未检社会支持体系力量优势，引入并汇聚更多社会资源共同推进未成年人全面综合司法保护。未检部门积累了依托和借助社会力量开展工作的丰富经验，与社区、街道、团委、妇联等部门都有较为密切的联系，形成了较为成熟的合作机制，为深入推进相关工作、积极促进未成年人司法保护提供了方便条件，具有较大制度优势。

4. 工作举措上，有关涉案未成年人的社会调查、心理干预、亲职教育、救助关爱等特殊程序和措施，可以在未成年人刑事执行、民事检察业务中加以统筹运用。在开展监护权监督时，必要的社会调查对于判断是否撤销监护人的监护权具有重要的参考意义，及时的心理疏导对于被侵害的未成年人也非常必要。

5. 效率质量上，包括羁押必要性审查、分管分押监督、社区矫正监督、监护权监督、未成年人公益诉讼等在内的新业务线索大多来源于所办理的未成年人刑事案件，与传统未检工作紧密相连，由未检部门直接办理，效率更

---

① 李春薇：《最高检通知：2021年起，未成年人检察业务集中统一办理！》，《检察日报》2020年12月28日。

高。同时由原办案人继续办理，更有利于对涉案未成年人的跟踪处理，确保取得更好的质量和效果。这些有别于成年人刑事执行检察、民事检察、行政检察、公益诉讼检察的未检业务特色，既充分体现出未检业务统一集中办理的规律和特点，也表明推进未成年人检察业务统一集中办理的必要性和可行性。

**（四）知识产权全方位综合性司法保护**

"2020 年 11 月，最高检成立了知识产权办公室，整合刑事、民事、行政检察职能，推动形成检察办案监督合力，加强知识产权全方位综合性司法保护。2020 年 12 月，检察机关在北京、天津、上海、江苏、浙江、福建、重庆、四川、海南等 9 个省（市）开展为期一年的知识产权检察集中统一履职试点工作。"[1] 试点检察院组建内部综合办案组织，专门从事知识产权检察工作，对知识产权的保护更加完整、系统、高效。

知识产权案件统一受理、统一标识、统一分流，坚持"一案三查"，对同一案件同步审查是否涉行政执法、刑事追诉、民事追责情形。对群众反映强烈、社会舆论关注、侵权假冒多发的重点领域，以及重复侵权、恶意侵权、长时间持续侵权及其他严重侵权犯罪行为，依法从严追诉，积极提出限制缓刑适用或者适用禁止令、从业禁止、罚金刑等量刑建议。重点惩治假冒知名品牌、侵犯关键核心技术领域商业秘密等侵权行为，重点打击侵权获利者和组织者。针对食品、药品领域滥用或侵犯知识产权、损害公共利益的情形，紧扣重点领域、关键环节，探索运用支持起诉、公益诉讼等方式，推进知识产权侵权惩罚性赔偿。重点监督涉及科技创新资金和收益分配纠纷、创新创业人才劳动争议、科技创新主体知识产权纠纷、军民技术纠纷等民事、行政案件。

## 二、"四大检察"法律监督一体化困境分析

通过上述分析，"四大检察"法律监督一体化分为纵向条线一体化和横向业务一体化。由于检察机关上级领导下级的历史沿革，纵向条线一体化的发展较为顺利、流畅，而囿于检察机关多年人力、物力向刑事检察业务部门

---

[1]　蒋安杰、张昊：《知识产权检察职能集中统一履行试点工作推进会 9 月 23 日在河北秦皇岛举行》，《法治日报》2021 年 9 月 27 日。

倾斜导致刑强民弱、刑强行弱的历史惯性,横向业务一体化的发展才刚刚进入深水区,工作质效与最严格保护、高水平保护的标准还有较大差距,人员配置、机构设置、履职方式与专业化、精准化的要求还有较大差距。

（一）理念转变上缺乏全局性

坚持在监督中办案、在办案中监督等理念树立还不够均衡、深入和牢固,有的检察人员仍存在就案办案、机械办案的思想,在办案时局限于自己的一亩三分地,全面监督的意识树得不牢,主动发现其他监督线索、合力开展监督的思路和办法不多。各业务条线之间存在着一定的业务壁垒,有时过分强调自身范围内的业务工作,不能站在检察工作全局的高度、"四大检察"法律监督一体化的深度以及社会治理大局的广度来考虑问题、谋划工作。全方位综合保护的意识不够强,不愿也不善于综合运用刑事检察、民事检察、行政检察、公益诉讼检察等不同路径,以最小的司法成本寻求最佳的处理结果。有的检察干警对新领域、新技术、新类型案件有畏难情绪,不愿接手、不善研究、不求突破;有的机械办案、简单执法,不能根据各个时期经济社会发展的形势和政策,准确把握立法精神,真正把最严格保护的要求贯彻到执法司法各方面全过程;有的习惯于沿用传统的思维模式和办案模式办理案件,在刑事案件办结后不能积极主动延伸办案效果,导致提前介入率不高、不起诉后移送行政机关行政处罚的比例较低,对相关行政主管部门提出检察建议较少。

（二）工作统筹上缺乏整体性

受长期以来"重刑事轻民事轻行政"观念的影响,"四大检察"法律监督一体化需要切实加强全面综合司法保护的理念更新尚不到位,对"四大检察"法律监督一体化司法规律和特殊要求的认识和把握尚不到位。近年来,涉未成年人、知识产权案件办理由刑事检察、民事检察、行政检察和公益诉讼检察部门各自负责,探索开展集中统一管辖的单位,有的是形式上的职能整合,有的是部分职能的整合,还不能充分发挥"四大检察"职能的综合效能。有时各部门各自行使未成年人检察、知识产权检察职能时,相互之间并未形成有效的信息共享机制,对彼此的知识产权工作开展情况、上级条线要求、工作重点难点、法律法规出台情况掌握不及时不充分,各部门信息"孤岛"不利于办案干警对各项检察职能的通盘考虑、综合运用。各部门在办理知识产权案件时往往各自为战，缺乏共同会商多维度审查机制，有的虽然追究了犯罪分子的刑事责任，但是没有同步开展从民事角度维护受害人合法权利的工作，各自为战不利于"四大职能"作用的系统集成。各地在检察官业绩考评中，虽然设置了办理其他部门检察业务的正向考评指标，但是对跨业务条线监督线索移送工作均缺乏考核评价标准，激励检察官相互配合、相互支持、相互移送案件线索等方面效果还不明显。

### （三）办案力量上专业性不够

在推动"四大检察"融合发展过程中，"全科型检察官"较少，办案人往往囿于自身法律素养限制，对专业领域外的案件分析研判、寻找线索、释法说理能力缺乏必要储备和掌握，在与其他部门的相互融合中显得方法不多，影响了"四大检察"融合发展的质量和效率。未检队伍职业素养和专业水平大多停留在刑事检察要求层面，知识结构单一，综合能力欠缺，有时还不能完全适应试点工作需要，导致解决问题困难的办法不多，探索创新的动力不足。对于社会上存在的大量侵犯未成年人合法权益的问题和线索，敏感性不够。知识产权案件前沿性、专业性、交叉性问题多，同一案件，往往刑行、刑民交织，对办案人员的专业素能要求较高，检察机关知识产权办案人员能力水平还不能完全适应知识产权检察工作的需要。专业性人才储备不足，既缺乏精通知识产权案件的"专才"，也缺乏熟知刑事民事行政诉讼的"通才"，更缺乏既懂法律又懂理工科的复合型人才。未建立多层次人才梯度培养机制，知识产权案件体量小，大多数地方未集中办理，仍然还是采用大轮案分案模式，既不利于积累办案经验，也不利于通过办案培养、锻炼专业骨干。采用办案组模式办理的不多，专业化办案团队数量少，对新类型或技术类的重大疑难复杂案件，如侵犯软件著作权案件、商业秘密案件等，没有发挥办案团队或上下一体化办案优势，不利于在办案中培养专门人才和业务专家。有些检察机关目前尚缺乏技术调查官参与办案制度，自身技术部门的鉴定范围主要集中在法医、文痕检、司法会计、公益诉讼勘查等领域，有时无法适应知识产权案件办理的需要。

### （四）履职保护上缺乏全面性

统筹运用刑事、民事、行政、公益诉讼检察职能，实现对检察职能客体的全方位综合司法保护，是新时代检察能动履职的现实需要，也是检察工作创新发展的必然要求。对照这一要求，反观"四大检察"一体化案件办理情况，因案件线索利用率较低而不容过于乐观。以知识产权保护为例，涉及科创类的案件专业性强、侦查取证难度大、政策法律标准要求高，导致刑事案件多但涉及科创类的少。知识产权类型的案件中以商标类为主，其中消费领域商标又占商标类的绝大多数，主要为酒类和服饰类，侵犯著作权、专利、商业秘密等阻碍创新发展的案件较少。近年来，侵犯知识产权刑事打击力度明显加大，同时《刑法修正案（十一）》的出台，进一步降低了侵犯知识产权犯罪的入罪门槛。而一些检察干警同时履行民事、行政、公益诉讼职能化解矛盾、解决纠纷的意识、能力、机制等方面还不适应现实需要，刑事打击多但其他方式运用少，导致刑事打击职能外的其他职能的作用还远没有得到充分展现。由于专业办案力量不足以及民事案件优势证据规则的特殊性，民事案件多但诉讼监督的少，检察机关民事监督案件无论是数量还是质效，与法院办理的知识产权案件数量相比不相匹配，与"严保护""同保护""强保护"的要求还有差距。

### 三、"四大检察"法律监督一体化图本：以山东省日照市检察机关为例

近年来，日照市检察机关按照最高检、山东省检察院有关要求，探索建立刑事检察、民事检察、行政检察、公益诉讼检察案件线索同步发现、双向移交、协同办理机制，着力推动"四大检察"一体发展。成立以检察长为组长的推动"四大检察"融合一体发展工作领导小组，组建专班，紧紧围绕涉及"四检融合"的议题，每月召开业务分析会，每季度召开党组扩大会，在一体化发展道路上探索创新、勇毅前行。

#### （一）探索建立一体化案件办理机制

出台《关于推动"四大检察"相互融合一体发展的意见》，初步建立起一整套针对性、指导性和操作性都较强的制度体系。日照市院主动发挥业务主导、对下指导、统筹协调等职能，通过提办、交办、督办、共同办理、指定管辖等方式，在强化工作系统性和集成度上狠下功夫，突出上下一体办案的效果。对基层监督工作中发现的普遍性问题，集中组织全市范围的专项行

动，扩大规模效应和社会影响。针对发现的服务基层院方面不够、基层院之间的发展不平衡问题，建立问题档案，制定对口服务措施，不断提升服务基层质效。

**（二）探索打破业务部门间案件信息壁垒**

完善各业务条线线索同步发现、双向移交、协同办理的横向协同机制，健全刑民交叉监督案件会商研判、协同办理机制。规定员额检察官未全面审查案件办理情况，遗漏应监督未监督事项、应移交未移交监督线索的，应当承担主体责任。建立健全统一备案、分级管理、重点研判的线索管理制度，完善各业务部门移送线索、研判会商、调查反馈工作机制。推行跨部门检察官联席会议，打破部门间的案件信息壁垒，集思广益，相互协商，统一法律适用、政策把握和证据标准，形成工作共识。遵循诉讼规律，因事设岗、因事明责，优化人员结构、资源配置，适当增加民事、行政、公益诉讼检察人员，获取最优的监督实效。

**（三）探索开展公益诉讼领域"四检合一"工作**

制定出台《关于加强公益诉讼内部协作配合的规定》，整合各业务部门力量，充分发挥各自职能优势。经省检察院批准，选取日照地区1个基层院开展食品药品安全、生态环境和资源保护领域"四检合一"一体化办案模式试点，由同一办案组对上述领域案件刑事责任、民事责任和行政责任进行"一案三查"，构建"专业化监督+恢复性司法+法治化治理"立体化检察模式，实现公益保护最佳效能。

**（四）探索开展知识产权领域检察职能集中统一履职工作**

积极开展知识产权检察职能集中统一履职试点工作，成立知识产权检察办公室，对涉知识产权案件实行刑事、民事、行政检察职能"三合一"办案机制，聚力"四大检察"职能，强化对知识产权综合司法保护。对外联合公安、法院、市场监管等部门就司法鉴定、案件管辖、主观要件的认定、缓刑适用等问题达成共识，有效解决司法实践过程中的疑难问题，有力推动知识产权领域行政执法标准和司法裁判标准的统一。

**（五）探索推进未成年人检察业务统一集中办理**

积极推进未检业务统一集中办理工作，对涉未成年人刑事、民事、行政、公益诉讼案件由未成年人检察机构统一集中办理，联合公安、卫健、司法、团委、妇联等部门建成未成年被害人"一站式"办案场所，引入并汇聚更多社会资源推进未成年人全面综合司法保护，最大限度维护未成年人合法权益。

### （六）探索完善职务犯罪侦查一体化配合机制

两级院成立司法工作人员职务犯罪侦查领导小组，由市院领导小组办公室统筹调配全市各县区院侦查人员进行线索摸排、调查核实工作和职务犯罪案件办理。在查办司法人员职务犯罪过程中，注意与扫黑除恶、诉讼监督、巡回检察、控告申诉等工作有机结合起来，通过完善移送线索、研判会商、调查反馈工作机制，畅通线索发现移交渠道。建立不定期联席会议制度，充分发挥基层院和业务部门各自优势，深化对内沟通、信息共享、线索移送机制，形成一盘棋工作模式。

### （七）探索建立"刑民联动"虚假诉讼惩防工作机制

民事检察部门、案管部门依托关联案件检索、信息筛查等信息化手段联合加强源头甄别，发现案件当事人、诉讼参与人涉嫌虚假诉讼罪、妨害作证罪等普通刑事犯罪或司法人员涉嫌利用职权损害司法公正犯罪，及时将案件线索及其相关材料函送刑事检察部门处理，由刑事检察部门决定是否移送公安机关立案侦查或根据职能分工自行进行侦查。在外部积极排查虚假诉讼监督案件线索，主动与党委巡察组、公安机关等建立常态化协作办案机制，加强线索对接，内外联动、刑民合力打击虚假诉讼，维护司法权威。

### （八）探索建立司法救助互联互通机制

建立刑事检察、民事检察、行政检察案件司法救助线索和信访事项的衔接、移送、办理、反馈机制，真正做到分工不分家、合力共发展。把司法救助线索筛查贯穿于批捕、起诉、刑事申诉、民事行政申诉等检察办案各环节、全过程，注意发现和评估司法救助线索。探索司法救助线索备案制，明确工作流程，注重通报考核，形成救助合力，提高救助质效。

## 四、"四大检察"法律监督一体化的迈进方向

"四大检察"法律监督一体化是一项系统性工程，受到观念更新、知识储备、能力水平、办案经验、机制制度等诸多主客观因素的影响，缺乏成型

成熟的经验可以借鉴，相比于传统的检察业务办案模式，工作的困难更大，遇到的矛盾也更多，影响制约一体化发展的深层次问题亟需研究解决。

**（一）多检合一新领域的创设拓展**

"四大检察"法律监督一体化需要站在法治化和现代化的高度作出前瞻性的统筹设计，综合我国国情、经济社会发展、现实需求、检察资源等多重因素，确立一体化理念、一体化设置、一体化机制的基本架构，融入公平与正义的法治追求，真正迈向检察事业发展的远方。司法工作人员职务犯罪一体化的检察实践表明了纵向条线一体化的显然优势：集中办案力量，办理疑难、复杂、有影响力的案件；破除地方办案阻力，抵消地方保护主义的不良影响；提高办案能力，通过统一调度、以案代训的方式，快速提高下级检察机关干警的专业水平。而横向业务一体化的核心优势就是变单项业务的碎片式司法保护为"四大检察"法律监督一体化的综合性司法保护。未成年人保护、知识产权保护领域的案件集中统一办理是横向业务一体化理念要义的集中展现，初步实现了预期目标，理应顺应诉讼形势发展和群众利益诉求需要，进一步拓展案件集中统一办理的领域。（如表2）

表2　集中统一办理案件领域拓展表

| 拓展领域 | 特点考量 | 效能前瞻 |
|---|---|---|
| 环境资源领域案件刑事检察、民事检察、行政检察、公益诉讼检察"四检合一"检察集中统一办理 | 环境资源领域案件与一般领域案件相比，具有专业性强、取证难、跨地域等鲜明特点，需要引入社会本位、国家干预、公私法融合的新型办案理念。 | 推动质效提升，促进纠纷更快解决；统一裁判尺度，明确法律规则，确立合理预期；提升专业水平，培养高水平检察专业人才；破除检察人员长期在特定领域而形成的立场偏狭或者专业偏见桎梏，形成高效的"四大检察"法律监督一体化综合性保护。 |
| 税收领域案件刑事检察、民事检察、行政检察、公益诉讼检察"四检合一"集中统一办理 | 税法规范庞杂，税收征收过程包括税率、税额、征税期限等事项，依据特别法优于一般法的原则，要依据《税收征收管理法》来确立其中涉及的刑事诉讼、民事诉讼、行政诉讼问题；一些企业和个人恶意偷逃税款，严重损害国家利益。 | |
| 金融领域案件刑事检察、民事检察、行政检察、公益诉讼检察"四检合一"集中统一办理 | 金融领域案件往往刑事和民事法律关系交织缠绕，涉及金融业的众多部门，已经从传统的票据结算、金融凭证、信用证等多发区域延伸到消费贷款、授信业务、证券等新兴区域，破坏性和危害性越来越大。 | |

### （二）"四大检察"交叉思维的时代召唤

激发复合型检察人才的交叉思维是"四大检察"法律监督一体化发展的根本保证，突破由于长期在特定领域产生的立场偏狭或者专业偏见桎梏，将刑事检察业务、民事检察业务、行政检察业务、公益诉讼检察业务有机联系起来，丰富法律监督知识体系。近年来，检察机关着眼正规化、专业化、职业化建设，突出实战、实训、实用、实效导向，在打造业务精湛的应用型检察队伍方面取得了积极成效。"四大检察"交叉思维的养成，不单是"修行在个人"的干警个人自娱自乐式学习，而是要通过科学有效、规范实用的业务训练体系路径。（如表3）

**表3　"四大检察"交叉思维养成路径表**

| 交叉思维训练路径 | 具体措施做法 |
|---|---|
| 突出实务 | 依托调训、集中统训、自主轮训、内设机构培训平台，打造分级分类培训模式，实现实战全覆盖。持续深化实践"实务+实战"培训模式，不断巩固由"讲授式"到"实战互动"为主的转变，综合运用案例式、模拟式、体验式、辩论式等多样化互动式教学方式，推动"知识传输"向"实战化训练"转变，显著提升培训针对性、实效性和吸引力、感染力。 |
| 以赛促练 | 着眼于高质量复合型人才队伍培养锻造，持续举办检察业务竞赛活动，重点围绕检察业务核心职能和基本岗位素能要求，组织开展全员统考、全员培训、全员练兵，始终坚持实训导向，突出"四大检察"特色，发现和储备复合型业务骨干和高层次检察业务人才。 |
| 同堂培训 | 结合"四大检察"法律监督一体化业务需求，坚持整体谋划、资源共享、优势互补、分工实施，以务实管用为原则，聚焦各方看得见、够得着、用得上的共同目标和方法，积极搭建"公、检、法、律"法律职业共同体和相关执法机关同堂培训平台，由优秀检察官、法官、警官、律师、执法人员围绕"四大检察""十大业务"授课。 |
| 网络学习 | 注重发挥"两微一端三网"（微信、微博、客户端、检答网、中检网、学习强国）等移动平台的辅助作用，积极主动作为、创新培训形式，及时在微信公众号推出移动学习栏目，为检察人员提供全新培训方式和学习载体，定期发布推送学习共享。 |
| 联合高校 | 主动"请进来"，从高校中选派专家到检察机关全脱产挂职，聘请高校专家为检察机关专家咨询委员会委员，设立知识产权、生态环境、民事行政检察、公益诉讼检察等领域专家咨询库，针对重点领域、难点问题深化理论实务研究。积极"走出去"，借助高校讲台锤炼优秀复合型检察人才，开展"检察官进高校课堂"活动，选派检察业务专家到高校担任实务导师，推进实务导师走向制度化、规范化。 |

续表

| 交叉思维训练路径 | 具体措施做法 |
|---|---|
| 定期轮岗 | 通过定期轮换工作岗位的方式打破干警长期从事一项业务形成的思维固化僵局，使检察干警能够适应不同检察业务融合的需要。轮岗期限原则上规定为不少于一年，岗位要涵盖"四大检察""十大业务"，每名检察干警至少要在各诉讼监督业务部门轮岗一次。接收轮岗干警的检察业务部门要选派业务骨干对轮岗干警进行个性化、菜单式的跟进帮教，避免"雨过地皮湿"式的泛泛走过场。 |

### （三）"四大检察"智慧检务的"人机融合"

检察机关智慧检务经历了"检察办公自动化、检察机关网络化、检察业务信息化、检察工作智慧化"四个阶段，时至今日，应将"四大检察"一体化填充到智慧检务的内涵当中，引领智慧检察科学发展态势，不断提升"四大检察"法律监督一体化水平。积极研发法律监督线索平台，通过互联网、工作网、涉密网"三网并行"，实现监督线索的快速搜集、处理运转和成案办理。将"立案监督、侦查活动监督、羁押必要性审查、认罪认罚问题适用、案件风险评估、案件线索发现移送、检察建议制发"等监督事项一体植入统一业务系统，设计完善同步审查表，变原来的分散审查为集中核查，实现"一次核查、无一遗漏"。研发监督办案审查辅助信息系统，自动对各条线审查案件数量、监督事项数量、案件类型等数据进行统计分析，随时、全面了解案件监督办理情况。以"执法监督综合应用平台"为支撑，将涉及行政执法领域的刑事、民事、行政和公益诉讼检察监督融为一体，建立线索同步发现、案件协同办理、职能整合发力的监督机制，实现法律监督职能充分融合。坚持"四大检察"法律监督一体化理念，用数字技术破除检察业务部门信息界限，加强刑事检察、民事检察、行政检察、公益诉讼检察监督线索信息的运用，辅之相应的绩效考核加减分办法，形成"人机结合"的线索共享机制。

### （四）一体化发展的大数据赋能

落实检察大数据战略，提升大数据意识，探索大数据在监督办案、纠正违法、促进诉源治理中的深度运用，充分发挥大数据对"四大检察"一体化发展的赋能作用。充分运用公安、法院等其他政法单位和工商、税务等行政执法单位，以及金融机构、保险机构、科研机构等外部数据，推进检察大数据法律监督平台建设，加快系统对接和数据共享。研发检察大数据专门课程，推动大数据运用进课堂，引导广大检察人员认清大数据的丰富内涵，练好善于获取数据、分析数据、运用数据的基本功。认真学习数据安全法、个人信息保护法等法律法规，保障数据依法合理有序有效利用，促进以数据为关键要素的数字检察发展。

依托一体化大数据平台，鼓励引导基于大数据的有序应用创新，强化数据分析应用。大力开展大数据建模创新，在优化营商环境、行政执行活动监督、公益诉讼重点领域等方面，探索构建大数据法律监督模型，建立监督模型库，扩大优秀成果的应用范围，确保大数据建模成果落实落地。建立健全"人、案、事、财、物、策"等数据主题库和专题库，运用大数据筛查、比对、碰撞，探索挖掘深层次监督线索。在完成政法协同刑事和刑事执行业务推广应用的基础上，推动民商事业务协同的研发建设，并逐步推进协同业务从刑事向民事检察、行政检察、公益诉讼检察延伸，应用领域从业务协同向证据研判、司法监督、决策管理延伸。加大与高校、科研院所、高科技企业的合作交流，积极学习了解大数据前沿科技，提升大数据建设应用的水准和成效，构建社会化服务创新机制。

# 司法公信力与全过程人民民主研究

## ——以检察机关实践为视角

冯晓音　崔倩如　吴清杰 *

2022 年 10 月，党的二十大报告中深刻指出，发展全过程人民民主是中国式现代化的本质要求之一，阐明了中国民主政治与现代化的内在联系。① 人民性是检察机关的根本属性，作为国家的法律监督机关，检察机关应当始终秉持着以人民为中心的发展思想，将全过程人民民主融入检察工作中的每一个环节，在法治轨道上不断深化落实全过程人民民主，以高质量检察履职保障促进中国式现代化建设。在检察履职中深化落实全过程人民民主，检察机关要按照人民代表大会制度的要求，在履行宪法和法律赋予的检察职权、依法实施法律监督活动的过程中，始终贯彻人民民主原则，通过一定的途径和形式让广大人民群众参与检察活动，实现人民主体意志、彰显人民主体地位、维护人民主体权利。②

## 一、司法公信力与全过程人民民主的检察实践

人民检察工作从根本上讲是为人民服务的工作，检察工作的开展始终以保障人民利益为核心宗旨，全过程人民民主在检察机关检察履职过程中具有

---

* 冯晓音，浙江省杭州市萧山区人民检察院党组书记、检察长。崔倩如，浙江省杭州市人民检察院一级主任科员。吴清杰，浙江省杭州市拱墅区人民检察院第一检察部检察官助理。
① 参见丁志刚、张书华：《全过程人民民主：一个系统性文献综述》，《学习论坛》2023 年第 1 期。
② 《把全过程人民民主更深融入检察履职实践》，最高人民检察院网站，访问时间 2023 年 2 月 21 日。

丰富的实践体现。

**（一）司法公信力与人民监督制度**

民主监督是人民行使民主权利的重要形式之一，以习近平同志为核心的党中央多次要求"改进自下而上的民主监督"。① 人民群众对检察工作的全面监督，是在检察履职中深化落实全过程人民民主的重要体现。新时代下检察机关接受人民监督，践行全过程人民民主主要体现在两个方面：一是人民监督员制度，二是人大代表联络工作。

人民监督员制度是检察机关主动接受社会监督、保障人民群众有序参与和监督检察工作的一项制度创新。② 2013 年，党的十八届三中全会通过的《中共中央关于全面深化改革若干重大问题的决定》中要求"广泛实行人民陪审员、人民监督员制度，拓宽人民群众有序参与司法渠道"。2015 年，最高人民检察院、司法部印发《深化人民监督员制度改革方案》，指明了人民监督员制度的改革方向，明确了人民群众代表参与检察机关司法办案的各关键环节。2019 年，最高人民检察院印发的《人民检察院办案活动接受人民监督员监督的规定》对检察机关在履职过程中如何接受人民监督员监督作出全面规范。2021 年，中共中央印发《关于加强新时代检察机关法律监督工作的意见》提出，要"完善人民监督员制度，拓宽群众有序参与和监督司法的渠道"。这些举措是检察机关为了满足人民群众对司法机关办案质量提升的期望，适应新时代对检察工作所提出的新要求而做出的调整。截至2021 年底，全国检察机关共邀请人民监督员 18 万余人次，监督检察办案活动 10 万余件次。③ 人民监督员制度对检察办案工作起到了重要作用，是全过程人民民主在检察工作中的生动体现。

检察机关由人民代表大会产生，对它负责，受它监督，而人民代表大会制度是我国民主制度的根本载体，加强与人大代表的联络工作，听取、办理及落实人大代表的建议、批评和意见，是检察机关自觉主动接受监督的内在

---

① 参见张硕：《人民司法中的全过程人民民主：传承、创新与发展方向》，《武汉大学学报（哲学社会科学版）》2022 年第 6 期。

② 参见郭冰：《检察机关践行全过程人民民主的具体实践——以人民监督员制度为视角》，《人民检察》2022 年第 7 期。

③ 参见《全国检察机关共邀请人民监督员 18 万余人次》，最高人民检察院网站，访问时间2023 年 2 月 21 日。

要求，是全过程人民民主在检察工作中的另一生动实践。① 通过加强与人大代表的沟通联络，能够发挥人民群众的监督作用，将检察工作中所存在的问题予以曝光。同时发挥人大代表的桥梁纽带作用，积极汲取民声民意，不断改进检察工作，让检察工作更好地服务保障民生。通过监督不断改进问题，通过联络让群众满意，这充分体现了全过程人民民主的人民性与过程性。

**（二）司法公信力与人民参与制度**

人民直接参与司法是司法民主的核心要素，也是在人民司法中坚持群众路线的具体要求。② 让人民群众参与司法活动，能够将人民当家作主具体地、现实地落实到检察工作的每一个环节。

检察听证制度是检察机关保障人民群众参与司法活动的一项重要制度，是检察履职贯彻落实全过程人民民主的重要体现。一方面，检察听证制度让司法更有力度，提升人民群众的满意度。检察机关通过开展听证会，在人民群众中选取听证员，作为中立一方听取各方利害相关主体的意见后，提出客观的见解与看法，作为检察机关依法处理案件的重要参考。检察听证制度在检察机关依法独立行使检察权的基础上，充分保障了人民群众的知情权、参与权和监督权，保障了司法裁决结果的科学性与可接受性，真正做到让人民群众在每一个司法案件中感受到公平正义。另一方面，检察听证制度让司法更有温度，提升人民群众的幸福感。检察听证让检察机关以另一种形象出现在人民群众面前，与人民群众有了一次平等的对话机会，让司法案件的办理更加"接地气"，以人民群众能够听得到、看得到的方式化解矛盾纠纷，让案件当事人之间的积怨得以消弭，维护社会和谐稳定，增强人民群众的获得感、幸福感、安全感。

控告申诉检察工作是人民群众参与司法活动另一途径。"以人民为中心"是控告申诉检察工作的灵魂，人民群众通过给检察机关来信、来电以及网上信访的方式，将自己的操心事、烦心事、揪心事反映给检察机关，检察机关履行"群众信访件件有回复"的庄严承诺，为群众解难题，排忧愁。

① 参见李辉、姚晓辉、郭勇：《全过程人民民主在代表联络工作中的实践展开》，《人民检察》2022 年第 13 期。

② 参见张硕：《人民司法中的全过程人民民主：传承、创新与发展方向》，《武汉大学学报（哲学社会科学版）》2022 年第 6 期。

控告申诉检察工作既是民心工作，通过落实"群众来信件件有回复"，把群众反映的问题解决好、把群众的情绪疏导好；又是法治工作，通过司法途径保障人民群众的权利不受到侵犯，在法治的轨道上开展工作，依法维护人民群众的合法权益。① 2019 年 3 月至 2021 年 8 月，全国检察机关共接收群众信访 242.5 万件，均在 7 日内告知"已收到、谁在办"，3 个月内办理过程或结果答复率超过 90%。② 践行司法为民理念，检察机关永远在路上，检察机关用自己的实际行动诠释了全过程人民民主的真正内涵。

**（三）司法公信力与检务公开**

公开透明是司法公正的重要基础，也是司法民主的前提条件。③ 检务公开是一项保障人民群众对检察机关工作的知情权、监督权的制度，通过将检察工作中的案件信息公开透明化，让社会公众及时了解司法活动的动态进程，让人民群众关注和参与检察工作，从而深化司法民主建设，在检察工作中落实全过程人民民主。

自 1998 年最高人民检察院决定在全国检察机关实行检务公开以来，二十多年间，检务公开制度不断发展完善，从最初的"检务十公开"，到 2006 年最高人民检察院出台《关于进一步深化人民检察院"检务公开"的意见》充实完善了 13 项公开内容，再到 2021 年最高人民检察院制定的《检务公开工作细则》对检务公开提出了更加全面、细致的标准与要求。截至 2021 年底，全国检察机关累计公开案件程序性信息 1600 余万件、发布重要案件信息 120 余万件、公开法律文书 710 余万件，接受辩护与代理网上预约 61 万余人次。④ 此外，检务公开的形式不再仅仅局限于案件信息公开，检察机关通过检察开放日的方式，进一步深化检务公开，加强与人民群众的联系，让人民群众了解检察机关、知悉检察动态、支持检察工作。无论是检务公开的力度，还是检务公开的落实，都是全过程人民民主在检察实践中的生动写照。

---

① 参见徐向春、王庆民：《新时代控告申诉检察工作面临的形势任务》，《人民检察》2021 年第 9 期。

② 《最高人民检察院关于人民检察院办理控告申诉案件工作情况的报告》，最高人民检察院网站，访问时间 2023 年 2 月 21 日。

③ 参见程文：《检务公开深化和落实全过程人民民主》，《人民检察》2022 年第 13 期。

④ 参见孙凤娟：《推进全过程人民民主，检察实践持续发力》，《检察日报》2022 年 2 月 25 日。

## 二、司法公信力与全过程人民民主的意义

在检察履职中贯彻落实全过程人民民主，是新时代检察工作的必然要求。中国特色社会主义进入新时代以后，人民群众对于司法机关的要求也越来越高，检察机关作为司法机关，作为法律监督机关，应当回应人民的期待，满足人民群众新的司法需求。在检察工作中践行全过程人民民主，为司法民主指明了方向，为司法公正建立了后盾，为司法公信提供了支撑。

（一）全过程人民民主是司法民主的"指南针"

有观点认为普通人根据其良知和经验都可以作出是非善恶的正确判断，这是司法民主具有可能性或可行性的主要依据之一，但是随着经济社会的发展，司法活动愈发复杂，司法权的运作需要极强的专业性，这为普通人参与司法活动树立了门槛，司法民主是否具有可行性存在疑问。[①] 而全过程人民民主的提出，为检察机关建设司法民主指明了方向。"全过程"意味着司法民主是涵盖在检察履职的各个环节，"民主性"并不是代表通过民意裹挟司法，而是人民群众可以通过各种方式实现在司法领域的"人民当家作主"。无论是人民监督员制度，还是检察听证制度，或者是控告申诉制度，都是让人民群众通过法律途径，参与检察机关的办案活动中，监督检察机关正确履行检察权，从而为检察履职赋能，提升检察机关的工作质效，真正让司法权归属于人民。

（二）全过程人民民主是司法公正的"保护盾"

司法活动的最终目的是维护社会公平正义，只有正当行使司法权，确保司法权力不被滥用，才能真正实现公平正义的价值追求。而司法公正与否，最终的评价主体是人民，只有当人民群众真真切切地感受到公正，司法公正才真正得以实现。人民是推动司法公正的重要力量来源，这就决定了全过程人民民主与司法公正之间存在着紧密的内在联系。检察机关在检察履职中贯彻落实全过程人民民主，一方面让人民群众对检察权的行使进行有效监督，

---

① 参见倪培兴：《中国的司法民主建设与人民监督员制度》，第七届国家高级检察官论坛会议文章，2011 年。

让检察权在阳光下运行，确保检察机关正确、独立行使检察权，避免检察权力的恣意行使，确保司法公正；另一方面让人民群众参与检察机关办案活动，有助于检察机关能更好地查明事实真相，确保案件处理结果的科学性，也更有利于人民群众从内心深处接受案件的处理结果，让公平正义不仅仅只存在于纸面上，而是扎根在人民群众的心里。

**（三）全过程人民民主是司法公信的"稳定器"**

司法的权威不在于司法权内生的公共权威和制度权威，而是源于人民群众对司法活动发自内心的信任。检察机关作为法治建设的中坚力量，在检察履职中应当确保司法公信力不断提升，让司法活动真正做到取信于民。在检察履职中践行全过程人民民主，让人民群众对检察工作的每一个环节全面监督、全面参与、全面知情，回应人民群众对检察工作的关注与期待，是确保司法公信力稳步提升的重要途径。人民监督检察工作，能确保检察工作规范、高效、廉洁运行，提升检察办案质效；人民参与检察工作，能够让人民群众对检察机关的办案活动有更深入、更全面的了解，消除人民群众的疑虑，增强人民群众对检察工作的信任。人民知悉检察事务，能减少人民群众对检察活动的误解，从内心深处理解并支持检察工作。在检察环节践行全过程人民民主，有效地减少了人民群众对检察工作的疑虑与误解，增强大众对检察工作的信任与支持，全过程人民民主是提升检察机关司法公信力的重要力量。

## 三、司法公信力与全过程人民民主的制度优化

全过程人民民主具有与时俱进、面向未来的优秀品格，它是在实践中成长起来，并随着实践发展不断完善的。① 检察机关在检察履职中需要不断优化各项制度，让全过程人民民主更加深入融入检察实践，肩负起发展完善全过程人民民主的时代使命。

**（一）深化民主监督**

无论是人民监督员制度，还是代表联络工作的开展，检察机关始终自觉

---

① 参见王晓琳：《从伟大实践中寻找标准答案——全过程人民民主系列谈之九》，《中国人大》2021 年第 22 期。

接受来自人民的监督。来自人民的监督确保了检察工作更加优质、高效地运行，但检察实践中的民主监督制度还存在更进一步的空间，需要不断优化完善，从而更好地实现全过程人民民主。

首先，丰富监督方式。2019 年最高人民检察院出台《人民检察院办案活动接受人民监督员监督的规定》明确了人民监督员参与公开听证、巡回检察、案件质量评查等"十种监督方式"，要求检察机关将"十种监督方式"全覆盖。但实践中，人民监督员主要通过公开审查、公开听证的方式监督检察工作①，人民监督员更多充当了"听证员"的角色。而目前基层检察机关与人大联络主要方式包括听取工作报告、受邀请参与活动、报送信息，这些方式容易导致监督面狭窄，提交的内容缺乏实质性与时效性。② 因此，人民监督员制度与代表联络工作都存在监督方式单一的问题，导致监督效果大打折扣，而丰富监督方式能够更好地发挥监督的作用。要让人民监督员、人大代表发挥其应有的作用，不应当仅局限于现有的比较常见的监督方式，可以开辟一些新的监督途径，例如定期邀请人大代表视察检察工作、参加检察活动，让人民监督员参与案件质量评查活动，参与司法规范化检查等，通过创新监督的理念与途径最大效能地发挥民主监督的作用。检察机关可以将民主监督的方式纳入考核范围，让检察机关主动拓展民主监督途径。

其次，扩大监督主体。《人民监督员选任管理办法》第十三条规定，人民监督员候选人通过个人申请或者单位和组织推荐产生。但是，当前人民监督员制度并未得到广泛宣传，知名度并不高，这就导致人民监督员的报名人数较少，人民群众无法真正参与到对检察工作的监督中来，无法真正贯彻落实全过程人民民主。因此，检察机关要注重对人民监督员制度的宣传，提升人民群众对人民监督员制度的关注度，提升人民群众对人民监督员身份的认同感与责任感，加强人民监督员制度的宣传力度，提升人民监督员的社会认同感，传递人民监督员的社会责任感，吸引更多人加入到人民监督员的队伍中来。

---

① 参见郭冰：《检察机关践行全过程人民民主的具体实践——以人民监督员制度为视角》，《人民检察》2022 年第 7 期。

② 参见刘文忠：《完善基层检察机关联络人大代表工作机制建议》，《人民检察》2016 年第 8 期。

最后，优化监督机制。当前，人民监督员制度的实践中存在程序烦琐的问题，启动人民监督员程序需要牵扯协调本机关部门、上级机关部门、同级司法行政机关，最终才能选派人民监督员参与，流程耗费时间成本较大、流程烦琐。① 在人大代表联络工作中，缺乏长效的联络机制，监督标准也并不明确，使得监督具有很大的随意性。因此，要不断优化监督机制，一方面，要优化人民监督员的启动程序，减少不必要的流程，提升检察机关主动接受监督的积极性。另一方面，要探索建立与人大代表的日常联络机制，将人大代表联络工作落到实处。通过优化监督机制，让民主监督更加纯粹，确保民主监督的效果。

### （二）扩大民主参与

当前，检察活动中人民群众的参与度越来越高。以检察听证为例，2020—2021 年间，全国检察机关组织听证 13.5 万余件，其中公开听证 11.8 万余件，占 87%，不公开听证 1.7 万余件。② 但是当前检察环节中的人民参与仍然存在一些亟待完善改进的地方。

一方面，加强人民的参与度。实践中，听证员的选取主要源于人民监督员、人大代表和政协委员，三者所占比例大约 80%；其次是法学专家、特约检察员、专家咨询委员、人民调解员、当事人所在单位代表、居住地的居委会代表、村民委员会委员等。③ 参加检察听证的普通群众相对较少，这就导致民主参与的群众基础较少，从而并不能让民意在检察实践中得到更深入的体现。因此，在听证员的选取上应当扩大普通群众的比例，在检察听证制度中真正落实全过程人民民主。

另一方面，进一步挖掘人民参与的作用。当前部分检察机关在践行检察听证制度时存在形式化的倾向：在选取听证案件时选择争议已经消除或者没有争议的案件，在案件类型的选取上倾向于选择盗窃罪、危险驾驶罪等比较简单的罪名；听证员的选取上，缺乏实质性选择，没有根据案情选择擅长该

---

① 参见《对基层人民监督员工作的几点思考》，洛南县人民检察院网站，访问时间 2023 年 2 月 21 日。
② 参见谭金生、陈荣鹏：《检察听证制度实践的审视与完善》，《西南政法大学学报》2022 年第 2 期。
③ 参见谭金生、陈荣鹏：《检察听证制度实践的审视与完善》，《西南政法大学学报》2022 年第 2 期。

领域的听证员，导致听证效果不如人意；听证员对案件的了解不够，尤其在复杂的案件中听证员来不及对案件有全面深入的了解，导致听证员发表的意见浮于表面；部分听证员没有发挥中立方的作用，在发表意见时碍于检察机关的面子一味迎合检察机关的意见。因此，为了真正发挥检察听证制度的效用，可以通过建立检察听证案件质量评价制度，对检察机关进行听证的案件进行质量评查，对明显没必要进行听证或者听证明显只是走过场的案件予以纠正。此外，在案件中选择听证员时，应该根据案情选取部分与案件领域相关的听证员，对于复杂案件可以让听证员提前了解案情，同时检察机关要鼓励听证员大胆发表意见，保证听证员发挥其应有的作用。

**（三）强化检务公开**

检务公开是人民群众了解检察工作的一扇窗口，检务公开工作经过几十年的不断发展，制度框架已经逐渐走向成熟，但是实践中仍然存在一些问题，这些问题一旦被忽视会严重损害人民群众的民主权利，不利于全过程人民民主的实现。

一是拓展检务公开内容。实践中，检察业务数据公开主要集中在刑事检察业务信息公开，且公开的文书类型主要包括起诉书、抗诉书、不起诉决定书、刑事申诉复查决定书四类法律文书，其他类型的文书公布较少，深层次展示检察业务的信息公开还不够充分。① 检察机关应当转变理念，破除保守思想，主动扩大检务公开的内容，让检务信息更加全面、深入地公开。

二是提高检务公开时效。《检务公开工作细则》第八条对检务公开的期限作出了明确规定，要求主动向社会公开的检务信息在形成或者变更之日起20个工作日内公开，检察法律文书应当在案件办结后或者在收到人民法院生效判决、裁定后10个工作日以内公开。但是实践中信息公开不及时的情况仍然存在，导致案件不能及时得到人民群众的监督，损害了人民群众的知情权与监督权。检察机关可以建立检务信息公开监督机制，督促各级检察机关及时公开检务信息。

三是创新检务公开形式。检务公开最重要的是让人民群众知晓，如果人

---

① 参见《全国检察机关网站建设及检务公开情况评查报告》，最高人民检察院网站，访问时间2023年2月21日。

民群众不能知晓，检务公开就没有意义。当前，检察机关检务公开的方式过于单调，对群众的吸引力不够，导致公开的信息无人知晓，无法达到公开的目的。检察机关在检务公开时，可以借助互联网平台，创新检务公开形式，同时开展线下宣传，让人民群众愿意去了解检察工作，让检务公开真正得以落实。

# 从司法统一到司法能力：对案例指导制度功能价值的一个检讨

蔡 华[*]

## 一、问题的提出

完善和发展中国特色社会主义制度，推进国家治理体系和治理能力现代化是我国全面深化改革的总目标。现代化即意味着国家治理方式从魅力型、传统型向法理型的转变，对于冲突、矛盾乃至分歧，能否以法治化的方式予以妥当的解决，是衡量治理能力现代化与否的重要因素。因而，法治水平和司法能力不仅是国家治理能力的重要组成部分，也是国家治理能力现代化与否及程度的重要表征。《中共中央关于全面推进依法治国若干重大问题的决定》明确指出，依法治国是实现国家治理体系和治理能力现代化的必然要求。

在司法领域中，各项司法制度的改革，最终也要以能否增强司法能力、提高司法水平为评判的标准。案例指导制度在提出之时就有增强司法能力的目标定位，在 2005 年首次提出建立和完善案例指导制度的官方文件——"二五改革纲要"中，就明确表示，"为了贯彻落实党中央部署的司法体制和工作机制改革任务，进一步深化人民法院各项改革，完善人民法院的组织制度和运行机制，增强司法能力，提高司法水平，保障在全社会实现公平和正义，现制定《人民法院第二个五年改革纲要（2004—2008)》"。

2005 年至今，案例指导制度已经经历了不少年头，也取得了不小的进展。近年来，最高人民法院加快了案例指导制度改革的速度和力度，2015

---

[*]  蔡华，浙江大学光华法学院博士研究生，安徽工业大学法学系讲师。

年 5 月 13 日，《〈最高人民法院关于案例指导工作的规定〉实施细则》，进一步明确了指导性案例的编选标准、推荐主体、程序和参照适用的要求。2020 年 7 日，最高人民法院印发了《关于统一法律适用加强类案检索的指导意见（试行)》，将类案检索作为司法责任制的配套改革措施，强调法官对指导性案例的参照和对其他类案的参考。2020 年底，最高人民法院下发《关于规范高级人民法院制定审判业务文件编发参考性案例工作的通知》，对参考性案例的编制进行规范。

这一系列的改革举措无疑有其对应的现实需要和良好初衷。长期以来，由于部分法官的素质和职业化水平相对欠缺、司法行政化、地方保护主义、司法腐败等方面的原因，造成了大量大致相同的案件中法律适用和裁判结果上的巨大差异，这些所谓"同案不同判"的现象被披露公开后引起了较大的社会反响，危害了司法的公信力和公众对司法权威的认同。因而，通过案例指导制度统一法律适用标准，指导下级法院审判工作有其自身的合理性。然而，解决问题的办法本身有时候（虽然不总是）却可能成为问题。作为司法体制改革一项重要内容，案例指导制度的建立、运行和完善，应与增强司法能力进而推进国家治理能力的目标相匹配。本文即基于司法能力的目标要求，对案例指导制度及其近年来的改革进行检视。笔者认为，司法统一是司法作为组织体系所具有的能力的一部分，但司法能力的基础和核心是法官裁判说理、解决纠纷的能力；司法统一的实现应尊重司法自身的规律和特点，尊重国家治理的实际，充分发挥作为司法主体的法官的主动性和责任感。近年来，在案例指导制度的改革目标和方式与增强司法能力、建立公正高效权威司法的最终目标等方面，有进一步优化完善的必要。

本文分为以下五个部分，第一部分是问题的提出，第二部分对司法能力的内涵、其与国家能力的关系进行了说明；第三部分将对司法统一与法官司法能力的关系进行辨析，以呈现两者之间可能的张力；第四部分转向具体的案例指导制度，结合近年来其改革发展中的特点说明其对增强司法能力的价值及可能的障碍；第五部分是结语，简要说明这一增强司法能力的改革进路的意义及限度，及对案例指导制度功能价值重构的可能方向。

## 二、作为国家治理能力的司法能力

1. 国家治理中的司法需要

法治与人治代表着两种不同的国家治理模式。法治是现代国家治理的基本方式，实行法治是国家治理现代化的内在要求。现代法治的核心要义是良法善治。正是现代法治为国家治理注入了良法的基本价值，提供了善治的创新机制。① 福山近些年也开始倡导国家能力，他在《政治秩序的起源：从前人类时代到法国大革命》一书中，将国家能力分成国家建设、责任制政府和法治三个维度，在国家能力、法治和问责的三角关系中，过去常常强调前者对后两者的伤害或威胁，但往往忽视了国家能力同时也是建设民主和法治的前提。可以说，法治的能力是国家能力的表征。而在法治各个环节中，司法又发挥着关键性的作用，特别在现代国家中，面对独立的个体、多元的价值，司法通常被认为是解决各种社会矛盾和分歧的终局性的力量。王绍光教授将现代国家的国家能力分为八种，包括强制能力、汲取能力、濡化能力、监管能力、统领能力、再分配能力、吸纳能力和整合能力，并认为在这八项基础性国家能力当中，强制能力、汲取能力、濡化能力等三项是 20 世纪 50 年代之前的近代国家的基本能力，而监管能力、统领能力和再分配能力等三项是现代国家的基础能力，而吸纳与整合能力则是民主国家的基础。② 能否在法治的框架内有效地平衡不同的利益，能否经由司法途径获知社会不同的意见和利益诉求并在法律的框架内予以整合，弥合不同的价值观念，在保障基本权利的基础上多元包容，这既是一个国家民主和法治化程度的体现，也是一个国家治理能力的重要体现。

2. 司法能力的多重内涵

何谓司法能力，存在不同的理解。从主体上看，有研究者将司法能力理

---

① 参见张文显：《法治与国家治理现代化》，《中国法学》2014 年第 4 期。

② 参见王绍光：《国家治理与基础性国家能力》，《华中科技大学学报（社会科学版）》2014 年第 3 期。

解为法官的司法能力①，有的侧重将其理解为法院的司法能力②；从内容上看，时任湖南省高院院长的江必新将司法能力分为司法管理能力、司法审判能力和司法保障能力③。能力是完成一项目标或者任务所体现出来的综合素质，对司法能力的理解的差异在很大程度上与对司法、司法权的性质、功能、目标等方面的认识差异有关。本文认为，我们可以将司法能力理解为一组能力束，从主体、内容等多方面来理解。因为，即便我们在理论上细分"司法自身的能力"和"为了司法的能力"，我们也应发现这两种实际分属不同性质的能力通常是交织在一起的。比如，对司法判决的执行在性质上更应视为是一种行政行为，这一行为在国外不少国家也通常是由行政机关来完成的，但是在中国现有的司法体制下，判决的执行能力无疑也是一种司法能力，判决执行程度对群众的司法态度有很大的影响。一个显著的表现，就是最近两年的"执行风暴"和对"老赖"的惩戒，极大改变了"赢了官司赔了钱"的现象及由此产生的当事人不愿意通过司法途径解决纠纷的状况，也极大提升了司法的公信力和权威性。而且，执行的法官与审判的法官在职业身份上也没有差别，他们之间的岗位也可能互相调换。因此，我们恐怕很难说执行能力不是一种司法能力。

从主体上看，我们可以把司法能力分为司法系统的司法能力、人民法院的司法能力和法官的司法能力。所谓司法系统的能力是指整个法院系统作为一个整体所具备的能力，相对于立法机关、行政机关，相对于社会组织（如仲裁机构）等所具有的能力，它体现了司法整体对国家、对社会公众的承诺。比如本文认为，后面要提到的司法统一，它就是司法系统对社会公众的一种承诺，司法系统可以通过上诉二审、审判监督、案例指导等方式提高自己在实现司法统一程度上的能力，但司法统一本身不应成为一个具体案件裁判者所需要的能力，虽然法官可以在审理案件时宣称自己是在表达立法者的态度，很多时候也不需要他这样做。法院的司法能力与司法系统的能力一样，其实也是一种体系化的组织的能力，每个法院除了审判的部门之外，也

---

① 如宗会霞：《法官司法能力研究》，南京理工大学博士学位论文 2013 年。
② 如卢上需：《法院司法能力建设研究》，武汉大学博士学位论文 2012 年。
③ 参见江必新：《论加强司法能力建设》，《法律适用》2005 年第 4 期。

都还有行政、后勤保障这样的部门设置和职能配置。但与作为整体的法院系统不同，根据各诉讼法的规定，特定的法院在诉讼程序中都是具有独立的主体资格的，因而也具有一定的职责，进而产生了一定的司法能力的需要。法官是构成人民法院和法院系统的基本单元，无论是法院、司法系统整体能力的提高，还是法官个人司法能力的提高，都离不开法官素质的提高。在法官个体和法院之间，我们似乎还可以讨论下合议庭的司法能力，但本文认为，根据诉讼法和最高人民法院有关合议庭职责的规定，合议庭由审判员、助理审判员或者人民陪审员"随机"组成，合议庭的组成并非固定和确定，无需就其司法能力进行单独的分类和讨论。

3. 司法能力的基础是法官裁判说理的能力

从主体上看，法官的司法能力是法院及整个司法系统能力的基础。从内容上看，不同的主体的司法能力所包含的内容存在较大的差异。就司法系统而言，它的能力更多地表现在统筹管理、业务指导、服务保障等方面；而就法官而言，它的能力主要是裁判说理、解决纠纷的能力。对于这个问题，学界存在较大的争议，争论的焦点就在于司法的功能是解决纠纷还是提供规则指引。苏力曾经提出，法院的基本功能究竟是落实和形成规则还是解决纠纷，在两者不可偏废的情况下以何为重并将向哪个方向发展？他通过对农村基层法院的司法运作的观察，认为遵循规则与纠纷解决的两分和冲突实际是现代化和现代民族国家的建构带来的，而一个主要以城市社会的交往规则为主导的全国性法律的规则体系被确定为标准的参照系之后，就出现了地方性规则与全国性规则之间的冲突。[①] 而另一些学者则认为司法的性质在于提供一般性的规则指引，"通过同案同判原则所标示出的那种先例式推理的方法、程序和过程"，才是司法所独有的。[②] 其实，在苏力"农村与城市、传统与现代、纠纷解决与规则之治"的类型划分中，也暗含了"道路通往城市"的现代司法向提供规则发展的方向。

本文认为，这种关于纠纷解决和规则之治的划分，忽略了对于司法中的不同主体的能力要求差别。我们说法治优于人治，其要点在于法律能够为个

① 参见苏力：《农村基层法院的纠纷解决与规则之治》，《北大法律评论》1999 年第 1 期。
② 如泮伟江：《论指导性案例的效力》，《清华法学》2016 年第 1 期；孙海波：《"同案同判"与司法的本质——为依法裁判立场再辩护》，《中国法律评论》2020 年第 2 期。

体的行为提供稳定预期和确定指引，并在此基础上，每个个体能根据自己的理性自己选择和自由行动。在当不同的主体因对于法律规则的认识发生差异诉至法院时，法官需运用自己的司法能力，将案件事实与法律规则关联起来，通过对法律规则的复述、阐明或重释，明确法律规则的确定含义，发挥其法律的指引功能，这是没有疑义的。但是，法官面临的是一个个具体的案件，解决纠纷是法官进行司法活动的首要追求，也是其司法能力的体现。法官对规则的明晰一定是在结合案件事实与争议的基础上展开的。从法官个案裁判的角度，我们承认，存在一部分这样的案件，各方当事人对事实和法律的适用没有或者基本没有争议，但他们需要法院的判决将这些事实与法律后果确认下来，以获得其合法性。但是其中绝大部分的案件，由于双方对于与特定事实关联的法律理解不同，或者经由律师等法律职业共同体的不断强化后，形成一种当事人视角下的"疑难案件"，存在这样那样需要法官在裁判中解决的争议点，它们既不能通过三段论式的演绎—涵摄过程，也不能简单依靠类比推理的方式获得解决。法官的首要任务是要对这些具体的争议进行考量并给出一个首先在当事人中间具有可接受性的结果。尽管在大部分情况下，某个案件的裁决结果最后呈现出与其他类似案件的相似性，但这并不意味着法官在裁决之时就有这样的义务。即便在外观上司法系统具备了这种上下一致划一、令行禁止的能力，那最多也只是司法体系组织能力的体现。"司法能力从根本上说，就是通过司法手段保障人权，为人民群众排忧解难、全心全意为人民服务的能力"①，缺少每个具体法官裁判说理能力，也难建构其公众对司法的整体信任，作为整体的司法系统的能力变成了无根之木无源之水，背离了司法和司法权的基本内涵。

### 三、司法统一与法官司法能力的内在关系

1. 司法统一、司法公信与司法能力

司法统一是推行案例指导制度的基本目标，而司法的统一又与司法公

---

① 《最高人民法院关于增强司法能力、提高司法水平的若干意见》，《司法业务文选》2005 年第 21 期。

正、司法公信力联系在一起。《人民法院第二个五年改革纲要（2004—2008）》第十三条规定，"建立和完善案例指导制度，重视指导性案例在统一法律适用标准、指导下级法院审判工作、丰富和发展法学理论等方面的作用"；《最高人民法院关于案例指导工作的规定》（法发〔2010〕51号）开篇即提出，"为总结审判经验，统一法律适用，提高审判质量，维护司法公正……制定本规定"；2015年发布的《〈最高人民法院关于案例指导工作的规定〉实施细则》第一条规定，"为了具体实施《最高人民法院关于案例指导工作的规定》，加强、规范和促进案例指导工作，充分发挥指导性案例对审判工作的指导作用，统一法律适用标准，维护司法公正，制定本实施细则"。推行案例指导制度的基本逻辑是，因为法律适用不统一或不够统一，审判质量不高，因而导致司法不够公正、司法公信力不高，通过推行案例指导制度，可以解决法律适用不统一的问题，进而实现司法公正和司法公信力的提高。

司法的统一是民族国家建立的重要标志，这是国家能力的反映，在一定条件下也确实可以推进司法公正的实现和司法公信力的提高。从中世纪的封建割据到近代民族国家的建立，是一个市场统一、国家统一和法律统一的过程。在一国疆域内，存在一个法律共同体，个体的身份由封建时代的臣民向民族国家中的公民转换，行使权利履行义务承担责任。法律的统一包括法律适用的统一，最为典型的是英国，在诺曼征服之后，通过普通法技术和王室法院、巡回法院的建立等漫长的改革，在中世纪就建立起统一的司法体制，这一过程甚至还早于其近代民族国家的建立。不可否认，司法的统一是一种司法的能力，但这种能力是一种组织化的能力，是由司法系统整体呈现出来。但司法统一的能力并非对法官的能力要求，它不必然有内在实质的价值承诺。《中共中央关于全面推进依法治国若干重大问题的决定》中关于司法公正与司法公信力的部分明确指出，司法公正对社会公正具有重要引领作用，司法不公对社会公正具有致命破坏作用，其目标是"努力让人民群众在每一个司法案件中感受到公平正义"。作为整体的司法有提供一般指引的目标和统一的需要，但在具体的案件裁判中它让位于个案争议的解决和具体正义的实现。没有每个具体个案的正义，就难以谈司法的正义，正如陈景辉所指出的那样，即便是从社会公众司法观感的角度来说，每个人也总是倾向于从自己所直接接触的案件中感受司法的公正性与否。①

更为重要是，司法统一的能力要求在特定条件下可能会限制、影响法官裁判说理能力的提高。司法统一的能力体现的是一种体系的能力，它的实现主要依赖组织体系的运行机制和组织化的能力，这种机制可能与司法的内在要求相匹配，也可能因为行政化、组织化权力的力量过大而扭曲了司法的内在要求，从而尽管在外观上呈现出"统一"的样态而在实质上影响了法官裁判说理能力的提高。在案例指导制度中，指导性案例具有"应当参照"的事实上的效力，这种效力如果是通过上诉、审判监督等体制机制实现的话，一般不会影响法官能力的发挥；如果将这种效力与绩效考核、奖金福利等联系在一起时，则可能对法官的能力产生扭曲。近年来，我国推行以审判为中心的司法体制改革，主要是通过"让审理者裁判、由裁判者负责"的司法责任制推动的，司法责任制改革是司法体制改革的基石，对提高司法质量、效率和公信力具有决定性影响。而如果让法官去做不符合司法规律内在要求、其能力范围内的事，并由法官承担做这些事情的后果，则必然降低法官做事的动力，减损法官的司法能力；即便看上去是一种"能力"，那也不是法官和司法行为所需要的能力。

2. 司法中的统一

司法统一与法官司法能力之间的紧张关系主要来源于我们对于司法统一的理解。弥合这种紧张，既需要完善管辖权、上诉、审判监督等制度环节和对法官司法能力培养提升，也需要重新思考我们对司法统一的理解。

中国是一个有着大一统传统的国家，长久以来也固化了某种对"统一"的偏颇的理解。统一在很大程度上意味着中央对地方的统摄，中央的正当性高于地方。从发展社会学的角度看，后发国家在现代化过程往往需要一个强大的中央政权，通过广泛的社会动员，集合国内的各种资源实现国家与社会的现代转型。另一方面，法制的统一也意味着推动实现国家实质统一的方式，法制统一原则也被提升到了国家统一关键要素的高度，试图通过法制的统一来实现消除地方保护（地方利益）的目的。而当我们强调司法的终局性和权威性，转向司法中心主义的思维方式后，对司法统一的强调也自然是

---

① 参见陈景辉：《案例指导制度与同案同判》，《光明日报》2014年1月29日。

题中之义。

哲学上讲的统一，是一和多、统一性与多样性的综合，一是以多为基础和条件的，一并非是对多的否定和对差异的消解。我们所说的法制统一实际上指一种法律秩序的统一性，那种认为法律甚至整个法律秩序是"评价统一体"和"意义统一体"的观点其实是自觉或不自觉的理想。从现实角度看，它不过是幻想而已，法律语言的含糊性、法律规则的"空缺结构"、规则体系的内在冲突都是可能存在的。更为关键的是，法律作为一种规则，它并不调整所有的社会生活，不同层次的法律对社会生活的调整范围、调整力度也应该不同。社会生活本身是多样化的，从社会生活规则中抽离出的法律规则只是调整而非取消原本丰富多样的社会生活，要做到这一点，一是保持立法的谦抑，尽可能少地介入和干预社会生活；而是通过立法的技术或语言修辞的方式将某些暂时无法处理可能也不需要处理的问题掩盖起来。[1] 而在司法领域，因文本的含糊性而得以掩盖的理解分歧因当事人的纠纷而暴露，法官也没有拒绝裁判的权利，因而必须结合特定的案件事实厘清规则的含义，给当事人各方一个大致可接受的解释说明。需要指出的是，这种法官的解释说明可能由于法官能力不高、行政干预、司法腐败的存在等原因是错误的，但它更可能是在法律规律原本可有的空间范围内的。对于法官而言，司法裁判实际上意味着一种决断，一种在制度所赋予的法官权限和法律规则的解释空间内的决断。也正因为法官享有这种决断的权力，司法责任制的逻辑也才能得以显现：如果一种制度，主体没有决断的权力却让其对这一行为负责，这显然难以称为一种责任制。对于法官而言，司法的统一也许并不只体现在具体个案判决的相同或相似，也应关注司法过程和判决逻辑的统一性，因此司法统一应更多地展现其裁判说理、推导论证的过程。

## 四、对案例指导制度的反思

通过推行案例指导制度提高司法审判质量、提高司法的公信力在一定条

---

[1]　参见苏力：《解释的难题：对几种法律文本解释方法的追问》，《中国社会科学》1997 年第 4 期。

件下是可行的。随着我国经济快速发展，社会深刻转型，社会关系日趋多样化和复杂化，人民法院受理的疑难复杂案件、新类型案件日益增多，迫切需要进行及时有效的指导。案例指导制度不仅可以使人民法院在裁判中得以统一理解适用法律规定，还有利于人们在社会生活中接受指导性案例的教育指引，对于法律一体遵守，减少矛盾纠纷的形成具有重要意义。①

近年来，案例指导制度呈现出一些新的特点，一是指导性案例发布的数量增加、频率加快。据统计，自 2011 年 12 月 20 日发布第一批指导性案例起至 2020 年底，最高人民法院共发布 26 批次 147 例指导性案例，废止 2 例，从 2011 年的 1 批次 4 例、2012 年的 2 批次 8 例发展到 2019 年的 4 批次 33 例、2020 年的 2 批次 8 例（另废止 2 例），并呈现专题化的趋势。②

更为重要的是，尽管案例指导制度中的案例并非仅指最高人民法院制定的指导性案例，但它获得较之其他案例日益独有的优势地位，在效力上呈现出从"柔性"参考到"刚性"指导的转变。对于指导性案例"应当参照"的规定并未改变，在目前的宪制结构下仅应具有事实上的指导作用，并无规范意义上的效力。但在具体的理解和实践运行上，有着较为明显的效力强化的趋势。2020 年 7 日，最高人民法院印发了《关于统一法律适用加强类案检索的指导意见（试行）》（以下简称《意见》），将类案检索作为司法责任制的配套改革措施，强调法官对指导性案例的参照和对其他类案的参考，旨在实现法律的统一适用。根据该《意见》第四条的规定，类案检索范围依次包括最高人民法院发布的指导性案例、最高人民法院发布的典型案例及裁判生效的案件、本省（自治区、直辖市）高级人民法院发布的参考性案例及裁判生效的案件以及上一级人民法院及本院裁判生效的案件。除指导性案例以外，优先检索近三年的案例或者案件；已经在前一顺位中检索到类案的，可以不再进行检索。由此可见，相对于其他生效判决，指导性案例有着更高的"指导"效力，并与法官的责任紧密连接起来，给法官增加了对指

---

① 参见胡云腾、罗东川、王艳彬、刘少阳：《〈关于案例指导工作的规定〉的理解与适用》，《人民司法》2011 年第 3 期。

② 根据最高人民法院网站统计，http://www.court.gov.cn/fabu-gengduo-77.html，访问时间 2022 年 1 月 4 日。另参考郭叶、孙妹：《最高人民法院指导性案例司法应用年度比较分析报告——以 2011—2018 年应用案例为研究对象》，《中国应用法学》2020 年第 3 期。

导性案例更强的注意义务①。2020 年底，最高人民法院下发《关于规范高级人民法院制定审判业务文件编发参考性案例工作的通知》，明确高级人民法院的审判业务庭可编发参考性案例，以及中级、基层人民法院不得制定审判业务文件，编发的案例不得称为指导性案例或参考性案例。在学理层面，亦有不少研究者亦开始认为指导性案例具有"准规范性""事实的规范性"效力。②

作为司法体制改革的一项重要内容，对案例指导制度的构建、评价和完善应与司法体制改革的目标相匹配。在本文看来，案例指导制度的新进发展与上述目标和改革逻辑存在一定的紧张关系，可能影响法官司法能力的增强。解决纠纷、裁判说理的能力是法官司法能力的集中体现，这种能力需要在具体的司法实践中发挥并不断提高。而这种能力的发挥有赖于以下几点：一是纠纷的存在并愿意诉至司法机关解决；二是当事人之间在案件事实和法律规则上存在不同的理解，这里既包括纯粹的事实争议，也包括对规则的不同理解，但其实更为大量的争议发生在如何理解某个特定事实的法律意义上，因而司法需要在法律规则和具体案件事实之间不断地往复流转。司法并不仅仅是单向的法律规则的适用过程，即便法律规则再细密，立法空缺被填补得再频繁，司法活动也经由在这种规则与事实之间的往复流转而存在。法国拿破仑大帝所期望的不经由法官的中介，法典能像自动售货机一样输入案件自动输出结果，这早已被证明是幻想。在现代生活日新月异快速变化的今天，尤其在中国这样一个大国，社会生活千差万别，立法机关的立法无法替代、取消法官的司法裁判活动；特定的司法机关能够通过司法解释、案例指导等方式提供规则，适当缓和法律规则与生活事实之间的冲突，但也无法在根本上替代和取消法官的裁判说理和其中的个人决断。某个生效判决转化为指导性案例需要经过复杂的流程和基于法院组织体系的层层筛选、推荐③，

① 包括通过实体及程序性的惩戒规则加以保障，包括在同类案件认为不适用指导性案例，应向指导性案例的发布法院提出书面报告；对于背离指导性案例原则和精神的判决，上级法院在审理时可予以撤销或改判，与法官的目标管理考核相挂钩等。
② 如雷磊：《指导性案例法源地位再反思》，《中国法学》2015 年第 3 期；泮伟江：《论指导性案例的效力》，《清华法学》2016 年第 1 期；孙海波：《指导性案例的规范性研究》，《清华法学》2017 年第 6 期等。
③ 参见《〈最高人民法院关于案例指导工作的规定〉实施细则》第四条。

且与对个人的考核奖励联系起来①，因而其内容的合理性、规则的及时性等方面都是存疑的。而法官的司法能力也需要在裁判说理和个人决断的过程中不断提高。

## 结　语

法官的裁判说理能力是司法能力的基础和核心，案例指导制度在一定条件下可以促成法官司法能力的提高。但法官的司法能力需要在具体的案件中，在案件事实和法律规则之间，通过裁判说理和个人决断获得锻炼和提高。指导性案例不能简单依靠对大量规则的提供和对其效力的强化来发挥作用，更应注重其内在的合理性，鼓励和引导法官对说理的学习，② 进而提升法官个体和司法整体的能力。司法改革的推进和制度建设需要借助行政性的组织力量，亦应尊重司法自身的规律和法官主体的能力。

---

① 参见《〈最高人民法院关于案例指导工作的规定〉实施细则》第十四条。
② 参见李友根：《指导性案例为何没有约束力——以无名氏因交通肇事致死案件中的原告资格为研究对象》，《法制与社会发展》2010 年第 4 期；李红海：《案例指导制度的未来与司法治理能力》，《中外法学》2018 年第 2 期。

# 社会主义核心价值观融入民事裁判文书说理中实证研究

## ——以民事审判实践为切入点

陈建华 *

习近平总书记在党的二十大报告中指出，坚持依法治国与以德治国相结合，将社会主义核心价值观融入法治建设、融入社会发展、融入日常生活。近年来，最高人民法院先后出台了《关于在法院工作中培育和践行社会主义核心价值观的若干意见》①《关于在司法解释中全面贯彻社会主义核心价值观的工作规划（2018—2023）》② 和《关于深入推进社会主义核心价值观融入裁判文书释法说理的指导意见》③ 等一系列规范性文件，均与社会主义核心价值观具有关联性。截至 2022 年底，全国法院在法律框架内运用社会主义核心价值观释法说理的一审民事案件达 38.25 万件，涌现出一大批释法说理精准得当、法理情水乳交融、充满法治精神和人文关怀、具有行为规范指引和道德价值引领双重意义的典型案例。④ 截至 2023 年 3 月 1 日，最高人民法院共发布三批 29 个大力弘扬社会主义核心价值观典型民事案例，产

---

\* 陈建华，法学博士，四级高级法官，湖南省郴州市中级人民法院民三庭副庭长。

① 最高人民法院于 2015 年 10 月 12 日出台《关于在人民法院工作中培育和践行社会主义核心价值观的若干意见》（法发〔2015〕14 号）。

② 最高人民法院于 2018 年 9 月 18 日出台《关于在司法解释中全面贯彻社会主义核心价值观的工作规划（2018—2023）》。

③ 最高人民法院于 2021 年 1 月 19 日出台《关于深入推进社会主义核心价值观融入裁判文书释法说理的指导意见》（法〔2021〕21 号）。

④ 参见最高人民法院于 2023 年 3 月 1 日发布第三批人民法院大力弘扬社会主义核心价值观典型民事案例新闻发布会上的讲话。

生了良好的法律效果和社会效果。① 然而，从实然层面看，社会主义核心价值观融入裁判文书说理中也出现了一些问题，效果不够。笔者作为一名曾经在一线工作多年的民商事法官，就社会主义核心价值观融入民事裁判文书说理中存在的主要问题、主要原因及其重要对策开展实证研究，以期民商事法官更好地在民事裁判文书说理中融入社会主义核心价值，探究法律统一适用的内在规律，以保障统一调整法律体系及其稳定性。

## 一、社会主义核心价值观融入民事裁判文书说理中的现实价值

核心价值观，承载着一个民族、一个国家的精神追求，体现着一个社会评判是非曲直的价值标准。② 就社会主义核心价值观融入民事裁判文书说理中的现实价值来言，笔者认为有如下三重价值：

### （一）微观价值：填补法律漏洞的需要

众所周知，法律总是具有滞后性。"由于立法者可能思虑不周、法律上有意义之情况变更等问题的存在，就必然会导致法律漏洞的出现。"③ 面对法律漏洞产生的必然性，基于民事裁判法律渊源的开放性，可以在法律规范缺失的时候发挥法律漏洞填补的作用。为此，适用社会主义核心价值观进行填补是民事法官目前的最佳选择。正如有学者所言，"如果遇到缺乏可直接适用的法律规则的情况，利用法律原则进行漏洞填补是裁判文书释法说理的重要工具，核心价值观作为被写入制定法的法律原则，可以在这种情况下加以应用"④。譬如《中华人民共和国民法典》对于居住权的规定比较原则，6 个条文基本上属于原则性规定，法官在审理居住权纠纷的时候，可以适用社会主义核心价值观进行论证，促使法律判断具有合理性，增强民事裁判文

---

① 参见刘娟、杨康波、李涛：《社会主义核心价值观在民事裁判中的价值与运用》，《中国审判》2023 年第 3 期。

② 参见最高人民法院于 2023 年 3 月 1 日发布第三批人民法院大力弘扬社会主义核心价值观典型民事案例新闻发布会上的讲话。

③ 肖北庚、李泽中：《论社会主义核心价值观融入文化法治：理据、内涵与规范表达》，《湖南大学学报（社会科学版）》2022 年第 3 期。

④ 杨贝、樊力源：《社会主义核心价值观融入裁判文书释法说理的现状与规范路径——基于 1178 份裁判文书的实证分析》，《人民司法》2022 年第 16 期。

书的可接受性。

## （二）中观价值：价值平衡的需要

"法律判断的本质是价值判断，个案的判决理由往往是抽象价值在具体个案中的主动体现。"[①] 当前，不少民事案件面临多个价值冲突，譬如个人利益与公共利益之间、知识产权保护与经济社会发展之间、个人意思自治与特殊群体利益保护之间等，都需要价值平衡。如何让价值平衡到位，是民事审判实践需要解决的问题。社会主义核心价值观为这种价值平衡提供了权衡标准和可行方案，正如有学者所言，"运用社会主义核心价值观进行多元价值权衡，能够帮助法官厘清案件焦点、平衡各方利益，从而作出符合社会主义核心价值观的司法裁判"[②]。由此可见，适用社会主义核心价值观进行民事裁判文书的释法说理，有助于使司法裁判的价值取向、价值目标和价值追求更加鲜明，有助于国家确立的价值取向、价值目标和价值追求的实现。

## （三）宏观价值：回应社会的需要

近年来，出现了不少引起社会广泛关注的重大民事案件，迫切需要人民法院进行回应。譬如民事案件面临着善与恶、真与假、好与坏之间博弈的时候，需要引用社会主义核心价值观进行民事裁判文书的释法说理，向社会传递人们应当采取什么样的行为，禁止人们做什么样的行为，向人们传递国家认可的行为准则，这样通过指导性案例、典型案例以及具体的民事裁判文书等形式弘扬社会主义核心价值观，切实让人们感受到社会主义核心价值观的客观要求，有利于让普通老百姓心服口服，有助于回应好社会的关切，最终有利于实现办案法律效果与政治效果、社会效果的有机统一。正如有学者所言，在我国各级法院"用一个个现实的司法判决展现社会主义核心价值观内在含义和内在精神，在国家治理能力、法治建设以及社会基层治理方面使得司法裁判在价值引领和规则导向上发挥着重要作用"[③]。

---

① 杨贝、樊力源：《社会主义核心价值观融入裁判文书释法说理的现状与规范路径——基于1178份裁判文书的实证分析》，《人民司法》2022年第16期。
② 刘娟、杨康波、李涛：《社会主义核心价值观在民事裁判中的价值与运用》，《中国审判》2023年第3期。
③ 刘峥：《论社会主义核心价值观融入裁判文书释法说理的理论基础和完善路径》，《中国应用法学》2022年第2期。

## 二、社会主义核心价值观融入民事裁判文书说理中存在的主要问题

在全部的司法活动中裁判文书作为"最终产品",不仅是案件裁判依据和理由的表明,更是法官价值取向、司法水平、司法能力的体现,代表着公正公平的司法、法律权威以及司法公信力。[①] 笔者通过中国裁判文书网对2021年11月15日至2022年11月15日期间判决书理由部分含"社会主义核心价值观"以及"民事案件""刑事案件""行政案件""判决书"字段的判决书进行检索,发现行政判决书0篇、刑事判决书12篇、民事裁判文书3971篇。毋容置疑的是,在民事、刑事、行政各类案件中适用社会主义核心价值观最多的裁判文书是民事裁判文书。正如最高人民法院专家指出,径直在各类裁判文书中援引社会主义核心价值观的数量整体较少,刑事、行政裁判文书中很少涉及,但在民事裁判文书中则较为集中。[②] 而且经过大数据分析,在上述《指导意见》发布之后,释法说理中融入社会主义核心价值观的裁判文书正逐步攀升,尤其是在民事案件领域接近20%的年均增长率,几乎在全部案由中都有体现。[③] 为此,我们非常有必要考察社会主义核心价值观在民事裁判文书中的适用情况。笔者试图提取近年来民事裁判文书样本,考察我国民事裁判文书说理中适用社会主义核心价值观中存在的主要问题。

### (一)保守

案例1:李某某等诉广州××村委会违反安全保障义务责任纠纷案。一审、二审法院明知村民私自上树摘果坠亡索赔是违背社会主义核心价值观,理应在说理中写明:"对于违背社会公德和公序良俗的行为不鼓励、不保护,行为者后果自担。"然而,或许基于"谁伤谁有理"的弱者同情,抑或

---

① 参见杨建文:《推进社会主义核心价值观融入裁判文书释法说理的时代要求和养成之道》,《法律适用》2022年第10期。

② 参见刘峥:《论社会主义核心价值观融入裁判文书释法说理的理论基础和完善路径》,《中国应用法学》2022年第2期。

③ 参见杨建文:《推进社会主义核心价值观融入裁判文书释法说理的时代要求和养成之道》,《法律适用》2022年第10期。

"和稀泥式司法"的心理影响，该案一、二审判决均认定被告承担5%的责任以息事宁人。①

案例2：漆某某深圳市××有限公司服务合同纠纷案。因漆某某车挤占人行道，法院认为："原告作为驾驶人应文明规范停车，其明知停车会挤占人行道，违反《道路交通安全法》相关规定，也与社会主义核心价值观相悖。"② 按理而言，本案应当对社会主义核心价值观的价值取向进行透彻说理，并对有悖于社会主义核心价值观的地方进行认真阐释和论证。然而，本案说理仅仅用上一句"也与社会主义核心价值观相悖"，是对道德进行简单宣扬，基本无法力证社会主义核心价值观与案件裁判之间的逻辑关系。

**（二）刻意**

案例3：滕某某等诉李某某等机动车交通事故责任纠纷案。仅因车主垫付医疗费，判决认为："以传播社会主义法治精神、弘扬社会主义文明新风尚、社会主义核心价值观的基本理念和内在要求视角来看，为了化解矛盾、定分止争、案结事了，人民法院因此而作出裁判，通过法院释明法律以及司法调解，进一步减少当事人之间的诉累及有效化解纠纷，以节约司法资源。"③ 本案说理看似高大上，实则与案件处理无任何关系，将一段放之四海皆准的说辞复制进裁判文书，实与阐明事理、释明法理、讲明情理相去甚远，可见民事法官利用社会主义核心价值观刻意说理、机械说理的现状。

案例4：刘某、李某某等侵权责任纠纷案。一审认为"共同喝酒人已将醉酒人送回家，已尽一般注意义务，且无证据证明死亡与喝酒具有因果关系"。故驳回了原告诉讼请求。二审判决则认为"结合事故发生的前因后果，及当事人的过错程度等因素，酌定由四名被上诉人分别承担5%的赔偿责任为宜，这也较为符合社会主义核心价值观"④。本案中根本就没有阐明

---

① 参见广东省广州市花都区人民法院（2017）粤 0114 民初 6921 号民事裁判文书，广东省广州市中级人民法院（2018）粤 01 民终 4942 号民事裁判文书，广东省广州市中级人民法院（2019）粤 01 民再 273 号民事裁判文书。

② 参见广东省深圳市罗湖区人民法院（2021）粤 0303 民初 6996 号民事裁判文书。

③ 参见河南省漯河市召陵区人民法院（2021）豫 1104 民初 910、1378、1911 号等民事裁判文书。

④ 参见汝州市人民法院（2020）豫 0482 民初 6428 号民事裁判文书、河南省平顶山市中级人民法院（2021）豫 04 民终 1035 号民事裁判文书。

四被告分别承担 5% 的赔偿责任为何符合社会主义核心价值观，感觉核心价值观的表述在文书中显得刻意而多余。

（三）混乱

案例 5：卢某诉李某赡养纠纷案。原告除诉请赡养费外还要求子女节假日回家探望，法院认为："原告要求被告每逢节假日探望的请求，不仅与社会主义核心价值观的内在要求相符，也是与案件事实相符，予以支持。"①按理而言，本案适用《老年人权益保障法》第十八条"分开居住的家庭成员，应当经常看望或者问候老年人"说理即可。奇怪的是该裁判文书说理均未涉及《老年人权益保障法》条款，而直接依据社会主义核心价值观作出判决。

案例 6：郑州电梯劝阻吸烟案。一审法院在认定段某（被劝阻人）的猝死结果是杨某（劝阻人）未能预料的，以及杨某的行为与段某的死亡之间并无必然的因果关系的基础上，理应适用社会主义核心价值观，对劝阻吸烟行为予以肯定，但是一审法院却基于"段某确实在与杨某发生言语争执后猝死"这一事实，适用"公平责任原则"判决杨某承担补偿责任，这将挫伤公民维护社会公共利益的积极性，损害社会公共利益，有违社会主义核心价值观。②

（四）模板

案例 7：周某某与胡某某离婚纠纷案。法院认为，双方婚后共同生育小孩，现小孩尚未成年，为了更好地保护未成年健康成长，为了弘扬社会主义核心价值观和中华民族传统美德，传递正能量，促进家风建设，维护和谐、美满的家庭关系，故对原告要求离婚的请求，本院不予支持。③

案例 8：原告李某诉被告张某某离婚纠纷案。法院认为，双方共同生育了小孩，现在小孩尚且年幼需要双方共同关心和照顾，为了保护未成年人的权益，确保未成年人的身心健康成长，为了弘扬社会主义核心价值观和中华民族传统美德，传递正能量，促进家风建设，维护和谐、美满的家庭关系，

---

① 参见河南省巩义市人民法院（2016）豫 0181 民初 4657 号民事裁判文书。
② 参见河南省郑州市中级人民法院（2017）豫 01 民终 14848 号民事裁判文书。
③ 参见湖南省宁乡县人民法院（2016）湘 0124 民初 4976 号民事裁判文书。

故对原告要求离婚的请求，本院不予支持。①

通过对比上述两个案件发现，文书说理中两段语句表述和意思极为相似，接近相同，并且格式化、模板化地套用社会主义核心价值观的适用语句，在一定意义上对道德和法律造成损耗。

综上所述，上述八篇民事裁判文书展示了当前民事裁判文书说理引用社会主义核心价值观，道德教育宣示式说理较多，但是能够结合社会主义核心价值观具体内容进行详细说理的较少、融入的方式比较单一、论证不够充分，表现出保守、刻意、混乱、模板等多种不如人意的情形，正如学者所言，"裁判文书在说理方面，对社会主义核心价值观的适用有时存在方式粗糙、流于表面、内容错位、说理简单、针对性不强、照搬照抄，甚至将法律原则以及对一般条款进行过度解释或逃逸等诸多问题"②。

### 三、社会主义核心价值观融入民事裁判文书说理中产生问题的主要原因

在民事裁判文书说理中融入社会主义核心价值观对于民事法官来说既是一个前所未有的"新要求"，又是一个被强调的"高要求"，不管是从实践经验来看，或是从制度建设上看，都属于"探索摸索"阶段。根据某省的统计，全省三级法院在裁判文书中将社会主义核心价值观融入其中的占比不足万分之五，可谓"沧海一粟"。③ 上述问题的形成既与法官内心认同等主观因素密切相关，也与案多人少矛盾、能力水平不够、机制建设不足等客观因素紧密联系。

#### （一）内心认同不足

从本质上看，社会主义核心价值观具有一定的政治意识形态性，造成相当一部分法官认为在民事裁判文书中融入社会主义核心价值观更像是一种政治宣示，对于最高法出台的各类指导意见，诸多一线民事法官兴趣不大。民

---

① 湖南省宁乡县人民法院（2016）湘 0124 民初 4377 号民事裁判文书。
② 孙光宁：《社会主义核心价值观的法源地位及其作用提升》，《中国法学》2022 年第 2 期。
③ 参见杨建文：《推进社会主义核心价值观融入裁判文书释法说理的时代要求和养成之道》，《法律适用》2022 年第 10 期。

事审判实践中，由于社会主义核心价值观本身较为抽象化，部分法官未能对社会主义核心价值观的内在含义深入理解，谈及如何融合社会主义核心价值观与裁判文书说理，缺乏规范化的经验，很难达到《意见》"在法律框架内释法说理"这一基本要求。笔者曾经对湖南南部某市两级法院 100 名民事员额法官进行问卷调查，其中 90% 的法官基本了解社会主义核心价值观内容，58% 的法官能够熟练掌握社会主义核心价值观具体内容，然而仍有 12% 的民事员额法官认为社会主义核心价值观与民事审判联系不大。无独有偶，江苏某法院曾对当地 100 名员额法官进行问卷调查，其中仅仅只有 70% 法官明确知晓社会主义核心价值观的具体内容，甚至 15% 的法官认为核心价值观与司法审判的关联性不大。[①] 这样一来，造成了一些民事法官认为，在民事判决说理中融入社会主义核心价值观属于"画蛇添足"，或者认为，社会主义核心价值观融入民事判决说理可能会出现"言多必失"的情况。通过笔者走访调查发现，一些民事法官对社会主义核心价值观内在含义缺乏深入理解和学习、在民事裁判文书中如何融入并不清楚，并且法院内部就社会主义核心价值观如何融入民事裁判文书写作中缺乏相应的业务培训。这就造成了"虽然在裁判文书中适用社会主义核心价值观法官并不完全拒绝和排斥，但是在总体数量上相关的裁判文书仍然偏少，而且在表述和定位上各法官对社会主义核心价值观也存在很大差异"[②]。

**（二）精力时间不够**

"案多人少矛盾在各地法院或多或少存在，甚至已成为制约法院发展的问题之一。"[③] 根据最高人民法院审判管理办公室副主任刘树德在全国法院新闻发布会上所言，2021 年 1 月 1 日至 11 月 15 日，全国法院共受理案件3051.7 万件，同比 2020 年同期，新收案件数量增长 10.8%；与 2019 年同期相比，新收案件增长 3.8%。结案 2391.9 万件，结案数增长 6.9%，未结案件 659.8 万件。全国共计约 12.7 万名员额法官，人均受理案件 240 件，

---

① 参见江苏省法学会民法学研究会 2019 年年会《民事司法弘扬社会主义核心价值观》论文集，第 410—411 页。

② 孙光宁：《社会主义核心价值观的法源地位及其作用提升》，《中国法学》2022 年第 2 期。

③ 许志华：《社会主义核心价值观融入裁判说理之现实困境及纾解》，《山东法官培训学院学报》2022 年第 1 期。

人均结案 188 件。① 笔者所在中级人民法院民事案件承办法官人均年结案220 件左右，每个工作日均需结案 1.1 件才能达到平均水平。试想一下，法官除了撰写裁判文书，还要开庭、政治学习、开会、文明劝导、信访接访、判后答疑，等等，并且在考核结案率的背景下，完成高效率的结案，谁还能确保民事案件审理不出差错，谁还在乎民事裁判文书中是否通过详细阐明社会主义核心价值观进行说理？最高人民法院在 2021 年 10 月 1 日起施行《关于调整中级人民法院管辖第一审民事案件标准的通知》之后，基层法院受理当事人住所地均在或者均不在受理所处省级行政辖区的，受理诉讼标的额5 亿元以下（不含 5 亿）的诉讼案件，或者当事人一方住所地不在受理法院所处省级行政辖区的，受理诉讼标的额 1 亿元以下（不含 1 亿）的诉讼案件，进一步加大基层员额民事法官的办案压力。繁重的办案压力消磨了一些民事法官将社会主义核心价值观融入民事裁判文书中的热情，导致他们缺乏深入钻研精神和刻苦学习动力。

### （三）能力水平不够

将社会主义核心价值观融入裁判说理的实践途径就是"司法转译—大前提证成—小前提证成—司法调和"②。如何结合社会主义核心价值观来进行民事裁判说理，始终需要民事法官结合具体民事案情，按照现有的民事法律法规，根据法律解释方法和法定的证据规则，并且针对当事人的事实与法律分歧展开论证分析，既没有可供生搬硬套的"现成说理模板"，也不能是完全复制"千篇一律"的说理内容，需要民事法官具有一定的说理能力和水平。虽然，近年来，相当部分民事法官说理能力与水平较以前有较大的提升，但是由于相当一部分民事法官自身理论水平有限，在民事裁判文书的案件事实分析与阐述说理之间正确融入社会主义核心价值观较难，不能妥善处理好情理法的关系。尽管近年来，我国不断公布典型案例、指导性案例，③

---

① 参见孙航：《最高人民法院对年底不立案问题零容忍》，《人民法院报》2021 年 11 月 24 日。
② 许志华：《社会主义核心价值观融入裁判说理之现实困境及纾解》，《山东法官培训学院学报》2022 年第 1 期。
③ 截至目前，最高人民法院已先后发布 4 批旨在弘扬社会主义核心价值观的典型案例，分别是 2016 年 3 月 8 日、2016 年 8 月 22 日、2020 年 5 月 13 日发布的各 10 个弘扬社会主义核心价值观典型案例，以及 2020 年 10 月 9 日发布的第 25 批 4 件弘扬社会主义核心价值观指导性案例。

但是由于"当前的司法实务和法学教学中，大多数法官对于法律推理、解释方法以及法学解释等的系统培训及深入认知仍然较为缺乏，其对于法律理念及解释方法等仍旧处于'法学教科书'水平，却未能将相关理念与工作相结合融化为自身的法学语言体系和法学知识系统"①。造成了当前我们的民事审判法官与行政审判、刑事审判法官一样，不敢说理、不愿说理和不会说理。尤为突出的是，"在没有明确的法律条文规定情形下，法官应当本着朴素的正义通过融合裁判说理与社会主义核心价值观两者来释法说理、'填补空白'，但在审判实务中却鲜有触及"②。

**（四）融入激励不够**

当前，"由于部分法官为了避免因说理及裁判而被追责，因此对裁判结果是否存在风险更加注重，对法律适用的形式逻辑更加关注，但却有意回避社会主义核心价值观的适用"③，充分说明了融入激励不够。具体表现如下：一是将社会主义核心价值观融入其中的案件如何确定比较难。虽然最高人民法院在文件中明确应当强化运用社会主义核心价值观进行释法说理的六类案件，④ 但是民事审判实践中及时发现并标记需要重点融入的案件却较为困难。二是如何融入社会主义核心价值观比较难。虽然最高人民法院公布了一定数量的典型案例和指导性案例，但是在民事审判实践中却有不同案情和注重焦点，能否在民事裁判的个案中适用社会主义核心价值观以及如何融入其

---

① 刘峥：《论社会主义核心价值观融入裁判文书释法说理的理论基础和完善路径》，《中国应用法学》2022 年第 2 期。
② 刘峥：《论社会主义核心价值观融入裁判文书释法说理的理论基础和完善路径》，《中国应用法学》2022 年第 2 期。
③ 刘峥：《论社会主义核心价值观融入裁判文书释法说理的理论基础和完善路径》，《中国应用法学》2022 年第 2 期。
④ 最高人民法院《关于深入推进社会主义核心价值观融入裁判文书释法说理的指导意见》（法〔2021〕21 号）的通知指出下列六类案件的裁判文书，应当强化运用社会主义核心价值观释法说理：（一）涉及国家利益、重大公共利益，社会广泛关注的案件；（二）涉及疫情防控、抢险救灾、英烈保护、见义勇为、正当防卫、紧急避险、助人为乐等，可能引发社会道德评价的案件；（三）涉及老年人、妇女、儿童、残疾人等弱势群体以及特殊群体保护，诉讼各方存在较大争议且可能引发社会广泛关注的案件；（四）涉及公序良俗、风俗习惯、权利平等、民族宗教等，诉讼各方存在较大争议且可能引发社会广泛关注的案件；（五）涉及新情况、新问题，需要对法律规定、司法政策等进行深入阐释，引领社会风尚、树立价值导向的案件；（六）其他应当强化运用社会主义核心价值观释法说理的案件。

中仍旧没有标准统一适用，没有体系化操作来指引法官裁判，无法将指导系统化，造成了在审判实务过程中对个案难以形成统一认识，可能产生"同案不同判"的现象。三是缺乏统一规范标准的激励评价标准。虽然，一些法院针对在裁判文书释法说理工作中融入社会主义核心价值观建立了评判标准和激励办法，但是缺乏激励的物质奖励与精神奖励，难以引发法官主动积极在裁判文书说理之中融入社会主义核心价值观。

### 四、社会主义核心价值观更好融入民事裁判文书说理中的基本原则与路径选择

"裁判文书在法治发展的进程中仍旧承载着诸多使命：就当事人而言，裁判文书是定分止争的固定尺，是自己按照法律履行义务、行使权利的基础；就社会公众而言，则是法治教育的生动课堂，是预防违法犯罪的醒世猛药；就历史而言，是法治信息时代的记录仪。"① 如何将社会主义核心价值观更好融入民事裁判文书说理中，笔者提出构建如下基本原则和路径选择：

（一）**基本原则**

1. 有限融入原则。适用社会主义核心价值观的规则要比适用一般的普通规则更加谨慎，因为核心价值观内涵会随着一些因素而改变，其自身并非绝对稳定的，核心价值观在法律意义也并非是一个确定的概念。② 目前，社会主义核心价值观尚未转化为法律法规，将其融入民事审判实践中必须坚持法律法规优先的法源原理，当法律法规能给民事法官准确清晰的指引，社会主义核心价值观则仅能作为民事法官的说理依据，不能僭越法律法规而直接将其作为民事裁判文书依据。

2. 循序渐进的原则。社会主义核心价值观融入民事裁判文书说理的进程应当能够与整体制度变迁的步伐相协调，在不断探索中总结经验，通过渐进的方式，逐步加以完善，对社会主义核心价值观如何实现最大效益等诸多理念和实践问题，需要我们在审慎思辨的基础上不断地、循序渐进地加以回

---

① 王新清：《裁判文书释法说理的"加强"与"规范"》，《人民法院报》2018 年 6 月 24 日。
② 参见梁上上：《利益衡量论》，法律出版社 2016 年版，第 233—256 页。

应。社会主义核心价值观更好融入民事裁判文书说理要保持与法官员额制改革相一致，在不断探索中总结经验，需要逐步加以规范与升华。

3. 系统性的原则。社会主义核心价值观正确融入民事裁判文书说理受到一系列因素的影响与制约，是一个非常难的问题，非一朝一夕就可以完成的。在推进的过程中，不能仅依赖一项或者几项制度，忽视制度的相互衔接，要注重系统性。因此，我们要充分考虑制度间的衔接与配合，将社会主义核心价值观融入民事裁判文书说理与法院相关的制度等衔接起来，强化社会主义核心价值观融入民事裁判文书说理的配套制度支撑。

**（二）路径选择**

1. 推动社会主义核心价值观成为正式的法源

当前，法学学界与实务界针对社会主义核心价值观是否为法源，存在两种看法：一种是不赞同社会主义核心价值观是法源。譬如，仅仅将社会主义核心价值观作为政治宣示或是价值认定准则，抑或是在事实上将其认定为正式法源，或者与其他非正式法源联合使用。① 另一种是赞同社会主义核心价值观是法源。"将社会主义核心价值观确定为法源地位，可以表现出我国法源体系扩展趋势和继续丰富。"② 笔者赞同第二种观点，认为当前及其今后一段时期，我们要更加有效地将社会主义核心价值观融入法治建设之中，让其与基本规范、法律原则、立法目的分别对接，并发挥其引领作用，成为宪法和部门法的法源地位是十分必要的。《宪法》第二十四条明确"国家倡导社会主义核心价值观"，成为其融入立法的根本法源。《民法典》第一条明确，"弘扬社会主义核心价值观"，《民法典》重要的立法宗旨之一就是社会主义核心价值观。目前，我们积极培育在民事裁判文书融入社会主义核心价值观的典型案例，最高人民法院适时出台司法解释。待时机成熟，提交人大部门，修改相应法律法规，融入民事法律法规中的法条，譬如《民法典》和《民事诉讼法》等相关实体法和程序法具体条文之中，增加社会主义核心价值观的相关内容。又如融入具体法律规范之中的价值观自然能作为正式

---

① 参见于洋：《论社会主义核心价值观的司法适用》，《法学》2019 年第 5 期；孙跃、陈颖颖：《社会主义核心价值观融入司法裁判的法律方法》，《山东法官培训学院学报》2021 年第 4 期。

② 孙光宁：《社会主义核心价值观的法源地位及其作用提升》，《中国法学》2022 年第 2 期。

司法学研究・2023

法源，成为裁判的正式法源。以《英烈保护法》为例，出于对社会公共利益的保护，将社会主义核心价值观具体要求融入对英烈姓名、肖像、名誉、荣誉保护的规定之中。① 笔者希冀《民法典》第十条规定"法律适用处理民事纠纷，应当依照法律；法律没有规定的，可以适用习惯，但是不得违背公序良俗。"修改为"法律适用处理民事纠纷，应当依照法律；法律没有规定的，可以适用社会主义核心价值观与习惯，但是不得违背公序良俗。"

2. 加强社会主义核心价值观及其如何融入民事裁判文书说理的学习培训

"从法经济学角度来看，法官也是理性利己的一般人，在司法实务中对于价值观的取舍与偏好有着自身的认同。因此，推进社会主义核心价值观裁判说理的重要效果就取决于法官对社会主义核心价值观的内心认同。"② 民事法官要将社会主义核心价值观融入民事裁判文书说理之中，首先是要充分了解和全面准确理解社会主义核心价值观的内涵。一是组织民事法官认真学习研究社会主义核心价值观的具体内容。"对社会主义核心价值观的深刻内在含义要正确理解，不能局限于伦理道德方面，还应当包括国家政策、公共政策、公共利益、善良风俗、社会秩序。"③ 为此，通过开设专门课程邀请党校、高校老师对社会主义核心价值观进行解读，同时，邀请上级人民法院法官对在民事裁判文书说理中如何融入社会主义核心价值观进行剖析。二是组织观摩学习。任何一种价值观在全社会的确立，都是一个内化与外化相辅相成的过程牢固。通过定期发布社会主义核心价值观融入民事裁判文书说理的优秀裁判文书，组织民事法官进行观摩学习。同时，进行案例分析。通过对典型的民事案例（尤其是《民法典》实施以来的典型案例）进行评析，透过"小案透露大道理"，在对社会主义核心价值观进行总结并弘扬的同时，逐步厘清法律法规与社会主义核心价值观的衔接点与融合点。三是注重融入方法。首先，对于利益衡量法官要善于运用。法官在作出裁判文书时进

---

① 参见朱兵强、欧婷：《社会主义核心价值观融入裁判说理：依据、方法与限度》，《山东行政学院学报》2022 年第 5 期。

② 许志华：《社会主义核心价值观融入裁判说理之现实困境及纾解》，《山东法官培训学院学报》2022 年第 1 期。

③ 赵栋梁、王群、许小兰、裴净净：《社会主义核心价值观融入司法裁判的路径、方法与机制》，《人民法院报》2020 年 1 月 9 日。

行各种利益衡量，此时就可以发挥社会主义核心价值观独特作用。① 民事法官常用的法律适用方法便是利益衡量，为此民事法官要在利用社会主义核心价值观的时候，注重利益均衡。譬如借用"泸州情妇继承案"和"深圳保姆继承案"的经验做法，民事法官通过"利益衡量方法，在保护合法夫妻关系和认定遗嘱行为效力之间作出价值判断，起到引领社会公平正义的作用"②。其次，兼顾天理、国法、人情。近年来，最高人民法院、最高人民检察院均强调办案要兼顾天理、国法、人情，为此，民事法官要在适用社会主义核心价值观的时候，兼顾天理、国法、人情，努力实现政治效果、法律效果和社会效果的有机统一。譬如借用史上最温情判决"无锡胚胎案"的经验做法，民事法官在面对现行法律对胚胎法律属性没有明确规定的情况下，通过兼顾天理、国法、人情，实现了伦理、情感、特殊利益保护的均衡，得到了社会的高度好评。最后，运用好法律解释方法。"如何在法律解释方法的运用中将社会主义核心价值观融入民商事裁判文书释法说理，值得我们持续关注、研究和总结。"③ 民事裁判文书说理过程中，注重文义解释、体系解释、目的解释、历史解释四种解决方法的运用。河南"医生电梯劝阻吸烟案"④ 和江苏"老人偷鸡蛋被拦猝死案"⑤ 等案件将多种法律解释方法运用到裁判思路之中，受到社会的广泛赞扬，值得仿效。

3. 建立社会主义核心价值观融入民事裁判文书说理的检索激励机制

"有效激励简言之即足够的激励力，其本质就在于结果带给法官的效价就会提高行动，且效价能够满足法官最迫切的需求。"⑥ 一是探索类案检索

---

① 参见刘敏：《论优化司法确认程序》，《当代法学》2021 年第 4 期。

② 李一鑫：《社会主义核心价值观融入民事司法审判的问题与对策——以典型案例为分析对象》，《贵州社会科学》2021 年第 10 期。

③ 高圣平、曹明哲、李露希：《社会主义核心价值观融入民商事裁判文书释法说理的实现路径——以法学方法论的运用为视角》，《人民司法》2022 年第 16 期。

④ 此案入选 2018 年度全国十大民事行政案件、影响中国法治进程案件，写入 2018 年度最高人民法院工作报告。案件裁判说理参见河南省郑州市中级人民法院（2017）豫 01 民终 14848 号民事判决书。

⑤ 此案入选 2021 年度人民法院十大案件。案件裁判说理参见江苏省苏州市中级人民法院（2021）苏 06 民终 189 号民事判决书。

⑥ 葛洪义：《法律原则在法律推理中的地位和作用——一个比较的研究》，《法学研究》2002 年第 6 期。

机制。通过鼓励民事法官适用类案检索等工具，让民事法官懂得哪些民事案件需要适用社会主义核心价值观以及如何适用社会主义核心价值观。二是建立融入机制。基层法院、中级法院、高级法院可以借鉴最高人民法院的经验做法，将社会主义核心价值观融入民事裁判文书说理的文书拿出来召开新闻发布会，并组织民事法官进行分析与研究，指导民事法官更好地融合裁判说理与社会主义核心价值观。此外，为了防止融入工具化倾向，不能形成社会主义核心价值观融入民事裁判文书中放之四海而皆准的错觉，导致形成"社会主义核心价值观是个筐，啥都能往里装"的工具化倾向。三是建立激励机制。将民事裁判文书巧妙运用社会主义核心价值观释法说理作为评选民事优秀裁判文书重要内容之一。譬如每年全国法院优秀裁判文书评选过程中，对于正确适用社会主义核心价值观的民事裁判文书给予加分。又如上级人民法院对下级人民法院年度考核中，审判管理部门在案件质量评查中规定对于应用未用社会主义核心价值观的民事裁判文书扣减相应考核分。再如新闻宣传部门对于利用社会主义核心价值观说理引领社会风尚、树立价值导向的民事裁判文书加大宣传力度，并根据新闻宣传的媒体层级加大对应新闻宣传考核分。

## 结　语

"国家司法机关根据法定职权和程序进行司法活动，具体适用法律进行裁判，法律价值目标与其所追求的价值目标具有高度一致性，社会主义核心价值体系天然地根植于社会主义法律，社会主义核心价值体系的实现是我国司法在适用法律中所追求的必然。"① 综上所述，本文基于社会主义核心价值观融入民事裁判文书说理中存在的主要问题、主要原因以及重要对策进行思考。笔者期望本文能起到抛砖引玉的作用，促进理论界与实务界对社会主义核心价值观深度融入民事裁判文书说理中的探索与研究。

---

① 林文学、张伟：《以司法方式加强社会主义核心价值观建设的方法论》，《法律适用》2018年第19期。

# 监察证据的刑事司法认定与司法公信

朱子怡*

## 一、监察证据资格认可加强反腐信任度

判断证据的证据资格是案件审理的重要内容。对于监察机关收集的证据，《中华人民共和国刑事诉讼法》（以下简称为《刑事诉讼法》）及其司法解释并没有作出明确的规定。监察证据的刑事证据资格认定缺失容易导致非法监察证据流入刑事审判造成冤案错案，抑或是将原本合法的证据排除在外，产生漏网之鱼。2020 年 12 月 28 日，国家监察委员会与最高人民法院、最高人民检察院、公安部联合印发了《关于加强和完善监察执法与刑事司法衔接机制的意见（试行）》（以下简称为《意见》），该《意见》第八条第三款规定，对于（监察机关）移交的各类证据材料，经审查符合法定要求的，均可以在刑事诉讼中作为证据使用。该《意见》认可了监察机关作为刑事案件的合法调查机关的主体地位，对于监察机关移送的证据经审查符合刑诉法定要求的，可以成为刑事证据。不过值得注意的是该《意见》一直处于试行阶段，未在机关官网正式全文公布。

《中华人民共和国监察法》（以下简称为《监察法》）第三十三条对于监察证据的刑事证据资格作出了规定。[①] 对于该条款的理解，学界主要有两种不同看法。第一种"程序二元，证据一体"理论。该理论持有者认为：

---

* 朱子怡，山东大学法学院硕士研究生。

① 《监察法》第三十三条规定："监察机关依照本法规定收集的物证、书证、证人证言、被调查人供述和辩解、视听资料、电子数据等证据材料，在刑事诉讼中可以作为证据使用。监察机关在收集、固定、审查、运用证据时，应当与刑事审判关于证据的要求和标准相一致。以非法方法收集的证据应当依法予以排除，不得作为案件处置的依据。"

"在立案、强制措施等程序性问题上，监察程序与刑事诉讼程序是二元独立的，在这个意义上，监察机关办案不直接适用《刑事诉讼法》的程序规定；但在证据问题上，监察机关调查行为所搜集的证据，都要符合《刑事诉讼法》的要求，在这个意义上，证据是一体的。"① 第二种理论认为，立法者在《监察法》的取证条款制定中，直接参照了《刑事诉讼法》的规定，更是要求取证程序未尽事宜参照《刑事诉讼法》规定，表明了监察取证程序与司法机关刑事取证程序存在一致性。② 监察机关不同于行政机关，监察机关已经法律认可成为职务犯罪案件的合法调查主体，由其收集的证据材料不能因为取证主体不适格而被排除使用，《刑事诉讼法》及其司法解释一体适用于监察机关的职务犯罪调查活动。③

证据作为程序的产物，监察证据的收集、认定依附于监察程序的进行。即使监察证据的取证规则参照《刑事诉讼法》的规定，但二者依然存在一定区别。《监察法》与《刑事诉讼法》关于立案、采取强制措施等程序方面的区别也带来了不同机关调查下证据种类和采集标准的差异。监察证据与刑事证据的求同存异，在证据标准的一致性上推进司法公正，在监察证据特殊的高标准上反映我国的反腐决心和司法机关司法为民的宗旨。明确两者证据区别，确定监察证据标准有助于职务案件的公正审理，使得监察证据得到司法机关与当事人的理解与认可，职务犯罪案件的判决得到公众的信服，推进我国反腐工作的顺利进行。

### （一）监察证据与刑事证据的种类衔接

对于同形式内容的证据审查主要集中在证据的收集程序，而对于不同形式内容的证据之间的衔接，需要找到相似种类证据，以做到法法衔接、证据审查标准公正。《监察法》第三十三条第一款规定，监察机关依照监察法收集的证据材料在刑事诉讼中可以作为证据使用。本条所列举的物证、书证、证人证言、视听资料、电子数据都与《刑事诉讼法》规定的证据种类相一

---

① 李勇：《〈监察法〉与〈刑事诉讼法〉衔接问题研究——"程序二元、证据一体"理论模型之提出》，《证据科学》2018年第5期。
② 参见冯俊伟：《〈监察法〉实施中的证据衔接问题》，《行政法学研究》2019年第6期。
③ 参见艾明：《监察调查证据在刑事诉讼中使用的规范分析》，《暨南学报（哲学社会科学版）》2019年第10期。

致。而被调查人供述和辩解则是《监察法》独有的证据类型。关于监察证据的种类，《中华人民共和国监察法实施条例》（以下简称为《监察法实施条例》）有更为细致的规定。《监察法实施条例》第五十九条第一款和第三款规定："可以用于证明案件事实的材料都是证据，包括：（一）物证；（二）书证；（三）证人证言；（四）被害人陈述；（五）被调查人陈述、供述和辩解；（六）鉴定意见；（七）勘验检查、辨认、调查实验等笔录；（八）视听资料、电子数据。""监察机关依照监察法和本条例规定收集的证据材料，经审查符合法定要求的，在刑事诉讼中可以作为证据使用。"就第一款与《刑事诉讼法》第五十条第二款证据名称对比，监察证据存在"被调查人陈述、供述和辩解""调查实验笔录"的差别。就这两类证据来说，与《刑事诉讼法》的"犯罪嫌疑人、被告人供述和辩解"以及"侦查实验笔录"类似。

针对"被调查人陈述、供述和辩解"，《监察法》第二十条规定了监察机关对于涉嫌职务犯罪的被调查人可以进行讯问并要求其供述犯罪情况。有学者认为，被调查人供述与辩解虽然不属于刑事诉讼法上的证据种类，且因主体身份不同无法直接转化为犯罪嫌疑人、被告人供述与辩解，但从法体系角度讲，被调查人陈述、供述和辩解已经事实上获得刑事诉讼程序的准入资格，并具备了合法证据外观，只是证据作用有限。[1] 在监察调查中，监察机关使用的手段、方式与刑事诉讼中的侦查讯问相似，参照了《刑事诉讼法》的侦查措施程序规定，并且对于涉嫌职务犯罪的被调查人，其在监察机关移送检察院审查起诉后，身份即转变为犯罪嫌疑人、被告人。被调查人的供述和辩解与侦查中收集的犯罪嫌疑人的供述和辩解虽然存在调查对象身份的差别，但就职务犯罪案件的被调查人来说，该被调查人实质上属于犯罪嫌疑人，被调查人不过是监察机关对其的笼统称呼。且监察机关已具有职务犯罪调查主体的法定身份，其遵循程序亦参照《刑事诉讼法》，因此在对被调查人陈述、供述与辩解的审查判断可以按照犯罪嫌疑人、被告人的供述和辩解的标准对待。被调查人陈述作为简化成机关在调查阶段获得的直接言词证

---

① 参见姚莉：《〈监察法〉第 33 条之法教义学解释——以法法衔接为中心》，《法学》2021 年第 1 期。

据，往往是被调查人在疏于防范情况下的真实陈述，且在实践中根据被调查人供述找出的关键物证情况较为常见，如果不认可被调查人陈述、供述与辩解具有转换为"犯罪嫌疑人、被告人供述和辩解"的刑事证据资格，则会涉及监察机关依据陈述收集的物证合法性问题，在后一阶段犯罪嫌疑人有所准备的情况下也难以取得补正的言词证据，不利于查明职务犯罪真相，推进反腐工作。被调查人陈述、供述和辩解作为《监察法》规定的监察证据类型，基于《监察法》与《刑事诉讼法》的同等法律位阶和我国反腐倡廉的立法目的，理应被刑事审判所认可。

对于调查实验笔录，《监察法实施条例》第一百四十条①参照《公安机关办理刑事案件程序规定》第二百二十一条②规定了调查实验笔录的程序流程。对两条款进行对比，监察机关调查实验与公安机关的侦查实验的流程重合度较高。调查实验与侦查实验都采取批准制，但监察机关调查实验的审批主体并未示明，根据监察机关所公布案例总结，该审批主体一般为采取监察调查的监察机关相关负责人。这一审批程序与公安机关经县级以上公安机关负责人批准相比，更加高效。此外，《监察法实施条例》对可参加调查实验的人员进行了列举，比公安机关的规定更加详细，对实验人员范围进行明确。就录音录像方面，监察机关提出了更高的同步标准，确保实验进行过程中对程序监督的及时性。就本条规定来看，监察立法走在刑诉立法之前，对监察证据的程序合法性提出了更高的要求，保障被调查人基本权利，体现调查实验的专业性、公正性与证明力。

从证据种类角度看，监察证据与刑事证据种类一一对应，物证、书证、证人证言等作为刑事、民事与监察通用证据种类，其证据形式与证据内容相差无几。对于监察证据与刑事证据相区别的两类证据，亦能从刑诉中寻求相

---

① 《监察法实施条例》第一百四十条规定："为查明案情，在必要的时候，经审批可以依法进行调查实验。调查实验，可以聘请有关专业人员参加，也可以要求被调查人、被害人、证人参加。进行调查实验，应当全程同步录音录像，制作调查实验笔录，由参加实验的人签名。进行调查实验，禁止一切足以造成危险、侮辱人格的行为。"

② 《公安机关办理刑事案件程序规定》第二百二十一条规定："为了查明案情，在必要的时候，经县级以上公安机关负责人批准，可以进行侦查实验。进行侦查实验，应当全程录音录像，并制作侦查实验笔录，由参加实验的人签名。进行侦查实验，禁止一切足以造成危险、侮辱人格或者有伤风化的行为。"

似证据种类，甚至在调查实验笔录方面，监察机关更是作出了更高的程序和人员要求。监察证据的创新之处反映出我国立法对证据收集要求愈加严格的倾向，更加注重证据的程序合法性，争取不让被污染的证据进入审判环节成为定案依据，避免造成冤假错案的发生。

**（二）监察证据采集阶段的提前**

为实现职务犯罪案件程序的顺利进行、证据的合法衔接，《监察法》第三十三条第二款规定监察机关收集证据标准应当与刑事审判标准相一致。从《监察法》《监察法实施条例》《刑事诉讼法》及其相关司法解释的法条对比，监察机关与司法机关收集证据、采取强制措施的流程规定存在同一性。但二者在收集证据这一程序中，除了主体区别以外，还存在时间上的区别。监察机关在发现职务犯罪的问题线索时就可以进行谈话函询，在监察立案后就能采取讯问、搜查、留置等强制措施。不过此处的监察立案并不等同于刑事立案，对于监察立案后认为涉嫌职务犯罪的，监察机关应当向同级人民检察院移送审查起诉，由检察院进行正式立案。根据《刑事诉讼法》第二编立案的相关规定，职务犯罪等公诉案件的立案权属于检察院与公安机关。由这一点可知，监察立案不同于刑事审判语境下的刑事立案。这一点便是当下学者关于监察证据作为刑事证据合法性争论所在。

立案是刑事程序正式开启的标志，是侦查机关正式开始侦查行为的程序前提和依据。[①] 因此，就刑事证据来说，没有立案就无法采取侦查措施，则立案前收集的证据会因程序违法而排除。部分学者认为，立案制度是借鉴苏联的制度产物，用以防范侦查权滥用，但大部分国家对于侦查权的制约是通过登记备案制度来实现，备案登记程序较立案制度简单，且及时性强，我国刑事立案制度本身存在限制过多、流程烦琐等情形。王秀梅教授认为，对于实物类证据，由于具有客观性、稳定性的特点，从初查开始调取的所有实物证据只要符合证据客观性、合法性、关联性的要求，都可以成为刑事诉讼的证据，而言词证据因具有证实犯罪事实的直接性而具有重要价值。[②] 王秀梅教授不仅肯定了监察立案后所有证据的合法性，甚至肯定初查阶段证据合法

---

① 参见孙谦：《刑事立案与法律监督》，《中国刑事法杂志》2019 年第 3 期。

② 参见王秀梅、黄玲林：《监察法与刑事诉讼法衔接若干问题研究》，《法学论坛》2019 年第 2 期。

性，主张不以立案与否作为证据合法性的判断标准。从刑事立案对侦查权的制约监督和对人权的保障来看，监察立案具有同样作用，监察立案能够保证取证过程和采取强制措施的合理性、合法性，因此对于监察证据不得以未刑事立案的理由予以排除。此外，《监察法》作为宪法性法律，具有与《刑事诉讼法》同等的法律效力，在职务犯罪调查方面发挥着特别法的作用，因此对于按照监察法规定搜集的证据，不能以仅监察立案未刑事立案的理由予以排除。

监察证据与刑事证据采集标准的差异表明职务犯罪案件证据收集程序开启的提前，响应我国严厉打击贪污腐败犯罪的政策要求。司法公信力建设中的一个重要内容便是要做到裁判公正与人民期许相衔接。① 政治案件，特别是贪污腐败案件一直是人民群众较为敏感的一类案件。职务犯罪案件牵涉的不仅是公职人员个人廉洁程度，还能间接反映地区队伍的思想作风建设与监督机制方面存在的问题，更有可能涉及当地人民群众切身的权益。监察立法对于监察证据收集阶段的提前，能较早发现公职人员存在的问题，及时采取必要的财产冻结和人身强制措施，实现职务犯罪案件的证据保全和尽早执行，保护国家和集体财产，提高人民对司法机关审理和执行案件的信任度。

## 二、非法监察证据排除规则加强司法对人权的保障

非法证据排除是刑事诉讼法上非常重要的原则，自 2010 年"两个证据规定"出台，我国非法证据排除制度正式拉开序幕。广义的非法证据包括主体、形式、程序、方法、手段不合法的证据。狭义的非法证据单指方法、手段不合法的证据，即使用法律禁止的手段获得的证据，如以刑讯逼供取得的被调查人供述；以暴力、威胁手段取得的证人证言；以非法搜查、扣押或非法侵入住宅等手段取得的物证、书证。② 监察立法吸收了刑诉关于非法证据排除的规定，按照证据种类对以非法方式收集的证据要求补正或予以排除。非法证据排除规则作为一项保障有罪证据程序合法性的重要规

---

① 参见海淀法院课题组、张弓等：《关于构建司法公信力评估指标体系的调研报告》，《法律适用（司法案例）》2018 年第 14 期。

② 参见龚举文：《论监察调查中的非法证据排除》，《法学评论》2020 年第 1 期。

则，并不审查证据本身的真实性，对于非法取证的有罪证据具有强有力的排除作用。监察证据的非法证据排除规则有效保障被调查人的权利，禁止监察机关使用暴力或威胁等手段方法非法取证，强调监察机关职务行为的合法性。

**（一）非法证据排除范围扩大**

《监察法》第三十三条第三款规定："以非法方法收集的证据应当依法予以排除，不得作为案件处置的依据。"《监察法实施条例》第六十五条进一步规定了对非法言词类证据的一刀切排除规则和实物证据的补正或解释的裁量排除规则。[①] 该条款参照了我国《刑事诉讼法》第五十六条第一款规定[②]。对于非法言词类证据，监察法与《刑事诉讼法》规定相同，对非法取证的言词类证据采取绝对排除规则。鉴于实物证据被排除后无法重复收集的特点、非法取证手段对物不对人等因素，对非法取证的实物类证据采取裁量性排除规则，法官享有排除的自由裁量权。对于"可能严重影响案件公正处理"的实物类监察证据，监察机关应当予以补正或者作出合理解释；不能补正或者作出合理解释的，对该证据应当予以排除。有学者认为，对于监察机关收集的实物类证据的排除还应当参照刑事诉讼"可能严重影响司法公正"的排除标准，综合考虑收集物证、书证违反法定程序以及所造成后果的严重程度等情况决定。[③] 就刑事案件语境来说，影响案件公正处理包含影响司法公正内容，比较"可能严重影响案件公正处理"与"可能严重影响司法公正"，司法公正属于对司法机关人员的要求，将主体限制在掌握司

---

① 《监察法实施条例》第六十五条规定："对于调查人员采用暴力、威胁以及非法限制人身自由等非法方法收集的被调查人供述、证人证言、被害人陈述，应当依法予以排除。前款所称暴力的方法，是指采用殴打、违法使用戒具等方法或者变相肉刑的恶劣手段，使人遭受难以忍受的痛苦而违背意愿作出供述、证言、陈述；威胁的方法，是指采用以暴力或者严重损害本人及其近亲属合法权益等进行威胁的方法，使人遭受难以忍受的痛苦而违背意愿作出供述、证言、陈述。收集物证、书证不符合法定程序，可能严重影响案件公正处理的，应当予以补正或者作出合理解释；不能补正或者作出合理解释的，对该证据应当予以排除。"

② 《刑事诉讼法》第五十六条第一款规定："采用刑讯逼供等非法方法收集的犯罪嫌疑人、被告人供述和采用暴力、威胁等非法方法收集的证人证言、被害人陈述，应当予以排除。收集物证、书证不符合法定程序，可能严重影响司法公正的，应当予以补正或者作出合理解释；不能补正或作出合理解释的，对该证据应当予以排除。"

③ 参见罗灿：《监察证据的司法认定规则》，《中国应用法学》2023年第1期。

法权的人员中，案件公正处理要求同时将保持公正的义务赋予司法人员和非司法人员即监察机关。监察证据非法证据排除规则对于非法证据排除的对象范围广于《刑事诉讼法》的规定，监察立法在非法证据排除规则方面作出了比刑事证据程序合法性要求更高的规定，更加强调程序正义，预防监察机关人员的非法取证行为，保障被调查人的基本人权。

尽管监察立法对于证据的合法性作出了更高的要求，但作为一部兼具程序与实体的法律，《监察法》与《监察法实施条例》受篇幅制约，对于证据的规定并不成熟详细。刑诉法对排除非法言词证据后重新取证作出重复性供述的，采取了排除规定，并规定了例外情形。就该重复性供述排除规则，监察法规并没有相关规定。此外，监察立法中缺少瑕疵证据的规定。瑕疵证据是指存在取证程序或技术上不规范或者瑕疵的证据，属于实物类证据裁量排除的特殊形态，其证据本身并不涉及当事人的基本权益，也并不影响证据的客观真实性，不属于严格意义上的非法证据，经补正后可以成为合法证据。对于瑕疵证据的证据能力，既不是无证据能力的证据，也不是有证据能力的证据，而是处于一种暂时的中间状态，类似于"证据能力待定"的情形。[1]我国瑕疵证据最早规定于《关于办理死刑案件审查判断证据若干问题的规定》，瑕疵证据经有关办案人员的补正或者作出合理解释的，可以采用。虽监察法规对瑕疵证据未作规定，但《监察法实施条例》允许对严重影响案件公正的证据进行补正或合理解释，则对于存在轻微技术瑕疵、不涉及被调查人基本权益的瑕疵证据理应留出允许补正和作出合理理解的空间。因此对于重复性供述和瑕疵证据刑诉法有规定而监察法没有规定的情形，可以依据就高不就低的原则或举重明轻的方法，参照刑事证据规则对监察证据予以审查排除，最大程度地排除非法证据，保证证据公正性和合法性，避免因受限于公权而处于弱势地位的被调查人遭受不公正待遇被非法冠罪。

（二）非法证据排除程序简化

《监察法实施条例》第六十六条参照《人民检察院刑事诉讼规则》第七

---

[1] 参见董坤：《监察与司法衔接中的证据问题研究》，《西南民族大学学报（人文社会科学版）》2021年第7期。

十二条规定，明确了监察证据非法排除的具体流程。监察机关的职务犯罪案件调查权在监察体制改革前由监察机关享有，因此监察机关非法证据排除程序与检察机关相关规定类似。监察机关、检察机关的非法证据排除审查程序与公安机关的非法证据排除程序相较，后者规定了"县级以上公安机关负责人批准"的审批程序，检察机关对于公安机关移送证据进行非法排除另行负有通知义务。单就检察机关与监察机关非法证据排除程序比较，监察机关程序发动主体较广，涵盖数个监察部门。此外，监察机关对于"确认或者不能排除以非法方法"收集的证据，直接依法予以排除。而检察机关对于非法证据排除的范围限定在"审查认定存在非法取证行为的"。就监察机关、检察机关、公安机关的自查排除非法证据规定，监察机关对于监察证据的非法证据排除程序进行了简化，对于不确定非法取证的证据亦纳入排除范围，体现了对证据更高的合法性要求，在证据程序合法性存疑时采取有利于被调查人的非法证据排除规则。监察证据非法排除规则减程序不减人情，充分保障被调查人基本权益，推动非法证据排除规则向前发展，回应人民群众对于案件审理的效率期待与公正期望。

对于法庭审理阶段审判人员发起非法证据排除程序，《刑事诉讼法》第五十九条赋予了检察院对证据合法性的出庭说明义务，同时规定人民法院有权要求"有关侦查人员或者其他人员出庭说明情况"。对此，《监察法实施条例》第二百二十九条规定监察调查人员负有出庭说明的义务。[①]《刑事诉讼法》及其相关司法解释对侦查人员和其他人员出庭说明情况的情形作出了详细规定。人民法院对于移送的监察证据合法性存疑时，有权要求监察调查人员积极配合、出庭说明。出庭作证是监察调查人员的义务，出庭的监察调查人员需要对调查行为的合法性进行证明，公开其采取的具体调查措施和程序依据。

监察机关的非法证据排除程序规定与其他机关非法证据排除规则流程相比，参照了其他机关较为核心的审查发起、认定排除、合法性证明等程序，摒弃了审批、通知等不影响审查标准的规定。监察证据的非法排除规定注重

---

① 《监察法实施条例》第二百二十九条第二款规定："人民法院在审判过程中就证据收集合法性问题要求有关调查人员出庭说明情况时，监察机关应当依法予以配合。"

案件的程序正义价值，排除侵犯公民基本权利的非法证据，体现了《监察法》人权保障的立法取向和价值追求，加强了司法对人权的保障。

### 三、监察证据加强司法公信的路径

司法公信力建设是一项系统工程，涉及国家治理的方方面面，需要立法系统、司法系统、行政系统等子系统各显其能、共同作用。[①] 以监察证据推进司法公信力同样需要立法机关、司法机关、监察机关的相互配合。监察证据是监察机关在职务违法、职务犯罪案件调查过程中收集的证据。对于职务违法案件采取与职务犯罪案件同样的证据标准，容易使职务违法案件的调查多走弯路，不利于尽早从苗头上打击职务犯罪。因此对于监察证据规则的进一步细化、具体适用需要立法机关、监察机关、司法机关共同努力，做到立法、执法、司法、守法全面推进。

#### （一）监察证据立法规定细化

2018 年为深化监察体制改革，加强对公职人员的监督，我国颁布了《监察法》。2021 年为推动监察工作的法治化、规范化，解答监察实践难题，国家监察委员会公布《监察法实施条例》。就监察证据立法规定方面，《监察法实施条例》在《监察法》的基础上，对监察证据的种类、收集程序、定案标准、排除内容作出了较为细致的规定。

但对于监察机关调查职务违法与职务犯罪的证据，《监察法实施条例》仅作了"证据确凿"与"证据确实、充分"的区别，即对于职务犯罪案件作出了更严格的定案证据标准，但两类案件的证据收集程序上并不存在任何区别。监察机关的监督、调查职责是为推进国家廉政建设和反腐败工作，预防腐败犯罪而设的职责。对于违法程度不严重的职务违法案件，监察机关禁止了对人身自由限制较大的讯问、搜查、留置、通缉等强制措施，那么在证据调查层面，也应当简化证据的收集程序。在综合考虑职务违法案件调查措施对被调查人基本权利限制较少和提高监督调查效率层面，立法机关与监察

---

机关可以考虑根据问题线索内容，对可能涉及职务违法和职务犯罪的案件证据收集程序作出更为详细的规定。对于职务违法案件的证据程序规定，平衡监察工作的效率和公正价值追求。对于职务犯罪案件的证据程序规定，坚持保障人权的价值追求，实现法律程序正义价值。

**（二）监察证据适用坚持就高不就低原则**

《监察法》《监察法实施条例》对于《刑事诉讼法》证据规定的吸收与借鉴程度较管辖、调查等程序要高。监察机关收集、固定、审查、运用证据的要求、标准、取证规范都参照了《刑事诉讼法》的规定。江国华教授认为，监察机关在职务犯罪调查过程中应主动适用并对标刑事诉讼证据规则，司法机关在审查与认定监察证据时，需要权衡证据标准的统一与监察证据的特殊，对监察机关提交的证据材料进行审查与认定时，兼顾刑事诉讼法相关规定和监察法规。① 在职务犯罪案件的现实处理中，监察调查阶段，监察机关优先适用《监察法》《监察法实施条例》规定，对于前者没有规定的部分优先参照刑诉法相关规定。在刑事审判阶段，审判机关适用《刑事诉讼法》《新刑诉法解释》相关规定对监察证据进行审查，监察证据直接进入审判阶段受刑事证据标准制约，转化为刑事证据。人民法院对监察证据的司法认定，主要适用《刑事诉讼法》《新刑诉法解释》的相关规定，同时参照适用《监察法》《监察法实施条例》的相关规定。

监察机关收集、审查证据材料时应当遵循"就高不就低"的原则，遵守监察证据规定，主动向刑事司法证据标准看齐，并对接刑事司法中的非法证据排除规则。例如，《监察法》对同步录音录像的要求范围比《刑事诉讼法》规定更广，则对于监察机关录音录像证据的收集要依照《监察法》相关规定；对于《刑事诉讼法》规定可以录音录像的，但《监察法》规定应当录音录像的，必须进行全程录音录像。在涉及刑事证据审查判断等方面，对于证据合法标准适用"就高不就低"的原则要求更加有利于保障被告人基本人权，避免非法迫害，那么就应当按照更高标准的证据规定执行。监察证据适用坚持"就高不就低"的原则，对监察机关和司法机关履职行为提出了更高的合法性要求，提升了司法审判的专业性、公正性，响应我国全面

---

① 参见江国华：《论监察与刑事司法的沟通衔接机制》，《东方法学》2023 年第 1 期。

推进依法治国的目标，提高司法公信力。

### （三）证据裁判原则推进司法公信

2017 年 2 月最高人民法院发布的《关于全面推进以审判为中心的刑事诉讼制度改革的实施意见》第一条明确强调："坚持证据裁判原则，认定案件事实，必须以证据为根据。重证据，重调查研究，不轻信口供，没有证据不得认定案件事实。"要求对于刑事诉讼案件，必须坚持证据裁判原则，以证据认定案件事实定罪量刑。证据裁判原则要求司法人员在刑事诉讼中通过收集、审查和判断证据将案件客观事实正确转化为法律事实，最大限度地实现案件客观事实与法律事实的统一。① 监察法规制定参照刑事诉讼法制度，坚持证据裁判原则。《监察法》第四十条要求监察机关对职务违法、职务犯罪案件进行调查，应当形成"相互印证、完整稳定的证据链"。《监察法实施条例》要求对于职务违法案件要做到"证据确凿"，对于职务犯罪案件做到"证据确实、充分"。对于监察机关调查案件的定性处置与定罪量刑都贯彻了证据裁判原则。证据裁判原则对于监察证据程序上的合法性和内容上的客观真实性都作出了要求，保证了证据收集、审查的程序公正和实体公正，有助于查明案件事实、裁判公正，保证被调查人的基本权利，在实现司法程序正义的同时实现司法实体公正。证据作为案件审理的核心，监察证据规则制定与适用坚持证据裁判原则，依证据对案件定性处置、定罪量刑，兼顾案件审理的形式正义与实体公正，让人民群众从监察机关监督调查的职务违法案件处置结果与职务犯罪案件裁判结果感受到公平正义，感受到国家反腐败工作的决心。

## 结　语

腐败作为人民群众深恶痛绝的毒瘤，做好反腐败工作关乎人心向背，国家监察委员会响应加强对公职人员的廉政监督要求而生。监察证据作为监察委员会履行监督、调查、处置职责时的程序产物，贯穿案件始终，对于监察案件公正处理具有重要意义。监察证据的刑事司法认定涉及监察机关管辖案

① 参见陈光中：《证据裁判原则若干问题之探讨》，《中共浙江省委党校学报》2014 年第 6 期。

件中最高级别腐败犯罪问题。监察证据刑事司法认定的内容、形式的公正性，能保证职务犯罪案件审理各个环节上内容、形式的公正性，为司法公信力建设打造坚实的公正基础。做好监察证据的刑事司法认定工作，运用法治思维与法律方法进行廉政建设和反腐败斗争，有利于提升司法权威，提高人民群众对司法案件的满意度与信任度。

# 【司法传统】

## 传承弘扬人民司法光荣传统
## 加强新时代司法公信力建设

郭　彦*

　　司法是调整社会关系和社会秩序的总开关，是维护社会公平正义的最后一道防线。司法没有公信力，法律权威则无从谈起。司法公信力主要意指社会公众对国家司法权力实施过程及效果的认同、信任与尊重[①]，是司法审判能够赢得社会公众信任、依赖和尊重的资格、能力与社会公众充分信任、依赖、尊重司法两个方面的有机统一体。司法公信力一词虽为舶来概念，自20世纪90年代末才开始进入公众视野[②]，但本质上是强调司法审判"取信于民"的过程。司法公信力是逐步建设完善的过程，并不断在新的历史条件下获得新的价值内涵。党领导下的人民司法已历经百年历程，其独有的人民性特征与司法公信力建设中司法为民的价值意涵一脉相承，及时、全面地总结我国司法公信力建设的经验和规律，更有利于司法审判工作促公正、提效率，切实实现"让人民群众在每一个司法案件中都感受到公平正义"的目标。

---

* 郭彦，四川省政协社法委副主任，四川省法学会破产法学研究会会长，成都市中级人民法院原党组书记、院长，一级高级法官。
[①] 参见崔永东：《司法公信力建设的多重维度》，《政法论丛》2022年第2期。
[②] 参见孟祥沛：《司法公信力的本质属性及其对评估指标的影响》，《政治与法律》2021年第12期。

## 一、洞悉底蕴：司法公信力是人民司法的重要内核

20 世纪以来，中国共产党在领导人民进行新民主主义革命的历史浪潮中开启了人民司法制度的探索，从新民主主义革命时期的燎原星火、社会主义革命和建设时期的初创新生，到改革开放和社会主义现代化建设新时期的逐步完善，再到中国特色社会主义新时代的茁壮成长，始终将满足人民群众的司法需求放在中心位置。

### （一）人民司法中司法公信力的历史意蕴

人民司法是以人民为主体，以人民的共同意志为基础，以实现和保障人民的根本利益为目的的社会主义司法制度，始终秉持司法属于人民、司法服务人民、司法保障人民的价值意涵。自建党以来，中国共产党就十分重视运用法律手段来建设政权、巩固联盟、打击敌人、保卫普通老百姓的生命财产安全。在新民主主义革命时期各个阶段，人民司法制度既是民主政权建设的重要组成内容，同时，卓有成效的司法工作又成为推动民主政权建设、保障新民主主义革命胜利成果的重要力量，在人民群众中建立了极大的公信力。工农民主政权时期，司法审判的主要任务是建立革命秩序、树立革命政权的公信力，对于团结广大工农群众、壮大农村革命政权具有积极作用。[1] 抗日民主政权时期，以董必武、雷经天、梁柏台等为代表的早期共产党人将马克思主义唯物史观中的根本观点"群众路线理论"发展为提倡群众观点的人民司法观，基于此司法观念，为便利人民诉讼而实行就地审判、巡回审判、调解与审判相结合的"马锡五审判方式"、践行"发动和依靠群众、坚持矛盾不上交、就地解决"的"枫桥经验"均是贯彻群众路线的客观结果，得到人民群众的认可与信赖。

中华人民共和国成立以后，中国共产党坚持从国情出发，在承继中国传统法律文化优秀成果基础上，不断完善中国特色社会主义司法制度。而人民司法制度在经历曲折实践探索后，迎来发展的曙光。党的十五大把依法治国

---

[1]　参见高铭暄、陈璐：《略论司法公信力的历史沿革与实现途径》，《法学杂志》2010 年第 3 期。

正式确立为党领导人民治理国家的基本方略，首次提出推进司法改革。党的十六大提出推进司法体制改革。党的十七大提出深化司法体制改革，把建设公正高效权威的社会主义司法制度作为全面落实依法治国基本方略的重要途径之一。党的十八届三中、四中全会后，以司法责任制为"牛鼻子"的司法体制改革上升为党和国家的整体战略，党的十八届四中全会提出，要"保证公正司法，提高司法公信力"。党的二十大报告提出"深化司法体制综合配套改革，全面准确落实司法责任制，加快建设公正高效权威的社会主义司法制度，努力让人民群众在每一个司法案件中感受到公平正义"。自此，司法具有公信力成为依法治国、建设社会主义法治国家题中的应有之义，并作为司法体制改革的重大目标之一。而以司法公正、司法公信为基本价值取向，权责统一为基本目标，落实司法责任制为关键，审判权规范运行为基本路径，综合配套为基本保障则构成了司法改革的内在逻辑体系。司法公信力也在人民司法的发展进程中获得了鲜活的时代内涵。

**（二）司法公信力是衡量司法活动的重要标尺**

司法公信是法治社会的标尺，是公众信任之源。人民法院司法审判活动是对民众社会生活和利益关系的调适，这种调适又必须基于司法审判活动在社会生活中以及民众心中所处的令人信服的地位。① 习近平总书记多次论述，"要坚持司法体制改革的正确政治方向，坚持以提高司法公信力为根本尺度"，"司法体制改革必须为了人民、依靠人民、造福人民。司法体制改革成效如何，说一千道一万，归根到底要看司法公信力是不是提高了。"② 一方面，司法公信力集中反映了人民群众对司法的期望，是司法改革的价值追求，反映司法建设的目的与规律；另一方面，司法公信要由人民评价，概括反映人民群众对司法工作的认同和信服程度。

"让人民群众在每个案件中感受到公平正义"是司法公信力重要表征，集中体现在案件的处理结果中。总体而言，司法公信力是人民群众对司法活动认同感和信任度的综合反映，其评判主体不是个别人或少数人，而是社会公众的集合体，即人民群众。人民群众对司法的信任不是凭空而来的，是从

---

① 参见崔永东等：《司法改革战略与对策研究》，人民出版社2021年版，第115页。
② 《习近平谈治国理政》第二卷，外文出版社2017年版，第130、131页。

对司法机关每一个案件的办理能否实现公平正义的感受和判断而逐步建立起来的，是具体实在的。个案正义的承诺，既是新时代司法工作的鲜明特征和具体目标，也是人民群众评价司法效能、司法改革成效的重要尺度。

### （三）人民司法保障司法公信力具有鲜明的制度优势

司法公信力的提升是一项全要素、全领域、全维度的系统工程，需要深厚的理论基础以及完备的制度保障。司法制度作为政治上层建筑的一部分，是由经济基础决定的，同国家的社会制度、历史文化传统密切相关。不同的国家如何建设和提升司法公信力，要受本国现实条件和历史沿革影响，是由各自国情民情决定的。

人民司法制度历经探索形成的实践经验，能够为司法公信力建设提供理论支撑。人民司法制度是中国共产党在领导中国革命、社会主义建设、推进改革开放过程中，运用马克思主义深入研究中国国情条件下司法的基本性质、功能取向、价值基础、实现机理，充分吸收西方现代法治文明有益经验形成的独特司法制度，是对中华优秀传统法律文化的创造性转化、创新性发展，符合我国国情、适应国家民主法治建设实际和人民需要，具有历史必然性、内在合理性、显著优越性。把提高司法公信力放在党和国家工作大局中去谋划，与社会诚信体系建设、社会主义核心价值观建设紧密结合，有丰富的理论基础支撑，也是推进全面依法治国作出的战略抉择。

人民司法制度不断完善的制度体系，能够为司法公信力的建设提供坚强保障。纵观人民司法制度发展史，党的绝对领导贯穿其中，党从中国特色社会主义法治建设的全局出发，通过构建完善的制度体系，建立具有中国特色的社会主义法律制度体系、运行体系、评价体系，不断推动人民司法制度发展完善。而日臻完善的人民司法制度能够为司法公信力的建设提供坚强保障，有效破解司法机关单打独斗的局面，获得党政机关、立法机关、社会组织乃至于全体公民的大力支持。[1]

## 二、鉴往知来：人民司法中司法公信力建设的历史经验

从人民司法制度的发展历程来看，党的领导、维护司法公正、司法为民

---

[1]　参见崔永东：《司法公信力建设的多重维度》，《政法论丛》2022 年第 2 期。

与民主审判是中国共产党提高司法公信力的基本经验和优良传统，其发端于人民司法制度萌芽之时，在中央苏区开始形成较为丰富的实践，经过陕甘宁边区的不断完善，到确定解放区司法原则，再到新中国成立后党领导人民在各个不同历史时期的司法改革工作，具有丰富内涵。

**（一）坚持党的领导是根本遵循**

"没有党的领导，就没有现代中国的一切。"① 党的领导是中国特色社会主义最本质的特征，是全面推进依法治国和社会主义法治的根本保证。党的领导并不是党直接代行司法权，而是集中体现在对人民法院政治、思想和组织三个维度的领导。

从政治领导看，党的领导地位是在长期领导革命、建设和改革的历史进程中确立的。中国共产党的绝对领导作为政治制度和政治生活的核心内容，是人民司法制度政治性的基本内核，这也是我国法治同西方资本主义国家法治最大的区别。党的政治领导是一种宏观领导，即围绕路线、方针、政策的领导，集中体现为对政治方向、政治原则、重大决策的把握和贯彻执行。司法权作为国家权力的组成部分，必然要与政党制度、国家性质及政权组织形式相适应，服务于社会发展需要。任何立基于西方三权分立体制所揭示的司法权的本质，都不能照搬到中国。

从思想引领看，主动服务党和国家的工作大局也是人民司法制度政治性的重要体现，加强司法公信力建设必须放在党和国家工作大局中去谋划，司法的工作方向随着不同历史时期的中心工作发生变化，司法公信力的实践要求也随之变化。在新民主主义革命时期，先后创建了中央苏区、陕甘宁等革命根据地和革命政权以及解放区政权，这一时期的司法制度体现的是无产阶级意志，带有反帝反封建的性质。在新的历史时期，法治成为治国理政的基本方式，固根本、稳预期、利长远的作用进一步发挥，司法公信力的建设要求深化司法体制综合配套改革，全面准确落实司法责任制，加快建设公正高效权威的社会主义司法制度，努力让人民群众在每一个司法案件中感受到公平正义。

从组织形式看，贯彻执行党和国家的政策是人民司法制度政治性的直接

---

① 中共中央文献研究室编：《三中全会以来重要文献选编》，人民出版社 1982 年版，第 335 页。

表征。其领导机构法院党组必须将党的各项部署要求全面贯彻执行。"早在陕甘宁边区时期，司法工作必须以中国共产党的政策为中心。"① 近年来，在多项国家重大决策部署落实上，司法政策、司法措施、司法行动及时跟进，发挥了非常重要的护航保障作用。比如，为贯彻落实习近平总书记"坚持把非诉讼纠纷解决机制挺在前面，从源头上减少诉讼增量"的重要指示精神②，司法机关不仅强化审判资源配置解决诉讼案件，而且深入对接非诉案件，探索构建出党委领导下多方协同、权责明晰、运行规范、高效联动的诉源治理模式，将矛盾纠纷化解在源头、化解在诉前，助推社会治理体系和治理能力现代化。

### （二）维护司法公正是价值意涵

人民司法制度的司法公正原则主要体现为"以事实为依据，以法律为准绳"、程序公正与实体公正并重、有错必纠有错必改。"以事实为依据，以法律为准绳"在中央苏区时期已成为一项重要审判经验，1931 年 12 月中央执行委员会的第 6 号训令明确，在处理反革命案件上"采用搜集确实证据及各种有效方法审讯"和"必须坚决废止肉刑"，即便面对"肃反"等特定问题，也重视调查证据，努力做到量刑准确。③ 1956 年 2 月召开的第三届全国司法会议上，彭真同志提出"以事实为依据，以法律为准绳"的原则，并逐渐成为人民司法制度的一项基本原则，在三大诉讼法中均有明确规定。

坚持程序正义和实体正义并重是人民司法制度一以贯之的立场。在程序公正方面，在中央苏区时期，便形成了公开审判制、人民陪审制、辩护制、合议制、上诉制、四级两审终审制、死刑复核与核准制、回避制、抗诉制和再审制、逮捕和拘留的程序规范等一整套程序公正制度。在此基础上，人民

---

① 侯欣一：《从司法为民到大众司法——陕甘宁边区大众化司法制度研究（1937—1949）》，生活·读书·新知三联书店 2020 年版，第 103 页。

② 2019 年，习近平总书记在中央政法工作会议上明确提出要"把非诉讼纠纷解决机制挺在前面"。2021 年 2 月，中央全面深化改革委员会第十八次会议审议通过《关于加强诉源治理推动矛盾纠纷源头化解的意见》，强调要推动更多法治力量向引导和疏导端用力，加强矛盾纠纷源头预防、前端化解、关口把控，完善预防性法律制度，从源头上减少诉讼增量。

③ 参见张培田：《法的历程——中国司法审判制度的演进》，人民出版社 2007 年，第 86—87 页。

司法制度逐渐形成了刑事、民事、行政诉讼等一整套完善的程序制度。在实体正义方面，人民司法制度从产生之时起，就坚持把实质化解矛盾纠纷作为基本导向，既严把事实关，坚持以事实为依据，也严把程序关，以法律为准绳。如在新民主主义革命时期，中央苏区和陕甘宁边区都制定颁布了保障婚姻自由、男女平等的法律法令，但由于不同根据地的不同情形，加之具体案件的具体情况，在具体的处理中并未完全死守婚姻自由的机械理解，而是根据具体情况分别对待，既有"封捧儿与张柏儿婚姻上诉案"这种鲜明体现婚姻自由的案件，也有"王治宽与王统一土地纠纷案"等灵活处理的情况。而在"马锡五审判方式"中，兼顾程序与实体的特点更加明显，在马锡五审判的一系列典型案件中，既准确适用法律作出判决，又充分考虑了案件本身的特殊性，实现了案件审理法律效果和社会效果的统一，并通过案件审理宣传了党的政策和主张。这种理念和做法，既是中国共产党在实践中探索形成的，也是中华传统文化的传承。

长期以来，我国在司法工作中坚持"实事求是，有错必纠"原则，并设立监督审判程序对冤假错案予以纠正。正如习近平总书记所指出："要懂得'100-1=0'的道理，一个错案的负面影响足以摧毁九十九个公正裁判积累起来的良好形象。执法司法中万分之一的失误，对当事人就是百分之百的伤害。"[1] 正是有了这样的改革勇气和决心，党的十八大以来，包括张氏叔侄案、呼格吉勒图案、聂树斌案等在内的一系列具有重大社会影响的错案最终得以昭雪。从实效上来看，司法改革之后我国各级法院的服判息讼率逐年提高，近五年来，全国法院一审案件服判息讼率保持在89%左右。[2] 在绝大多数案件能够"案结事了"的背后，正是个案正义理念的落实和彰显。通过对个案的公正裁判，整个社会的公平正义才能得以实现。

**（三）坚持司法为民是工作主线**

"以民为本"的思想在我国传统法律文化中历史久远，主张在司法中体恤民命，宽仁慎刑，尊重社情民意。人民司法制度在弘扬和发展中华优秀传

---

[1] 中共中央文献研究室编：《习近平关于全面依法治国论述摘编》，中央文献出版社2015年版，第96页。

[2] 参见《最高人民法院2022年工作报告》，最高人民法院官网，最后访问时间2023年5月20日。

统法律文化基础上，传承了民为邦本、本固邦宁的民本思想，始终将司法为民作为价值追求，其指导思想、制度设计、具体运行都是"为人民服务""以人民为中心""群众路线"的具体体现，① 而这也是司法公信力以人民感受作为评价标准的具体体现。中国共产党成立伊始即将司法审判作为维护和保障人民群众合法权益的重要力量。1943 年，陕甘宁边区政府专门发布了一系列关于调解的指示，陕甘宁边区高等法院确立了"实行调解办法改进司法工作作风，减少人民诉讼"的工作原则，不拘泥于法律条文的机械适用。

党的十八届四中全会鲜明地将"坚持人民主体地位"确定为全面推进依法治国必须坚持的五个基本原则之一。习近平总书记多次作出重要论述和重大部署，强调社会主义法治建设必须为了人民、依靠人民、造福人民、保护人民，牢牢地坚持和站稳马克思主义法治理论的人民立场这一根本立场，必须把"坚持人民主体地位"作为党的十八大以来全面依法治国的一条指导思想，必须将"坚持以人民为中心"作为深入推进全面依法治国必须抓好的一项重点工作等，充分彰显了人民司法制度坚守马克思主义法治理论人民立场的理论特质。

**（四）坚持司法民主是有力保障**

坚持司法民主原则也是人民司法百年历程中探索提高司法公信力的一项重要经验。司法民主要求尊重当事人在诉讼程序中的知情权、表达权、参与权和监督权，这是法律规定的程序正义和实体正义的体现，因而也是实现司法公正的前提条件之一。②

司法民主在司法领域主要体现在以下几个方面：其一，在司法程序中尊重司法规律，坚持民主集中制，由多数人形成决策的民主过程，并形成内部的权力监督制约机制。其二，普通公民能够参与到司法过程中，通过合法正当的程序表达民意，普通公民参与司法过程所形成的意见或决策，能够对司法过程产生实质影响，而不仅是形式上的参与。其三，司法权力的运行接受外部民主监督，主要包括专门机关监督和社会监督，其中专门机关监督是对

---

① 参见郭彦：《正本清源：新中华法系视角下人民司法制度再审视》，《法律适用》2021 年第 11 期。

② 参见崔永东：《司法公信力建设的多重维度》，《政法论丛》2022 年第 2 期。

司法机关审判程序是否符合宪法和法律进行监督，社会监督主要包括新闻舆论监督以及社会公众监督。

需要注意的是，人民司法制度的民主与西方有本质区别。西方现代司法制度是以洛克近代分权理论和孟德斯鸠"三权分立"学说为基础发展而来的，其逻辑起点是私有制，此种分权是资产阶级内部党派、财团之间的分权。马克思在《1848年至1850年法兰西阶级斗争》一文中指出，十分必需的分权和权力相互监督，在资本主义制度下充其量也只是维护资产阶级自由派的利益而已。相较之下，人民司法制度的民主不仅是审判制度上的民主，也是全过程人民民主政治架构下的司法领域的民主，坚持和完善人民代表大会制度，积极发展全过程人民民主，从各层次各领域扩大人民有序政治参与，使各方面制度和国家治理更好体现人民意志、保障人民权益、激发人民创造。

## 三、积厚成势：党的十八大以来司法公信力建设的实践基础

党的十八大以来，人民法院坚持以习近平新时代中国特色社会主义思想为指导，深入贯彻习近平法治思想，紧紧围绕"努力让人民群众在每一个司法案件中感受到公平正义"的工作目标，坚定不移推进司法改革。通过全面落实司法责任制，系统推进司法责任制综合配套改革，建立健全司法权的监督制约机制，革除了层层审批的行政化痼疾，重塑了"让审理者裁判、由裁判者负责"的审判权力运行机制，建立了权责明晰、权责统一、监管有效、保障有力的审判责任体系。公正高效权威的中国特色社会主义司法制度更加成熟定型，司法质效和司法公信力全面提升，人民群众司法获得感和满意度明显增强。

### （一）全面准确落实司法责任制

司法责任制作为新一轮司法改革的"牛鼻子"，在各项司法改革举措中居于核心和关键的位置。2015年9月，最高人民法院印发《关于完善人民法院司法责任制的若干意见》，确定了新型审判权力运行机制，指导全国法院推进司法责任制改革。2018年12月，最高人民法院印发《关于进一步全面落实司法责任制的实施意见》，就新型审判权力运行机制、完善审判监督

管理机制和惩戒制度、健全统一法律适用机制等问题加强指导，推动司法责任制全面落实。

全面准确落实司法责任制，一支高素质法官队伍是前提和基础。党的十八大以来，最高人民法院按照国家统一部署，在中央有关部门的支持配合下，稳妥推进完善法院人员分类制度改革，积极推进法官员额制、司法人员分类管理、员额法官按照单独职务序列管理等，把最优秀的人才吸引到办案一线，各类司法人员职责权限更加明确，职业发展道路更加畅通，法院资源配置更加合理，人员结构更加优化，人民法院队伍革命化、正规化、专业化、职业化水平进一步提高，审判质效稳步提升，司法公信力和人民群众的获得感进一步增强。

全面准确落实司法责任制，探索构建新型审判权力运行机制是应有之义。让审理者裁判、由裁判者负责，是司法规律的客观要求，也是深化司法改革的核心内容。在传统的审判模式下，判决的生成需经过层层审核审批和逐级把关，如此可能导致审者不判、判者不审、判审分离、权责不清，从而影响司法裁判的质量和效率。司法责任制改革以来，人民法院通过建立办案责任制，全面落实审判组织办案主体地位，灵活组建审判团队，改革案件分配制度，推动院庭长办案常态化，健全专业法官会议制度、改革审判委员会制度，健全完善法律统一适用机制等，权责明晰、分工协作、运转有序的中国特色社会主义审判权力运行体系基本形成，审判效率普遍提高。

全面准确落实司法责任制，健全审判监督机制是重要保障。司法责任制改革的核心，是正确处理审判权运行机制中放权与监督的关系。改革进程中，在确立法定审判组织办案主体地位的同时，牢固树立"放权不是不去监督管理、取消个案审批不等于取消司法监督"的理念，通过制定权力责任清单、完善法官惩戒制度、健全重点案件全过程监督管理机制、加强司法标准化建设等方式，确保管理监督不缺位、权力行使必留痕、失职渎职要担责，以此来提高审判管理监督的科学化、程序化、公开化、智能化水平。

**（二）推进司法责任制综合配套改革**

2020年2月5日，习近平总书记在中央全面依法治国委员会第三次会议上的讲话指出："司法责任制综合配套改革是司法体制改革的重要内容，事关司法公正高效权威。要抓好改革任务落地见效，真正'让审理者裁判、由裁判者负责'，提高司法公信力，努力让人民群众在每一个司法案件中感受到公平正义。"① 2020 年 3 月，中共中央办公厅印发《关于深化司法责任制综合配套改革的意见》，就进一步深化司法责任制综合配套改革作出部署。同年 8 月，最高人民法院印发《关于深化司法责任制综合配套改革的实施意见》，围绕加强法院政治建设、健全审判监督管理、加强廉政风险防控、推进人事制度改革、优化司法资源配置等 5 大方面提出 28 项配套举措，为全面落实司法责任提供了重要指引。

一是完善法院组织体系。完善优化协同高效的法院组织体系，是落实司法责任制、提升司法公信力的重要支撑。根据宪法、法律和全国人大及其常委会的决定设置，从案件复杂程度、影响程度以及慎重司法的客观角度，确定"四级法院+巡回法庭+专业审判机构"的组织结构。为实现司法"去行政化""去地方化"，党的十八届四中全会决定在四级法院架构之外，设立巡回法庭，依法及时公正审理跨行政区域重大行政和民事等案件，目前共设立深圳、沈阳、南京、郑州、重庆、西安六个巡回法庭。此后，还相继设立北京、上海、广州、海南自由贸易港知识产权法院及专门法庭；上海、北京、成渝金融法院；国际商事法庭、破产法庭、环境资源法庭等专业化审判机构。随着这些机构的建立，人民法院专业化建设水平和服务经济社会发展能力不断提升。

二是健全诉讼制度机制。推进以审判为中心的诉讼制度改革，充分发挥审判特别是庭审的作用，是确保案件处理质量和司法公正的重要环节。完善的法律制度和诉讼制度体系，是落实司法责任制、提升司法公信力的基础保障。通过推进以审判为中心的刑事诉讼制度改革，完善认罪认罚从宽制度，充分保障刑事犯罪嫌疑人、被告人的合法权益，确保侦查、审查起诉的案件事实经得起法律检验；推进刑事庭审实质化，推进民事诉讼程序繁简分流改革，实现民事案件繁简分流、轻重分离、快慢分道；深化行政诉讼制度改革，优化行政审判资源配置；开展四级法院审级职能定位改革试点，推动案件结构和分布更加合理，司法职权配置更加科学，矛盾纠纷化解质效有效提升，当事人诉讼权利得到充分保障，人民群众改革获得感不断提升。经过一

———————————
① 习近平：《论坚持全面依法治国》，中央文献出版社 2022 年版，第 274 页。

系列改革，立体化、多元化、精细化的诉讼制度体系逐步健全。

三是开展系列涉民生权益保护改革。为民司法、公正司法是人民法院的工作主线，公正和效率是人民法院工作的永恒主题。当前，人民群众对司法的期待，不仅要求纠纷得到公正处理，而且要求获得更加多元高效便捷的司法服务，实现案结事了人和，胜诉权益能更加及时充分兑现。通过全面落实立案登记制改革、全面建成一站式多元解纷和诉讼服务体系、推动切实解决"执行难"等一系列关乎民生权益的改革举措，积极回应人民群众的新要求，人民法院司法为民水平不断提高。

**（三）建立健全司法权的监督制约机制**

关于司法权，《中共中央关于全面推进依法治国若干重大问题的决定》提出"优化司法职权配置。健全公安机关、检察机关、审判机关、司法行政机关各司其职，侦查权、检察权、审判权、执行权相互配合、相互制约的体制机制"，将"司法权"组成范围扩大为侦查权、检察权、审判权及执行权，并确定司法权运行规律为权责统一、权力制约、公开公正、尊重程序。① 司法权是指特定的国家机关通过开展依其法定职权和一定程序，以审判的形式将相关法律适用于具体案件的专门化活动而享有的权力。它从中观层面上看是包括检察院在内的，但通常认为，人们提到的"司法权"多指狭义司法权，即虽包括检察权在内，但却明显偏重于审判权，或仅仅指审判权（即以法院为相应机关）。本文所指的司法权，将其限定为是以审判为核心，以为民司法、公正司法为价值，以司法责任制为主线，以审判管理和审判监督为保障的权力运行体系。

任何不受限制的权力必然导致绝对的腐败，任何没有责任的权力必然导致权力的任性。党的十八届四中全会审议通过的《中共中央关于全面推进依法治国若干重大问题的决定》，立足依法治国建设要求，提出要"提高司法公信力"，保障司法机关依法独立公正行使司法权力，优化司法职权配置，加强对司法活动的监督。建立健全司法权的监督制约机制，需要从内部和外部两个维度进行规范。

内部监督方面，审判权力制约监督体系的健全和完善是保障审判权依法

---

① 参见孙永兴：《习近平法治思想开辟人民司法理论发展的新境界》，《求知》2021 年第 3 期。

公正行使，促进法院工作高质量发展的必要举措。最高人民法院强调，要建立符合司法规律的案件质量评估体系和评价机制，定期分析审判质量运行态势；成立法官考评委员会，建立法官业绩评价体系和业绩档案，科学设置考核指标，全面体现法官工作量；院庭长除按法律规定履行相关审判职责外，还应在其职权范围内履行必要的管理和监督职责。以成都法院为例，成都法院在《关于完善人民法院司法责任制的若干意见》的基础上深入探索，全链条构建"责任、监管、支撑"体系，创新推动审判权力运行机制转型升级。明确院庭长管案、办案结合的双重职能，完善院庭长办案情况考核和通报制度，健全院庭长办理案件常态化机制。创新打造"静默化"监管体系以强化全流程监管，改革取得显著成效。对"四类案件"实行"质检型"精细管理，严格落实关联案件和类案检索机制，加强司法办案质效监管。提升智能化监督管理水平，坚持以审判为中心，加强司法智慧数据平台建设，保障审判权力高效稳定运行。

外部监督方面，为预防司法腐败，积极创新监督手段、拓展监督渠道，建立起多主体、全过程监督方式。一方面，延续公权力多主体监督。通过人大人事任免、审议报告，参加政协协商座谈会、办好政协提案，接受纪检监察的执纪监督和执法监察，检察院提起抗诉、发送检察建议，政法委执法抽查等方式加强法律监督和工作监督，严查司法机制缺陷及违法犯罪行为，依托信息技术，加强法院信息公开，强化对审判权力运行机制的法律监督、社会监督和舆论监督。另一方面，保障全过程人民民主监督。通过完善人民陪审员制度，拓宽司法活动参与渠道，保障人民群众获得感、参与感，增强人民群众对诉讼活动的信赖感，确保以看得见的方式实现公平正义。

**（四）党的十八大以来司法公信力建设的成效**

党的十八大以来，在党中央的坚强领导下，围绕党中央作出的关于提高司法公信力的重大战略部署，最高人民法院相继颁布"四五改革纲要"和"五五改革纲要"，先后开展了司法责任制以及各项综合配套改革，人民法院改革事业如火如荼。关于改革成效的评判标准，习近平总书记强调要由人民群众来评判，归根到底要看司法公信力是不是提高。从"立柱架梁"到综合配套的"精装修"，关于提升司法公信力的各项改革稳步推进，成效显著。

一是司法供给质量不断增强。通过司法责任制改革，构架了合理有效的组织机构，构建了新型审判权力运行机制，引导审判资源优化配置，使各要素协同配合发挥最大效应；同时减少审判权运行、审判管理工作中的掣肘和障碍，减少供给冗余、低效率和供给不足等，从而使司法供给质量不断增强，融合了法治效果、政治效果、社会效果的优质司法"作品"持续输出。以成都法院为例，紧扣立案、审理、结案、上诉、执行五大环节，依托信息化办案平台，构建办案流程自动监管机制，对案件183个工作节点、68个监控节点进行规范有序的动态跟踪、监控和管理，实现案件办理可查询、进程可预期、全程可追溯。

二是司法效率显著提升。迟到的正义即非正义。诉讼法中对审理期限有明确的规定，法官应严守审限，并根据案件的具体情况，在审限内及时审结案件，同时提高司法效率。这不仅是及时结案、定分止争的要求，也是实现司法公正、提升司法公信力的要求。通过进一步明晰办案主体责任，保证在案件划分上，各主体承担的审判事务与其承受能力大致适应，各主体职权对应的案件范围明确具体，避免因畸多畸少或畸轻畸重而形成制约瓶颈。同时，根据审判工作的具体情况，适时调整各主体职权覆盖的范围，从而使职权配置与审判工作的实际需要保持动态适应，司法效率明显提升。以成都法院为例，近五年间，全市两级法院521个办案团队、1270名法官审执结各类案件229万余件，无一案件违法超审限结案。

三是司法活动更加公开透明。党的十八大以来，人民法院司法公开工作驶入快车道，司法公开的内容不断丰富，方式不断创新，机制不断完善。最高人民法院统筹规划、一体部署，坚持依法公开、主动公开、全面公开、实质公开，运用信息化手段建设审判流程、庭审活动、裁判文书、执行信息四大公开平台，将司法公开覆盖人民法院审判执行工作各领域、各环节。同时，定期发布白皮书、典型案例，不断拓展新媒体公开信息渠道，打造司法公开的新阵地，确保向社会公开一切依法应当公开的内容，让司法活动更加透明、便民。

## 四、砥行致远：站在新征程上司法公信力的提升路径

随着我国进入全面建设社会主义现代化强国的新征程，当前，司法审判

工作将面临更多风险和挑战。从国内发展看，我国发展仍处在重要的战略机遇期，在构建新发展格局、推动高质量发展的过程中必然会产生纷繁复杂的矛盾纠纷。从司法视野看，人民法院案件高位运行的严峻态势还没有实现根本性扭转，司法理念、司法能力、工作机制等与新时代形势发展和人民群众需求相比仍有不少差距，司法供给与司法需求全口径对接等问题还未得到有效解决，迫切需要国家治理进一步改革，坚持和发展人民司法制度，将制度优势更好转化为实践效能。

（一）基本导向：树牢为民司法、公正司法的理念

党的二十大报告强调了"严格公正司法"，对司法公正提出了更高的要求，寄以更高的期待。而人民群众的满意度是检验司法是否公正的标准，高水平的司法公正首先要将评价标准从"法官（法院）视角"转向为"群众视角"，增强群众感情，提高群众工作能力，用严格公正司法的实际行动体现全心全意为人民服务。依法维护社会公平正义和人民权利，把尊重和保障人权贯穿司法全过程，让司法真正成为维护公平正义的坚固防线、保障人民权益的坚强后盾。其次，不断提高运用司法手段推动解决群众急难愁盼问题的能力，切实维护人民群众切身利益，善于解决好少数与多数、个人与集体、公益与私益、权利保护与权利救济等重大利益关系问题，更好保障人民安居乐业。准确把握人民群众对司法公正的新要求新期待，注重维护权利公平、机会公平、规则公平，兼顾依法保障权益和引导理性维权，弘扬社会正气、正义，竭诚服务群众，努力做到既解决案件的"法结"、又打开群众的"心结"，让老百姓感受到法律条文背后的力量、是非、温度，不断解决群众在诉讼中遇到的难点堵点痛点问题。最后，坚持和发展新时代"枫桥经验"，健全诉源治理机制，推进纠纷解决体系创新，提升一站式多元纠纷解决和诉讼服务体系综合效能，提升司法服务精准性普惠性。同时，践行全过程人民民主，有力有序推进社会主义司法民主建设，坚持人民司法为人民，接受人民监督，依靠人民推进公正司法，通过公正司法维护人民权益。

（二）重要引擎：促进审判权力运行机制提能升级

司法责任制的核心是处理好放权与监督的关系，形成"权责明晰、权

责统一、监督有序、制约有效"的审判权运行机制。① 优化审判权力运行机制，有利于审判工作规范化、现代化。

持续完善审判权运行和监督制度。首先，明晰各类人员职责权限。强化独任庭、合议庭的法定审判组织地位，依法确定职责权限，确保权责一致。细化明确办案组织内部各类人员职责权限，优化分工协作，完善组织化行权运行机制，推动形成"专业法官会议研究咨询、审判委员会讨论决定"制度架构，确保审判权有序运行。明确院庭长审判监督管理权限，确保监督有据、监督有力、监督有序。其次，完善全员全流程监督机制。在监督对象范围上，既包括对审判工作总体态势、质量效率、资源配置等方面的常态化、宏观性监督管理，也包括对"四类案件"、信访申诉、长期未结等重点案件的个案监督。在监督管理方式上，既要采用案件质量评查、审判委员会讨论等传统方式，也要采用信息化手段，全程监控审判流程、重点监管特殊案件、风险预警、态势分析和智能检测等。② 在监督层次上，既要深入开展法院内部的审级监督和审判权监督，也要依法接受人大监督、纪检监察监督、民主监督、检察监督、舆论监督、社会监督等，形成全面覆盖、科学规范的监督管理制度体系。

持续完善司法责任追究制度。问责制度是司法责任制的主体内容，推进司法责任制改革就是要实现"有权必有责、用权必担责、失职必问责、滥权必追责"。一是完善权力、责任清单。按照不同审判人员类型职责、逐项列明权责内容和履职要求，作出细化规定，确保规范有序行权。探索权责清单的智能化应用模式，实现对各类履职行为可提示、可留痕、可倒查、可监督。二是健全完善法官惩戒制度。发挥法官惩戒委员会的作用，通过公平、公正、公开的程序，提高责任追究的公信力，保障涉事法官的合法权益。③健全与纪检监察机关的工作衔接机制，形成一套科学完备、符合规律的问责制度体系，推动惩戒制度落实到位，既要使滥用审判权的行为依法受到追究，更要保障依法独立公正行使审判权的行为不受违规干预。

---

① 参见李少平：《人民法院深化司法体制改革的理论与实践》，《中国应用法学》2017年第5期。
② 参见左卫民：《审判委员会运行状况的实证研究》，《法学研究》2016年第3期。
③ 参见顾培东：《再论人民法院审判权运行机制的构建》，《中国法学》2014年第5期。

持续完善司法职业保障制度。健全与司法特点相适应的人员分类管理制度，完善法官选任制度，完善及时遴选和员额递补机制。健全"有进有出"的法官员额管理制度，健全法官序列单独组织人事管理，落实法官等级按期晋升和择优选升制度。完善审判辅助人员统一招录、培训考核、培养选拔等机制。健全司法人员受到侵害救济保障机制、不实举报澄清机制；规范督查检查考核工作，完善目标考核机制，充分发挥考核"指挥棒"作用。

持续完善司法质效保障制度。审判质效是司法责任制的评价标准和重要落脚点。完善审判委员会制度，健全审判委员会讨论决定重大、疑难、复杂案件法律适用问题机制，确保重大案件的审判质量；进一步完善统一法律适用机制，健全主审法官会议制度，推广类案强制检索工作机制等，统一裁判尺度和标准；加强审判标准化建设，形成清晰明确的履职指引，确保司法行为合法、有序、高效。

### （三）坚实基础：推动司法管理系统提升

人民法院是业务性很强的政治机关，也是政治很强的业务机关，同时有党务政务、审判事务和执行事务工作。党务政务代表的是司法行政权，审判事务和执行事务属于法院行使审判职能的司法办案业务，三者有机统一、相辅相成。从法院内部看，人民法院既包括审判执行业务部门，也包括党务政务部门。党务政务部门承办了大量的党务、政务工作，为审判执行业务部门完成司法办案任务提供保障。审判执行业务部门除了司法办案工作外，也有党务、政务工作，比如司法改革、队伍建设、基层党建等，具有明显的党务和政务属性。从法官个体看，我国的法官还兼具党员、政法干警多重身份，这就要求法官在依法独立行使审判权办案时，肩负起案件审判过程中的权力和责任，并严格执行党的路线方针政策、中央和省市重大决策部署和国家的司法政策，这个过程也同时涉及党务、政务工作。因此，在多维度视角下，人民法院集党务政务、审判事务、执行事务于一体，要注重以系统提升司法供给效能为目的，理顺关系，从司法实践中的难点与堵点入手，围绕党务政务、审判事务、执行事务三项运行模式系统提升。

党务政务管理层级化、效率化。坚持党内规矩、行政思维，做到上令下从、请示报告、高效落实，党务要严格按照党章党规办理。《中国共产党章程》《党组工作条例》《基层党组织工作条例》《政法工作条例》等党内法规明确规定，法院党组必须服从批准其设立的党组织领导，政法单位党组（党委）领导本单位或者本系统政法工作，这要求人民法院党组不仅要向同级党委及其政法委请示报告工作，还要向上级法院党组请示报告工作。同时，明确区分党务和审务，避免将上级法院党组对下级法院整体工作的领导关系与上下级法院之间个案审级管理上的监督指导关系混为一谈。

审判事务管理扁平化、组织化。坚持以审判为中心、以法官为重心、以办案为核心，形成以法官为中心的司法组织体系。明确员额法官的办案责任、管理责任、廉洁责任、作风责任、报告责任，全面实现"谁审理、谁裁判、谁决定、谁负责"。明确院庭长审判监督管理职责，加强院庭长宏观把控审判流程、审理进度等职能，推动审判管理向"数量与质量并重、过程与结果同步、前端与后端共享"持续转变，牢牢把住案件质效"生命线"。

执行事务管理一体化、层级化。对执行事务而言，区别于审判权的扁平化、组织化管理，对执行案件的管理，要坚决深化"一体化"要求，形成一种自上而下的科层管理，充分发挥决策、指挥、协调、管理核心职能，强化统一指挥、统一协调、统一管理，落实分权、分段、分流运行规则，全面推进事务集约、繁简分流，优化执行办案流程和资源配置，提升执行办案效率。完善执行难综合治理大格局，坚持常规执行与专项执行相结合，抓好涉党政机关、涉民生、涉重大职务犯罪、涉养老诈骗等案件执行。强化外部联动，实现线上联查联惩，全力兑现当事人胜诉权益。

**（四）有力保障：推动司法与科技深度融合**

党的二十大报告提出要坚持全面依法治国、推进法治中国建设，加快建设网络强国、数字中国。实践证明，新兴信息技术和司法活动的深度融合，有力推动人民法院工作模式和方式的深刻变革，有效解决影响司法公正、制约司法能力的深层次问题[①]，有助于进一步匹配人民群众日益增长的多元司法需求、纾解法官日益繁重的办案压力，全面推进审判工作现代化。

推动诉讼服务与司法公开寓于全流程。一是在线诉讼更加广泛便捷。深化完善"互联网+诉讼"模式，逐步形成线上线下并行诉讼模式，提升电子

---

① 参见俞迪淼、姜海涛：《运用智能手段提升执法司法水平》，《群众》2022年第2期。

诉讼覆盖范围、适用比例和应用水平，打造世界领先的移动诉讼服务体系。搭建统一的矛盾纠纷在线多元化解平台，实现纠纷解决的在线咨询、在线评估、在线分流、在线调解、在线确认等全流程"一站式"线上办理。二是司法公开更加规范透明。深入推进司法公开规范化、标准化、信息化建设。健全完善司法公开制度体系，出台相关业务指引、技术标准和操作规程。深化审判流程信息公开，推广中国审判流程信息公开网电子送达功能。推进庭审互联网公开，健全规范庭审公开流程和保障机制。完善裁判文书公开制度，提高网上公开质量，加大司法公开平台整合力度，平台功能更加优化。

推动一体化运用与智能辅助寓于全流程。一是加快推进法治信息化工程实施。全面实现"智能化、协同化、泛在化"，推进司法人工智能、区块链等技术应用，推进人工智能与人民法院核心业务深度融合，建设具有规则引领和应用示范效应的司法人工智能理论和技术应用体系，推广"要素式审判+"等智慧审判模式，全面缩短"案件审理期间"和"纠纷在院时间"。二是建立健全冤假错案甄别体系。将司法大数据和人工智能技术深度融入监督管理，充分发挥办案系统的全流程网上办理、类案推送、偏离度预警机制等功能对司法活动进行约束，进一步压缩"暗箱操作"空间，预防司法腐败。

推动数字化运用与规则构建寓于全流程。一是司法数据更加协同联动。打通"信息孤岛"，优化整合各类办公办案平台，推动建立跨部门大数据办案平台，实现办案系统互联互通、数据自动推送、资源共享共用。加强以云计算为支撑的全要素一体化信息基础设施建设，提升信息基础设施配置水平。二是助力构建更加完备的诉讼规则体系。推动构建系统完备的诉讼规则体系，推动完善与互联网时代相适应的诉讼制度。三是创造高水平的数字正义。把加强网络安全、数据安全和个人信息保护作为智慧法院建设的重要任务，不断提升网络和数据安全保护能力。完善司法大数据共享应用机制和数据共享交换体系，提高数据智能推荐分发能力。丰富扩展司法数据资源，深入开展司法大数据研究，不断提升数据汇聚、分析、应用水平。依托司法大数据，探索构建社会治理司法指数，为科学决策提供参考。

# 中国传统司法责任制的
# 法律经验与现代启示

## ——以宋代为中心的考察

付冬雪\*

## 引　言

　　法官责任制度自古以来便受我国历朝统治者的重视，它在规范司法官员行为、抑制司法腐败方面发挥着不可替代的作用。法官责任制是指被赋予司法权的法官因不当行使职权或故、失违法行使司法权使案件无法获得公正裁判而必须依法承担的法定强制的不利后果。这是国家分配给司法官员的负担，又是法官因自身违法行为而承受的谴责和否定性评价。法官责任制度有利于从根源上抑制司法腐败和权力滥用。宋代形成了完善的法官责任制度，从宏观到微观，都有了比较具体的规定。如何建立科学、有效的司法责任制度是我国当下进行司法体制改革的难题，而内容丰富、体系完整、功能完备、制度翔实的宋代法官责任制度能够给我国司法体制改革提供很多有益的借鉴，助推我国社会主义法治社会的现代化建设。

　　结合现有资料，笔者发现学术界尚未形成与宋代司法责任制相关的专门研究著作。而涉及宋代司法责任制度的论著，从不同方面对宋代司法责任制度进行了剖析，对笔者的研究具有一定的参考意义。如巩富文的《中国古代法官责任制度研究》，这是研究古代法官责任制度的专著，囊括了法官责任制度产生、发展的各个时期的成因、特点及现实借鉴。又如周密的《宋代刑法史》，这本书以《宋刑统》为切入点，对相关法条进行梳理，介绍宋

---

\*　付冬雪，山东大学法学院硕士研究生。

代刑法的特征。其次是相关论文，季怀银的《宋代法官责任制度初探》以违法刑讯的责任、断狱稽违的责任和出入人罪的责任为脉络，指出了宋代司法责任制度的严厉性和不足之处。赵呐、夏晓的《宋代法官责任制度探析及启示》从法律条文入手，介绍分析诉讼时效与审判时限、鞫谳分司制、回避制度和翻异别勘制度四个方面的责任。除此以外，还有研究古代司法责任制的论文，例如李龙的《我国古代的断狱责任制度》，马建文的《我国古代错案追究制度》等。

但是通过梳理这些成果，我们不难发现，与宋代时期司法责任制有关的学术成果并不多，且多数研究集中于北宋时期，学术界对南宋时期司法责任制的变化、发展的研究并不充分。而且大部分学者以《宋刑统》《宋史·刑法志》等材料为研究基础，未能挖掘新材料的可利用价值。故笔者在分析宋代司法制度的变化时，以戴建国先生点校过的现存南宋法典《庆元条法事类》为基础，通过与前朝法律条文的对比来侧重分析司法责任制的变化，剖析制度发展背后的政治、经济等原因，并思考其带来的现代启示，对宋代的司法责任制形成比较充分的研究。

## 一、宋代司法责任制的基本构造

"出入人罪"是我国古代法官责任制的重要内容，在各朝代的法典中均有体现。唐宋时期法官责任追究制度日益成熟，是"出入人罪"制度化建设的定型时期。从宋代前期的"出入人罪"的制度建构中，我们不难总结这一时期的法官责任制的特点。由于宋代前期的司法制度大多借鉴前朝，故北宋时期的"出入人罪"制度也呈现出唐朝司法责任制的特征。

### （一）"重入轻出"的立法传统

宋代建立之初，宋太祖以法立国，即去五代严刑峻法，在《唐律疏议》的基础上颁布《宋刑统》，继承唐朝"重入轻出"的立法精神。在司法实践中，宋代前期的司法制度呈现"立法之制严，而用法之情恕"的特点，追求统治者提倡的"宽仁"之治，故在实践中严格要求法官员"出入人罪"行为。

宋太宗年间，"断狱失入死刑者，不得以官减赎，检法官、判官皆削一任，而检法仍赎铜十斤，长吏则停任"①，对于过失入人死罪的法官员，轻则削职，重则停任。仁宗时期，"广州司理参军陈仲约误入人死，有司当仲约公罪应赎。帝谓审刑院张揆曰：'死者不可复生，而狱吏虽废，复得叙官'。命特治之，会赦勿叙用。尚书比部员外郎师仲说请老，自言恩得任子，帝以仲说尝失入人死罪，不与"②。仁宗以忠厚为主，重视百姓生命，严惩误判他人死罪的官员。宋神宗则巩固了"重入罪、轻出罪"的传统，神宗曾下诏，"官司失入人罪，而罪人应原免，官司犹论如法，即失出人罪；若应徒而杖，罪人应原免者，官司乃得用因罪人以致罪之律"③。神宗通过立法、下诏等方式"增失入死罪法"。哲宗年间，在司法实践中还出现了"失出无罪"的情形，"请罢失出之责，使有司谳议之间，务尽忠恕"④。此外，宋代为巩固"重入轻出"的立法传统，在用人制度上也格外讲究，例如，仁宗下诏不用残酷苛刻之人做司法长官，对失入死罪者降官减职，奖赏明断是非的官员等，一系列的司法政策无不彰显着宋代前期"重入轻出"的立法精神。

**（二）官吏出入人罪的责任**

宋代继承了唐代的"重入轻出"的传统，并对之发展完善，故加大了故、失出入人罪行为的惩处力度。并且宋代同样以故意和过失为标准确定法官员出入人罪责任的承担。⑤

**1. 故出入人罪的责任**

官员故意错判他人罪行的责任要重于过失入罪者，《宋刑统》沿袭唐律的传统，规定如果故意入出人罪，全出全入的，以全罪论罪。如果故意从轻入重或从重出轻者，原则上以所剩论。如果法官错判而未执行，未造成错误后果者，各减一等。而且规定，在追究法官责任时，凡是在文案上署名的官员都要承担刑事责任。

在司法实践中，对故意入罪的官员，往往是按照其入罪的犯罪动机来决

---

① （元）脱脱等：《宋史》卷一百九十九《刑法志》，中华书局1977年版。
② 《宋史》卷二百《刑法志》第一百五十三。
③ 《宋史》卷二百一《刑法志》第一百五十四。
④ 《宋史》卷二百一《刑法志》第一百五十四。
⑤ 参见王云海：《宋代司法制度》，河南大学出版社1992年版，第433—443页。

定责罚轻重，且对官员实际判处刑罚要重于《刑统》所述刑罚。对于常见犯罪动机，如接受贿赂故出入者，清人赵翼曾说："宋以忠厚开国，凡罪罚悉从轻减，独于治赃吏罪严。"① 太祖太宗年间，对贪赃受贿而枉法裁判的官员往往处以极刑，真正依法从严追究。乾德三年十月，太子中舍往沼因权知西县时受贿赂枉杀人命而被处以弃市。② 雍熙元年十月，忠州录事参军卜元干受贿擅改刑部法律以出罪人，被处以"杖杀"之刑。③ 但对受贿行为的严惩仅盛行于宋初，真宗以后越来越轻。接受请托也是法官员故出入人罪的常见动机，《刑统》规定，接受请托者处以笞刑，对再犯处以杖刑。宋代历代皇帝都相当重视和防范法官请托，太祖建隆三年十一月，诏文武百官"今后奉命诸道，不得妄有请托，如违，重置其罪"④。真宗大中祥符六年七月下诏："屡降诏条，杜其请托，承宽渐久，为弊兹深。"⑤ 对于私报恩怨而故出入者，一般处以编配、刺配等刑罚。宋代对法官员挟私恩怨而故出入人死罪者，一般也处以编配、刺配等刑罚。神宗元丰六年十月，权宁远寨主翟市良因为挟恨加杖决弓箭手员僚李怀恭致死，受到"免真决刺面除名配沙门岛"的处罚。⑥ 而被害人未死，一般对官员的处罚为降职、"违制"等。当狱事牵连权贵时，法官员会有畏惧上司而故出入人罪的情形，受"八议"制度的影响，宋代统治者会放宽对此种情形的处罚。太宗淳化二年三月，寇准上言："祖吉和王淮皆侮法受赇，脏数万计。吉既伏诛，家且籍没，而淮以参知政事沔之母弟，止杖于私室，仍领定远主簿。"⑦

2. 失出入人罪的责任

失出入人罪的责任要比故出入人罪轻得多。《宋刑统》规定，失入轻于故入，失出又轻于失入。

失入死罪者，一般是减死罪三至四等处罚。《刑统·断狱律》规定：失

---

① （清）赵翼：《廿二史札记》卷二四《宋初严惩脏吏》，中华书局 2008 年版。
② 参见（宋）李焘：《续资治通鉴长编》卷六乾德三年十月己未，中华书局 1995 年版。
③ 参见《宋史》卷四《本纪》第四。
④ （宋）司义祖：《宋大诏令集》卷一九○《戒饬百僚奉命诸道不得妄有请托诏》，中华书局 1962 年版。
⑤ 《宋大诏令集》卷一百九十九政事五十二。
⑥ 参见《长编》卷三四○元丰六年十月庚寅。
⑦ 《长编》卷三二淳化二年三月己巳。

入死罪减三等，公罪分四等。太宗雍熙三年五月，刑部以果、达、密、徐四周官吏枉断人死罪上言："按断狱律：从徒罪失入死罪者，减三等，当徒二年半；公罪分四等。望自今断奏失入死刑者，不得以官减赎，检法官削一任，更赎铜十斤；本州判官削一任，吏并停见任。"① 真宗时期则删去了不得以官减赎的规定。神宗年间，对失入死罪者的首从犯、未决犯、失入不同的人数等处罚有了具体规定，且更加严厉。对于失入流、徒以下罪者，北宋的规定一般是失入徒、流罪比失入死罪一人，南宋则是以失入徒、流六人比失入死罪二人，其责罚相较于失入死罪者有所减轻。

宋代对失出人罪者只处以轻微的处罚，这是恤刑政策的体现。哲宗元祐七年八月臣僚上言："伏见法寺断大辟，失入一人有罚，失出百人无罪；断徒流罪失入五人责及之，失出百人不书过。"② 可见，宋代对大理寺官员失出人罪极为宽宥。

### （三）出入人罪的后果

宋代官员出入人罪，除了接受实体刑罚之外，其官吏仕途也会受影响。为了贯彻"重入轻出"的刑事政策，宋代在用人制度上有所体现，如果官员触犯出入人罪，那该官员的仕途之路会处处受阻。仁宗时期规定："官失入死罪者，终身不得改官。"后又规定："磨勘选人历任曾失入死罪未决者，俟再任，举主应格，听引见。其已决者，三次乃许之。若失入二人以上者，虽得旨改官，仍与次等京官。"③ 此规定限制了官吏的改官进程。

对于失入死罪者，不得宽恕，不得升职，不适用"恩荫"，不得再充当法官。广州司理参军陈仲约误入人死，主管官员认为陈仲约犯的是公罪，应赎。宋仁宗对审刑院张揆说："'死者不可复生，而狱吏虽废，复得叙官。'命特治之，会赦勿叙用。"④ 尚书比部员外郎师仲说致仕，本应其官其一子，但仁宗因仲说在任时失入人死罪，特不许官子。景祐三年十一月依梓州路提刑司请求，以立法的形式规定："法司人吏失出入徒罪二人以上，或两次失

---

① （清）徐松辑：《宋会要辑稿》刑法四之六九，上海古籍出版社 2014 年版。
② 《宋会要辑稿》刑法四之七八。
③ 《长编》卷一九五嘉祐六年十月丁酉。
④ 《长编》卷一二一宝元元年正月丁卯。

出入徒罪一人，不许再充法司。"① 哲宗年间，又在之前立法的基础上补充："曾任外处官失入徒以上已决或失入死罪"的官员不能预选。②

## 二、宋代司法责任制的创新发展

宋承唐制，宋代司法责任制虽以唐制为基础，但又与时俱进，对唐代的法官责任制有所改进和发展，特别是北宋中期以后，统治者高度重视政刑建设，改革司法体制，完善了"出入人罪"制度，注重发挥程序的作用，使各类主体之间的法律责任更为清晰，并加大了对违法者的惩处力度，以此来获得司法公正。

### （一）注重司法程序

与唐朝相比，宋代更为注重发挥司法程序的作用。在刑讯方面，为了防止法官滥用刑罚，减少冤假错案，制定了一系列刑讯滥施的程序，违反程序者要承担相应责任。

审讯必须按程序进行，否则就要承担相应的刑事责任。早在北宋初期，《宋刑统》第二十九卷就规定："事须讯问者，立案同判，然后拷讯，违者杖六十。"③ 对于违反程序，没有事先讯问而直接处罚犯人的法官，要承担杖刑。太宗雍熙三年（986）诏："诸州讯囚，不须众官共视，申长官得判乃讯囚。"④ 审讯犯人要经过长官同意，未经同意擅自审讯者要承担更重的刑事责任。与此同时，《宋刑统》还规定了："今后如或有故者，以故杀论。无故者，或景迹显然，支证不谬，坚持奸恶，不招本性，以此致死，请减故杀罪三等。其或妄被攀引，终是平人，以此致死者，请减故杀罪一等。"⑤ 在追究法官违反程序审讯责任时，要区分故意和过失，以官员的主观态度来酌量刑罚，而唐朝则无此规定。南宋时期按照案件的严重程度划分法院的管辖范围，对于影响较大的案件要逐级上报，并要求上报时的证据收集，违法

---

① 《宋会要辑稿》刑法四之八三至八四。
② 参见《长编》卷四三六元佑四年十二月戊午。
③ （宋）窦仪等：《宋刑统》卷二十九《断狱律》，薛梅卿点校，法律出版社1999年版。
④ 《宋史》卷一百九十九《刑法志》第一百五十二。
⑤ 《宋刑统》卷二十九《断狱律》。

不上报者或越级上报者要承担责任，《庆元条法事类》规定："诸犯罪皆于事发之所推断，杖以下，县决之，徒以上及应奏者，并须追证勘结圆备，方得送州。若重罪已明，不碍检断而本州非理驳退者，提点刑狱司觉察按治。"①"诸狱案，以两辞互说及不圆情款或本处得论决之人辄上闻者，各杖一百"②，而对于不得上报而违法上报的，要杖一百。"诸州公事应检法者，录事、司法参军连书，有妨嫌者，免，俱应免者，别委官。"③ 宋代对唐代的回避制度有所发展，规定负责案件调查的巡检司和尉司都要回避，禁止其参与案件的审理，如果县令、县丞和主簿都没办法参加审理，报请上级机关由上级官员指定与案情无关的人员审理，除此以外还规定故旧关系的回避、法官之间的回避等，如果有违反程序者，杖一百。死刑复核程序被历代统治者所重视，宋代加重对私自定人死罪而未经奏裁者的处罚，"诸死罪应奏裁而辄决者，流二千里""诸罪人应送所属而辄决，邂逅致死非挟情者，以违制论"④。

## （二）完善法律规范

宋代统治者重视律治，与唐代相比，宋代完善了对故、失出入人罪法官责任的法律规范。以《庆元条法事类》为例，有关出入人罪的法律条文更为细致，所涉及的情形更为详细丰富，有利于法律在司法实践中的实际运用。

《庆元条法事类》中对故意、过失出入人罪有了更为完善的规定。对于过失出入人罪，法律规定："诸官司失入死罪，一名，为首者，当职官勒停，吏人千里编管，第二从，当职官冲替，事理重，吏人五百里编管……未决者，各递减一等。会恩及去官者，又递减一等。"对失入人罪者，划分为几个不同的层次依次论处，失入死罪的，为首之官，要对其停职，并处以编管千里的刑罚，其他官员依案件严重程度予以不同层次的处罚。对于故意出入人罪，法律规定："诸吏人故出入人，杖以上罪虽未决，勒停；徒以上罪

---

① （宋）谢深甫等：《庆元条法事类》卷七十三《刑狱门三·决遗》，戴建国点校，收录《中国珍稀法律典籍续编》第 1 册，黑龙江人民出版社 2002 年版。
② 《庆元条法事类》卷七十三《刑狱门三·检断》。
③ 《庆元条法事类》卷七十三《刑狱门三·检断》。
④ 《庆元条法事类》卷七十三《刑狱门三·检断》。

虽会恩，仍永不叙。"误入他人杖刑以上的官员，即被免职，徒罪以上的，虽可以蒙恩，但是永远都不录用。而且法律对受财枉法的情形有了进一步的规定："诸吏人受财出入人罪者，许人告。诸州推司、法司吏人，因本司事受财入已，罪不至勒停者，降一资。"百姓可以告发法官员受财枉法的情形，推司、法司如有以上情形，会受到降职的处罚。

在南宋，如果法官断案有误，后翻案的，即使该法官已离任或调任，仍应接受惩罚，且不得承恩减免，"诸鞫狱，若前推及录问官吏有不当者，一案推结。入流以下罪而已替移事故，即将犯人先次结断，其不当官吏并于案后收坐，虽遇恩，亦取伏辩。"此规定类似于今天的"法官责任制"，即法官应当对其履行审判职责的行为承担责任，在职责范围内对办案质量终身负责，这是唐代法律未规定的情形。此外，宋代还加重了对公吏犯罪的处罚，"诸公吏犯罪，（谓受财枉法及故出入人罪或因差保正长，并于税租簿帐，受乞件作弊及监临主守盗贷官物入已，以上各罪至徒者）不在案问减等之例，虽已经决亦不通计。"官员有故意出入人罪致人徒罪以上的，不能减等处罚。

### （三）明晰主体责任

宋代在司法实践中逐渐形成了完善的审判制度，例如录问制、鞫谳分司制和翻异别推制等，法律对参与司法环节的各类主体违法出入人罪而承担的责任都予以了明确的规定。《庆元条法事类》载："诸被差鞫狱、录问、检法官吏，事未毕与监司及置司所在官吏相见，或录问、检法与鞫狱官吏相见者，各杖八十。"[1] 在司法审判过程中，禁止鞫狱官、检法官、录问官会面，三者独立行使职权，不得互相干扰，防止其串通舞弊，故意出入人罪，违反者，杖八十。"诸司法参军，于本司检法有不当者，与主典同为一等。"[2]"诸录事、司理、司法参军（州无录事参军而司户参军兼管狱事者同）于本司鞫狱、检法有不当者，与主典同为一等。"[3] 对于违法检法，误入他人罪的司法参军，法律规定其与主审法官同等受罚，从而保障审判程序的每个环节。《推驳》中记载："诸置司鞫狱不当，案有当驳之情而录问官司不能驳

---

① 《庆元条法事类》卷九《职制门六·馈送》。
② 《庆元条法事类》卷七十三《刑狱门三·检断》。
③ 《庆元条法事类》卷七十三《刑狱门三·出入罪》。

正，致罪有出入者，减推司罪一等。即审问或本州录问者，减推司罪三等。"① 所谓"推正"是指在案犯"翻异"的情况下，由另派的法官员发现错误，纠正冤屈的制度。在"推正"过程中，发现录问官员应当驳正而不能驳正者，减推司罪一等。在案件"翻异别推"审判中，如果重审的官员违法出入人罪，也要承担刑事责任，"诸州推司、法司吏人失出入行走以上罪，已决放而罪不至勒停者，再犯或及五人，失入者勒停；失出者还旧役，降本等下名，并永不得再充"②。

### 三、宋代法官责任制度发展的原因探析

宋代法官责任制度沿袭了以往朝代的规定，但是其制度在独特的社会环境下又产生了新的发展，这些变化在一定程度上反映了宋代自身的政治基础和经济基础。

#### （一）统治阶层的高度重视

宋代是由宋太祖赵匡胤陈桥兵变起家的，他吸取前朝藩镇割据的亡国教训，采取一系列措施，追求中央集权。到了南宋时期，中央集权高度强化，这体现在法官责任制上就是将司法权收归中央。例如逐级上报制度，违法上报或恣意不报者都要承担刑事责任，"诸犯罪皆于事发之所推断，杖以下，县决之，徒以上及应奏者，并须追证勘结圆备，方得送州。若重罪已明，不碍检断而本州非理驳退者，提点刑狱司觉察按治"③。"诸狱案，以两辞互说及不圆情款或本处得论决之人辄上闻者，各杖一百。"④ 这些规定都旨在将司法权收归中央，有的案件甚至还要皇帝亲自裁决，例如死刑犯罪的复核。

宋代还重视对司法权力的监督，推司、检司、录问官等一系列职位的设置，旨在形成互相制约机制，约束法官员的司法权，防止他们恣意擅断，滥用权力，并以法律规定了各类官员故、失出入人罪的法律责任。此外，宋代统治者爱护人民，体恤百姓，为了减少冤假错案的发生，更进一步促进了法

---

① 《庆元条法事类》卷七十三《刑狱门三·推驳》。
② 《庆元条法事类》卷七十三《刑狱门三·出入罪》。
③ 《庆元条法事类》卷七十三《刑狱门三·决遣》。
④ 《庆元条法事类》卷七十三《刑狱门三·检断》。

官责任制度的完善。

### （二）法官员队伍的专业化

唐宋时期科举考试盛行，且宋代重文轻武，实行文官政治，世人纷纷通过科举进入仕途。两宋统治者吸收五代以来州郡多以武人任狱吏，恣意用法，所以十分注重法官吏的选拔和录用。宋真宗曾说："刑狱之官尤须遴择。朕常念四方狱讼，若官非其人，宁无枉滥。且单弱之人，不能披诉，朝廷无由知之。"① 由此可见，选拔司法人才在宋代统治者心中非常重要。

宋代不仅有"书判拔萃""适判""试身言书判"；而且还有"明法""新科明法""适刑法""呈试""铨试"等，要求官员适用法律断案，从而提高整个官僚阶层的法律水平。宋代还设有"出官"试，是指对初具做官资格的人员的考试，试中者马上差遣，分为有出身人考试律义、断案然后注官和吏部组织的大规模的出官考试。对遴选法官也发挥着重要作用。对于司法官吏的选任，宋代还规定了"考试收补"和"抽差填缺"制度。因此，宋代司法队伍专业化程度越来越高，对法官的要求越来越细致，法官责任制也越来越完善。

### （三）商品经济的快速发展

政治是经济的反映，宋代法官责任制的发展、完善反映了宋代经济的高度发达。宋代商品经济繁荣，土地买卖得到法律的承认，农民对土地的依赖性降低，加快了社会阶层之间的流动，因此产生了诸多人身、财产纠纷。宋代诉讼范围之广、手段之多、涉案人员身份之杂为世之罕见。面对诸多的诉讼，法官员要谨慎出入人罪，而约束法官的权力，仅仅适用前朝的法律是不足够的，所以宋代有完善法官责任制的必要性和紧迫性。

在宋代经济发展的大背景之下，法官员在处理案件时面临诸多的诱惑和挑战。法律规定了法官受财枉法的诸多情形。《庆元条法事类》中规定："诸州推司法司吏人，因本司事受财入已罪不至勒停者，降一资"，"诸护吏人受窝藏强盗人财物出入情罪者，以所告财物充赏"。② 除此以外，宋代法律还明确规定办案人员不能参加案件审理有关的宴请等。因此，经济的发展

---

① 《长编》卷七十三大中祥符三年三月己亥。
② 《庆元条法事类》卷七十三《刑狱门三·出入罪》。

带动了法律的发展。法律是社会中的法律，社会变迁导致法律变迁，同时，法律又是推动社会变迁的重要工具，法治的实现程度在很大程度上取决于法律在社会中的实际运作状况。

## 四、宋代法官责任制的现代启示

宋代颇具特色的法官责任制度，旨在维护封建法律的严肃性。它的实施对于巩固政权和安定社会具有积极意义。以法律的形式来约束法官的行为以及对法官的选任，有利于减少冤假错案的发生、保证法官队伍的整体素质，对后世的立法产生了重要影响，对我国当今的司法体制改革也有诸多启示。

### （一）推动制度创新

法律具有规范作用，立法的目的除了约束作用，还在于指引人们的行为。虽然法官具备一定的法律知识水平，但是面对纷繁易变的社会实践和复杂的人际关系，他们要查清案情、明辨是非，效率断案，是一件非常困难的事情。宋代自立国以来，就以立法的形式规定了法官的具体的司法实践情形，且随着社会的变迁，法律内容日益完善。这不仅能帮助法官援律断案，还有利于约束法官的行为。

例如，北宋之初的《宋刑统》，规定了八个方面的法官责任，例如司法管辖的责任、违法刑讯的责任、出入人罪的责任等。天圣七年的《天圣令》又进一步补充了《宋刑统》的司法制度漏洞，南宋时期的《庆元条法事类》与时俱进，在二者的基础上，增添了诸多社会实践中新的司法情形，追究法官责任时，不但考虑其行为的危害性，还区分主观故意和过失，在"出入人罪"中，可以细分为故入人罪，失入人罪，故出人罪，失出人罪，从主、客方面对法官责任加以规定。我国在进行司法体制改革时，应多与司法实践相结合，关注现实生活中出现的实际情形，使法律真正为实践服务。

### （二）强化司法监督

司法是社会公平正义的最后一道防线，在赋予法官审判权的同时，必须要对审判行为进行监督，将权力关进制度的"笼子"里，有利于防止司法腐败。

宋代法官责任制度对法官的行为具有监督作用。鞫谳分司制、翻异别推制等审判制度设立的初衷便是发挥机构之间的相互牵制作用，从而有效监督，避免法官的恣意用权。而且法律还进一步规定了鞫司、谳司、推司、司法参军等各类法官的责任，并且设置奖赏错案申报机制，"诸入人死罪，而当职官能以议状驳正者，比类非当职官赏奏裁。诸入人徒、流罪或配已结案，而录问官吏能驳正或因别推而能推正者，各累及七人比大辟一名计数推赏"①。法律规定，只要能避免冤假错案的发生，能够驳正"出入人罪"错误的官员，皆有奖赏，或晋升，或给予物质奖励，能够有效调动法官发现、纠正错案的积极性。

### （三）提升官员专业能力

宋代统治者重视司法队伍的专业素养和知识技能，设置了严密的选拔、考核制度，一定程度上保障了司法人员的专业水平和断案能力。

前文提到，宋代在选拔方面制定了一套严谨的考试与考核程序，如科举考试考核律义，法官任职考刑法以及试法断案入考核，"三考"法倒逼法官不断学习政令法制，从而避免被淘汰或被追责的风险。《历代名臣奏议·风俗》记载了宋代士大夫善习法律的盛况，"异时士人未尝知法律也，及陛下以法令进之，而无不言法令"②。此外，宋代在官员考核标准方面，继承唐朝"四善二十七罪"并有所发展，神宗时期采取"四善三最"的考核方式，在"三最"中"狱讼无冤、催科不扰"为治事之罪，可见统治者对司法审判公正的重视。

### 结　　语

宋代继承传统、推陈出新，在前朝制度的基础上形成了内容丰富、体系完整的法官责任制度。本文以"出入人罪"为典型，结合相关法律条文，对宋代的司法责任制度进行了分析。具体而言，有以下三点结论：第一，北宋时期的司法责任制继承唐制"重入轻出"的立法传统，明确规定法官故、失"出入人罪"的法律责任；第二，随着时代发展，南宋时期的司法责任

---

① 《庆元条法事类》卷七十三《刑狱门三·推驳》。
② （宋）赵汝愚：《宋代诸臣奏议》卷二十四《君道门》，上海古籍出版社 1999 年版。

制与前期的制度相比已经呈现出较多不同，法律的实体内容和程序运作在实践的基础上更为完善，对官员违法出入人罪的打击力度更大；第三，宋代司法责任制发展、变化的背后，既有中央集权加强、科举制改革等政治因素的影响，又有商品经济发展，社会阶层变迁的影响。

我们今天探讨宋代法官责任制，是为了吸收其精华部分，促进我国司法体制的发展和完善。近年来，全国各地法院紧紧围绕"努力让人民群众在每一个司法案件中感受到公平正义"目标，坚持严格司法、公正司法，全面推进"以审判为中心"的司法改革工作，这就需要完善司法责任制度，约束司法工作人员的行为。宋代司法责任制在制度构造、法律责任、官吏选拔与考核等方面能够为我国正在推行的司法体制改革提供诸多有益借鉴，取其精华，让中华优秀传统文化真正服务于社会主义法治建设。

# 【司法科技】

# 工具运用实质化：法律检索的
# 程式化机制建构

## ——基于多地法院引用一个不存在的
## 司法解释作裁判的反思

温玉霞　　刘　奕[*]

## 引　言

法律的生命力在于其规范性。一般而言，法官裁判需要经历三个阶段，即确认和分析问题是前提，获取相关法律信息是方法，得出方案结论是结果。其中，获取法律信息即为对法律文本的检索，这也是"司法三段论"[①]中"如何正确找到或形成大前提"和"要件审判九步法"中"对诉讼主张检索"[②]

---

[*] 温玉霞，四川省高级人民法院法官。刘奕，四川省高级人民法院法官助理。

[①] 假使任何一个案件事实实现 T，则应赋予其法律效果 R（大前提）。特定案件实施 S 实现 T，质言之，其系 T 的一个"事例"（小前提）。对 S 应赋予法效果 R（结论）。参见［德］卡尔·拉伦茨：《法学方法论》，陈爱娥译，商务印书馆 2004 年版，第 149 页。

其简述如：T→R（对 T 的每个事例均赋予法效果 R）

S=T（S 为 T 的一个事例）

S→R（对于 S 应赋予法效果 R）

[②] 邹碧华提出以权利请求为出发点、以实体法律规范构成要件分析为基本手段的审判方法，围绕第三人的权利请求基础，将审判活动划分为环环相扣的九个步骤：固定权利请求——确定权利请求基础规范——确定抗辩权基础规范——基础规范构成要件分析——诉讼主张的检索——争点整理——要件事实证明——事实认定——要件归入并作出裁判。参见邹碧华：《要件审判九步法》，法律出版社 2014 年版，第 13 页。

的关键性阶段。在我国立法工作迅速发展的大背景下，全国人民代表大会及其常委会颁布的法律、国务院及其各部委颁布的法规和规章以及最高人民法院和最高人民检察院发布的司法解释平均每年数以千计①，何况还有数以万计的地方性法规和规章②。法律文本信息灿若繁星，而法律检索是否准确、有效、齐备，则决定了法律适用及案件裁判的正误。加之，《人民法院第五个五年改革纲要（2019—2023)》《最高人民法院关于完善人民法院审判权力和责任清单的指导意见》明确提出要全面贯彻"让审理者裁判、由裁判者负责"，因而低效、不准确的法律检索，不仅耗费时间成本，还可能导致失职行为③，更使得裁判结果成为无根之木，导致公众对司法公平正义的错解和误判。由此，法律检索便当然成为司法实践的重要步骤。然而，现实情况却是，无论是作为硬件的法律检索工具，还是作为软件的法律检索保障机制，均未在法院系统内部引起足够重视。④

## 一、一石激浪：多地法院引用一个不存在的司法解释作裁判

到目前为止，关于法律适用的重要思考都是以假定已找到应适用于案件事实的法律规范为前提。然而，法律适用之前定然有一个"寻求应适用之法律规范"的过程。该过程即法律检索如同呼吸一样基础和必要，以致于

---

① 经查询知网法律法规，关于全国人大颁布的法律、国务院及其各部委颁布的法规和规章以及最高法和最高检发布的司法解释，在 2017 年 1 月 1 日至 2017 年 12 月 31 日，共计 5925 部；2018 年 1 月 1 日至 2018 年 12 月 31 日，共计 3567 部；2019 年 1 月 1 日至 2019 年 12 月 31 日，共计 2400 部。

② 经查询知网法律法规，关于已发布的地方性法规和规章，2017 年 1 月 1 日至 2017 年 12 月 31 日，共计 34939 部；2018 年 1 月 1 日至 2018 年 12 月 31 日，共计 19480 部。

③ 《最高人民法院关于完善人民法院审判权力和责任清单的指导意见》明确提出要"规范司法行为，提高案件质量，促进司法公正"；院庭长的监督管理职责包括了"审判业务指导、统一裁判标准、审核批准程序事项、保证审判质量效率"等；承办法官的权责是"参与案件评议并提出处理意见""制作或者指导法官助理制作审理报告""制作类案与关联案件检索报告""制作裁判文书或者指导法官助理起草裁判文书""签署裁判文书"等。

④ 目前强调更多的是"类案检索"，但"法律检索"并不同于"类案检索"。"类案检索"是为了统一法律适用，在横向上通过同案同判维护司法裁判的公信力；"法律检索"则是为了保障适用法律的准确性，在个案上维护司法裁判的公信力。只有通过个案的准确性保障类案的统一性，或者随时代发展通过个案准确性修正类案统一性，才能实现司法裁判的公平正义。

我们忽略了其存在，导致了法律援引的不真实、失效和不准确。

**（一）真伪难辨：被莫名篡改升级的文件**

对于民事案件的全部或部分事实涉嫌刑事犯罪，或者案件所涉犯罪事实已经法院刑事判决的情况，最高人民法院审判委员会于 1998 年第 974 次会议通过了《最高人民法院关于在审理经济纠纷案件中涉及经济犯罪嫌疑若干问题的规定》（法释〔1998〕7 号）（以下简称《经济案件涉及经济犯罪的规定》）。然而，近日有文章①爆料出，不论是相对权威的裁判文书类网站（如裁判文书网、北大法宝等），还是法律营销类网站（如找法网、华律网等），一个名为《最高人民法院关于审理民事纠纷案件中涉及刑事犯罪若干程序问题的处理意见》（以下简称《民事案件涉及刑事犯罪的意见》）出现的频率比《经济案件涉及经济犯罪的规定》要高得多。

事实上，该《民事案件涉及刑事犯罪的意见》与 2007 年实施的《上海市高级人民法院关于审理民事纠纷案件中涉及刑事犯罪若干程序问题的处理意见》内容一致。可见，经过各种法律营销类网站的篡改，上海高院的意见竟莫名"升级"成了最高人民法院的意见。而这个连最高人民法院文号都没有的"假规定"，竟然在多地法院的裁判文书中具备了法律效力。

**（二）例证分析：被错误援引的"假法条"**

根据笔者在裁判文书网中输入"最高人民法院关于审理民事纠纷案件中涉及刑事犯罪若干程序问题的处理意见"进行检索，共搜到案例 1396 篇。其中，最高人民法院 7 篇，占比 0.5%；高级人民法院 67 篇，占比 4.82%；中级人民法院 796 篇，占比 57.31%；基层人民法院 519 篇，占比 37.37%。

在最高人民法院命中的 7 篇中，有 2 篇裁判文书均在"本院认为"部分指出了当事人所援引的《民事案件涉及刑事犯罪的意见》不存在或者援引错误②；其余 5 篇均出现在当事人主张的事实和理由部分，最高人民法院

---

① 蒋一帆：《多地法院正引用一个不存在的规定下判决》，2020 年 7 月 26 日，https://mp. weixin.qq.com/s/2hUa4dnChGXgc9pp_WRhQw。

② （2017）最高法民申 1891 号民事裁定书：本院认为"阳泉公司援引的《最高人民法院关于审理民事纠纷案件中涉及刑事犯罪若干程序问题的处理意见》的规定错误"。（2018）最高法民申 5608 号民事裁定书：本院认为"李某某认为本案应该中止审理，其作为法律依据所援引的是《最高人民法院关于审理民事纠纷案件中涉及刑事犯罪若干程序问题的处理意见》第 2 条，本院没有出台过该处理意见，其所援引的法律依据不存在"。

并未在本院认为部分提及。然而，这个根本不存在的《民事案件涉及刑事犯罪的意见》，却已经被多个省的高级人民法院在裁判文书中"本院认为"部分进行了援引并作实质性裁判，对案件当事人的程序权利或实体权利产生了影响（见表1）。其中的中级人民法院、基层人民法院更是不胜枚举，故不再一一列明。

表 1　高级人民法院在本院认为部分予以援引的裁判

| 裁判文书文号 | 本院认为部分 |
| --- | --- |
| 陕西高院（2015）陕民一终字第00284号民事判决书 | "本院认为，本案不符合《最高人民法院关于审理民事纠纷案件中涉及刑事犯罪若干程序问题的处理意见》第一条第2款规定的移送条件，曾某关于原审法院事实认定不清、程序运用不当的上诉理由不能成立。" |
| 黑龙江高院（2019）黑民终384号民事判决书 | "二、本案应否移交公安机关处理。《最高人民法院关于在审理经济纠纷案件中涉及经济犯罪嫌疑若干问题的规定》第十条规定……，该条款表明刑、民案件具有不同的证据规则、证明标准和归责原则，可以并行不悖。……因此××公司关于本案应中止审理的上诉请求，不能成立。" |
| 浙江高院（2017）浙民终392号民事裁定书 | "至于协×公司上诉认为，最高院在2007年已出台《关于审理民事纠纷案件中涉及刑事犯罪若干程序问题的处理意见》，原审裁定依然适用1998年的规定，违背了后法优于前法的原则。本院认为，上述均系最高人民法院的司法解释，现均生效，且两者内容亦不矛盾。因此，一审法院适用《关于在审理经济纠纷案件中涉及经济犯罪嫌疑若干问题的规定》并不违反法律规定。" |
| 安徽高院（2019）皖民申3013号民事裁定书 | "本院经审查认为……本案情形不符合《最高人民法院关于审理民事纠纷案件中涉及刑事犯罪若干程序问题的处理意见》相关规定……裁定如下：驳回合肥××汽车服务有限公司的再审申请。" |
| 吉林高院（2018）吉民再235号民事裁定书 | "本院再审认为……康某某伪造公司印章罪可能影响到本案的性质、效力、责任承担，依据《最高人民法院关于审理民事纠纷案件中涉及刑事犯罪若干程序问题的处理意见》规定，本案应裁定中止审理。" |
| 福建高院（2019）闽民再350号民事裁定书 | "本院再审认为，根据《最高人民法院关于审理民事纠纷案件中涉及刑事犯罪若干程序问题的处理意见》第一条第1款……裁定驳回卓某的起诉属适用法律错误，应予纠正，裁定……撤销原审民事裁定……指令福州市台江区人民法院对本案进行审理。" |
| 湖北高院（2015）鄂民二终字第00122号民事判决书 | "本院认为……原审法院依据《最高人民法院关于审理民事纠纷案件中涉及刑事犯罪若干程序问题的处理意见》的规定，不准许东达矿业公司及陈某某中止本案审理的申请亦无不妥。……判决驳回上诉，维持原判。" |

**（三）绝非个例：大量"假法条""失效法条""适用不准确的法条"暗涌于裁判文书之中**

这"一石"激起的波浪，揭示了更多裁判文书因法律检索问题而凸显的纰误。应明确的是，检索出的应适用的法律条文应当具备"三性"。首先，应具备真实性，即所依据的法条不存在虚假失真。实际上，除了《民事案件涉及刑事犯罪的意见》这个假规定，反面例证还有"号称"于2002年颁布实施的《最高人民法院关于审理建设工程合同纠纷案件的暂行意见》①，该假规定亦被大量裁判文书②援引。其次，应具备有效性，即要甄别法条是否已被废止；或虽未废止，但有新法出现；法条是否属于已经公布但尚未施行；法条是否属于法院裁判可依据的文件范围等。然而，援引到"失效法条"的裁判文书却不在少数。③ 最后应具备准确性，即为法律条文应适用于本案案件事实，这还需要法官通过经验识别，或通过类案检索进行交叉验证。反面表现为，法条援引与案件事实之间缺乏内在逻辑；法条援引构成不完整或外延过大；援引原则性、概念性法条不当等。

## 二、缘由解析：法律检索失灵的主客观原因

实际上，无论是援引到"假法条""失效法条"，还是法律适用不准确，

---

① 找法网：http://china.findlaw.cn/jiaotongshigu/jiaotongfa/jiaotongfaguiku/jtyxqt/34556.html；搜狗百科：https://baike.sogou.com/v140543218.htm？fromTitle＝最高人民法院关于审理建设工程合同纠纷案件的暂行意见，均有载录，访问时间2020年7月29日。

② 如（2019）鄂05民终2966号、（2019）青执复21号、（2019）鲁04民终2038号判决书等。

③ 援引到"失效法条"的裁判文书：（2018）粤2072民初13636号民事判决援引的《最高人民法院印发〈关于人民法院审理借贷案件的若干意见〉的通知》（法［民］〔1991〕21号），已于2015年9月1日《最高人民法院关于审理民间借贷案件适用法律若干问题的规定》（法释〔2015〕18号）颁布后，自动废止。

浙江高院（2020）浙民辖终106号、广东高院（2019）粤民辖终385号、湖北高院（2019）鄂民辖终200号、辽宁高院（2019）辽民辖终91号等援引的《最高人民法院关于海事法院受理案件的若干规定》（法释〔2001〕27号）已于2016年3月1日《最高人民法院关于海事法院受理案件范围的规定》（法释〔2016〕4号）颁布后，自动废止。

黑龙江高院（2018）黑民申371号、广东高院（2017）粤民申7507号援引的《欺诈消费者行为处罚办法》（国家工商行政管理局令50号）已于2015年3月15日《侵害消费者权益行为处罚办法》（国家工商行政管理总局令第73号）颁布后废止。

法律检索失灵并非个体现象，而是较为普遍的疏漏。究其缘由，这既是法官及法官助理的群体"无奈"，也是目前制度设计和工具供给上的"藩篱"所致。为此，笔者以问卷调查①形式，进一步探究了法官及法官助理视角下法律检索的运用及问题。

**（一）主观原因——法官群体的"无奈"**

在 122 份调查问卷中，有 95.08%的受访者认为法律检索能力"非常重要"；有 4.1%的受访者认为"一般重要"；仅 1 位受访者认为法律检索"不重要"。可见，绝大多数法官和法官助理都对法律检索的重要性和必要性表示认同。至于认为法律检索能力"非常重要"的原因（开放式填写），笔者归纳主要有两方面：一是"有助于对案件精准定性并依法裁判，保证案件质量"；二是"这是一项解脱人类的技能，省时省心"。然而，对于"是否在办案过程中对当事人提供的法律法规和类案检索反查出的法律法规的真实性和有效性进行再次甄别"的问题，选择"一般不会"的受访者占 33.6%；明确表示"不会"的受访者占 9.02%；有 57.38%的受访者表示"会进行再次甄别"。可见，虽然绝大多数受访者认为法律检索很重要，但为何真正进行检索实践的人数比肯定其重要性的人数少了接近一半？

1. 办案压力与主体惰性

面对结案压力，有近一半受访法官和法官助理倾向于选择"（一般）不会"对当事人提供的法律法规和自己类案检索反查出的法律法规的真实性和有效性进行再次甄别。那么，若法官是为了更快而非更精准地结案，将当事人提供的法律依据，不加归纳、检索和查证，而直接作为裁判依据，则极可能出现法律适用错误，最终导致裁判上的失职，并被追究审判质量责任。

2. 查阅偏好不同

在调查中，有 13.93%的受访者表示"不太喜欢网上查询，更喜欢纸质书籍或找人咨询"，然而此类偏好的劣势是纸质书籍出版周期长、购买频率低、时效性不强。有 51.64%的受访者表示"偶尔用专业数据库，但更常用百度等免费搜索引擎检索"。由于手机电脑"百度"起来更为简单上手，因

---

① 笔者向所在的 C 省 S 市法院法官群和 C 省学术调研群中 372 名法官及法官助理，发送了调查问卷，共收回 122 份有效问卷。

此选择这一选项的人数最多，但其障碍在于营销类非专业搜索网站的准确性堪忧和主体对网站检索技巧的缺乏。仅 34.43% 的受访者表示，"能够使用专业法律数据库并经常使用"。

3. 法律检索能力欠缺

无论现代化审判体系发展到何种程度，法律产品或网络系统构架怎样层出不穷，法律检索仍然是法官及法官助理必须掌握的基本"器用"能力之一。然而，现实情况是，法律检索课程仅在极少数政法类专业本科院校中出现（出现也多为选修形式），研究生阶段乃至工作阶段，该项技能均被视为"自备搜商"，缺乏专门培训教学，更多时候是自我摸索。比如对检索逻辑符号的运用，空格、"-"、"or"等符号的单独或合并使用，双引号、"site："、"intitle："、"filetype："等搜索语法，并未普及。

**（二）客观原因——制度与工具供给的"藩篱"**

如前所述，援引"假法条""失效法条"以及法律适用不准确的客观原因，可以归结为法律法规公开不系统和检索工具的壁垒。

1. 制度设计上：公开方式繁杂不系统

关于经全国人民代表大会及其常委会审议通过的法律，由于其位阶重要性和数量相对较少，因而无论是通过中国人大网还是其他专门或非专门法律类搜索引擎，均能较快检索。因此，我们在此主要讨论的是国务院及其各部委颁布的行政法规和规章、最高法和最高检发布的司法解释，以及地方性法规。

第一，关于国务院及其各部委颁布的行政法规、规章和地方性法规，其特点在于数量众多且发布方式繁杂，通常散布于各部门官网，但官网数据并非实时更新，且有大量文件无法找到。相对全面的是国务院公报，并且在中央政府网提供在线查询。但由于行政法规和政策性文件浩如烟海，仍有相当多的文件无法查到，这在地方性法规的检索问题上，尤为突出。

第二，关于最高人民法院、最高人民检察院制定的司法解释，一般载于各自公报。最高人民法院公报虽公布于互联网，但却采取了防复制措施，转换成文字版需要人工录入或 OCR 软件扫描识别，而该转换过程存在文字错误的风险。此外，尚存部分文件无法找到。例如，2017 年最高人民检察院和公安部联合发布实施的《关于公安机关管辖的刑事案件立案追诉标准的规定（一）的补充规定》，该文件在最高检和公安部的官网上，均无法找到。① 虽然其在一些营销类网站中可以找到，但其真实性却存疑。

2. 工具使用上：难以翻越的工具壁垒

（1）内网专业法律检索工具受人诟病。之前，四川法院的法律法规查询系统是北大法宝，但于 2019 年终止合作后，目前是通过案件系统中的"法信"平台进行法律检索和类案检索。但经问卷调查，关于内网检索法律法规工具是否好用的问题，有 68.03% 的受访者认为"不好用（内网更新不如外网、网速慢、经常性访问受限）"；有 19.67% 的受访者认为"感觉一般"；有 12.3% 的受访者选择"不知道，不常用"。

（2）百度等互联网搜索质量参差不齐。随着互联网的发展和法律检索需求用户的增长，法律类营销网站也出现井喷式增多。然而，百度等互联网公司是将某类关键词"广告位竞价为主，访问流量为辅"② 作为排序原则，而并非准确度。营销类网站通过购买广告位就可排在司法机关公开信息所在网站前列，导致司法机关信息被挤至边缘。这反映出公司盈利和公共服务存在已久的矛盾，也是"魏则西事件"所暴露出的痼疾。对此亟需专业化的规范引导，否则这些失真法律信息已及于司法机关的不良影响，会不断扩大普通民众（甚至是不擅于检索的法律专业人士）与擅于检索的法律专业人士之间的数字鸿沟，最终导致司法案件的整体处理成本升高。

（3）专业化法律检索教育培训阙如。如前所述，法官与法官助理的检索能力存在普遍性欠缺，然而法院内部尚缺乏对专业法律检索数据库和搜索语法等知识的基础性、系统性培训。这也是导致检索效率低和不准确的重要原因之一。经问卷调查，关于"是否希望法院开展相关法律检索培训"的问题，在 122 人中有 90.16% 的受访者选择"非常希望"；有 9.02% 的受访者选择"一般"；仅 1 人选择"不希望"。由此可见，法律检索培训确为众人所期。

---

① 在最高人民检察院官网，仅能找到关于该文件的重点条文的解读。

② 百度快照营销网站，http://e.baidu.com/ebaidu/home? refer = 90045604&bd _ vid = 8288501198643768761，2020 年 7 月 27 日访问。

### 三、路径完善：实质化法律检索的程式化建构与机制保障

一种秩序的有效性，不仅仅意味着社会行动过程的一种纯粹由习俗或利益立场决定的规则性，必是以某种"规则"为基础的秩序。① 建立实质化的法律检索机制，实为解决法律适用问题之圭臬。

**（一）基础搭建：法律检索体系的程式化建构**

1. 建立多层次、有逻辑、体系化的数据库架构

鉴于全国法院尚未建立起包括地方性规定在内的、统一的法规知识库，各地法官尚无一个权威平台进行检索和交流，因此为了实现法律检索的规范性，可以在现阶段搭建一个有层次、体系化的数据库架构。同时，法官和法官助理可以通过培训，掌握体系检索法、关键词检索法、类案检索法等法律检索方法，并能够熟练使用各数据库进行检索。

2. 程式化法律检索体系的实用逻辑

（1）通过基础搜索引擎了解基本情况

通过 Google、搜狗微信、百度等进行检索（但绝不能仅使用某一种搜索引擎），了解关于某事实关键词的概念区辨、构成要件、法律效果等基本情况。若已了解，可略过此阶段。

（2）通过法律专业数据库②检索确定法律适用

当前常用的中国法律专业数据库有北大法律信息网（又称"北大法宝"）③、

① 参见［德］马克斯·韦伯：《经济与社会》，林荣远译，商务印书馆1997年版，第239页。

② 数据库主要分为全文数据库（full-text databases）、参考数据库（reference databases）和事实数据库（factual databases）。全文数据库，是收录原始文献全文的数据库，以期刊论文、会议论文、政府出版物、法律条文和案例为主。如中国法律法规全文库；参考数据库，包含了各种数据、信息或知识的原始来源和属性的数据库，如书目、文摘、索引等，如SCI、Toxline、CNKI题录数据库等；事实数据库，包含了大量数据和事实的数据库，如术语数据库、数值数据库，相当于纸质文献的年鉴、组织机构指南、万方标准数据库、万方统计资料数据库等。参见凌斌：《法科学生必修课：论文写作与资源检索》，北京大学出版社2013年版，第9—11页。

③ 北大法律信息网，主要包括法律法规数据库、中国法律检索系统、中国法学期刊数据库、中国司法案例数据库等。http://www.chinalawinfo.com。

北大法意①、威科先行②、法信③、知网、iCourt 的 Alpha④ 数据库等。每个数据库都各具特色。此外，"中国裁判文书网"、全国人大官网的"法律释义与问答"、中国法院网的"法律文库"、OpenLaw⑤ 均提供免费检索。（如图1）

**图1　数据库检索架构图**

**（二）检索升华：智能化法律检索的机制建构**

1. 结合审判智能化系统自动甄别法条

《人民法院第五个五年改革纲要（2019—2023)》第62条明确提出，要"加强智能辅助办案系统建设，完善类案推送、结果比对、数据分析、瑕疵提示等功能"。为了满足审判执行工作需要，并且能够在全省乃至全国形成可推广应用的网络化、智能化的自动甄别系统，笔者认为，对于所找法条的真实性和有效性甄别，最好的办法是结合内网审判智能化系统，直接识别所录入的当事人在诉状和答辩状中提及的法律依据，并对拟定裁判文书中所涉相关法条予以自动校对。鉴于研究技术和经费问题，这可以通过纳入一些重点研发项目计划予以实现。比如，可以纳入国家重点研发项目计划"高质

---

① 北大法意，由北京大学实证法务研究所出版，数据库以案例、法规、论文为基本分析单元。http://www.lawyee.net。

② 威科先行不是免费数据库，除常规的法规库和案例库之外，其"英文翻译""行政处罚""实务指南"栏目富有特色。http://law.wkinfo.com.cn。

③ 法信，也是目前四川省法院内网购买的数据库，除了法律、案例、期刊图书等常规检索，其还有"类案检索""公报""同案智推"等特色检索栏目。http://www.faxin.cn/index.aspx。

④ Alpha 数据库除常规的法规库和案例库之外，其中的"司法观点库"包括了最高人民法院历年来的主要司法观点，"实践指引库"包含了大量实务精华内容。https://alphalawyer.cn/。

⑤ OpenLaw 主要提供针对裁判文书、法律法规、法院数据、律所数据等数据分析接口。http://openlaw.cn。

高效的审判支撑关键技术及装备研究"项目①的子课题等。

2. 自动甄别的程序机制设计

（1）自动强制甄别：关于智能化系统中法律依据的甄别机制，应设定为自动强制甄别。并且，系统对目前所有法律法规规章、司法解释等，每天都要进行导入或与某数据库合作进行数据每天更新。通过系统对案件所涉法律依据的真实性、有效性和准确性进行识别。

（2）甄别的"三层次"：

A. 第一层次：诉状答辩状识别。系统可对当事人提交的诉状、答辩状中所涉法律依据，进行真实性、有效性和准确性识别。

B. 第二层次：智能推送法律依据。系统可对案件事实构成进行智能分析，并通过类案检索，对本案裁判文书可能会适用的法条进行自动推送。

C. 第三层次：裁判文书依据甄别。若系统识别到案件承办人未对系统推送法条进行适用，而是另行适用其他法条依据，那么最终还会对裁判文书所依据的法律依据进行自动甄别。（如图2）

（3）设置甄别预警技术：若在任何一个层次有法律适用的偏离，都会导致系统"自动预警"，弹出窗口请求操作人员进行确认。并且，系统会对每一案件在每一阶段的所有不符合智能化法律适用依据的操作，整理成"预警收录文档"，以便操作人员最后查阅。

**（三）机制保障：实质化法律检索的制度配套**

1. 明确检索责任主体

《最高人民法院关于完善人民法院审判权力和责任清单的指导意见》对承办法官的权责进行了明确："参与案件评议并提出处理意见""制作或者指导法官助理制作审理报告""制作裁判文书或者指导法官助理起草裁判文书"。《四川省高级人民法院关于审判人员和审判辅助人员权力和责任清单

---

① 此项目于2018年12月17日启动，由最高人民法院信息中心领导为项目咨询专家组成员，四川大学校领导为项目牵头单位领导和管理团队成员，四川省高级人民法院、四川省科技厅等特邀领导和嘉宾，中国人民大学和四川大学多位教授项目负责人以及中国司法大数据研究院多名高级工程师为项目组成员。目前研究进行到：1. 虚假诉讼甄别预警技术；2. 案件繁简智能分流；3. 开庭审理辅助信息自动生成及虚拟示证技术；4. 开庭全过程多模态分析；5. 类案精准推荐；6. 刑事案件量刑智能辅助技术。

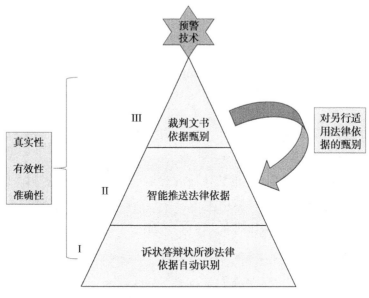

图 2　甄别机制"三层次"

（试行）》第五部分规定了法官助理的职责有"根据法官要求查询相关法律政策的规定、参考案例和法理观点，研究案件涉及的相关法律问题"。可见，法律检索的责任主体①应确定为承办法官和本案法官助理。

2. 确立常态化管理机构

法律检索效果直接影响法律适用的正误，继而决定审判质量的高低。因此，可以将审判管理办公室确定为法律检索的常态化管理机构。通过评个案、月通报、季评审、年讲评等，对法官和法官助理进行法律检索培训规划和风险提示；并建立对法律检索的后续影响进行日常监督检查、考核评估，以及责任认定和追究的管理督导机制。

3. 明晰科学的追责问责机制

《最高人民法院关于完善人民法院审判权力和责任清单的指导意见》第十一条和第十二条规定了对审判人员负面清单行为应当严格按照有关规定认定和追究责任，审判人员在清单规定范围内履行职责出现瑕疵或者差错的，

---

① 应明确的是，法律检索主体责任不同于办案质量终身负责，这在"明晰科学的追责问责机制"有说明，但若法官和法官助理存在违法审判和违反监督管理的行为，又会受到纪律责任甚至刑事责任的追究。

应当作为业绩考评时的重要参考因素。因此，在责任认定和追究上，审管办应当做到以权定责、以事问责、依法追责、以责为鉴。对不予检索或失误检索导致法律适用错误（过失）、知道应正确适用的法律而故意不予适用导致的法律适用错误（故意）的情形，应进行分别认定与层次有别的问责：

A. 对于承办法官和法官助理，均可追究不予检索和错误检索导致法律适用错误的责任，并予以业绩考评扣分。

B. 对于知道应正确适用的法律而故意不予适用，导致的法律适用错误的情形，已经超越了法律检索的主体责任，而属于纪律责任或刑事责任范畴，应按照相关纪律条例和刑事法律追究责任。（如图3）

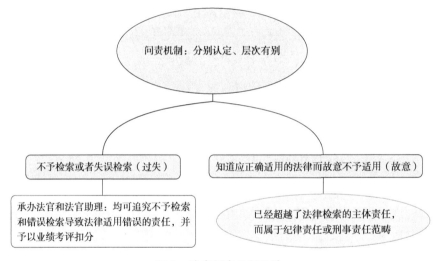

**图3　追责问责机制设计**

## 结　语

法律检索，就是从这些已存的材料中找出可以适用于当前之事实的部分，即"穷尽一切材料"（per omnes locos tractare）①，好像是人们在挨个地

---

① 字面意思是"穿越一切处所"，据金可可老师翻译。

敲一扇扇门，看有什么会出来应答。[①] 笔者希望，通过建立一个多层次、有逻辑、体系化的数据库架构和实质化、程式化的法律检索机制，保证个案裁判的准确性，落实司法责任制，提高司法公信力；同时，以智能法律检索体系建构解放司法生产力，为促进审判体系和审判能力现代化提供有益参考。

---

① 参见 ［德］齐佩利乌斯：《法学方法论》，金振豹译，法律出版社 2012 年版，第 127—128 页。

# 拥抱"智慧":四维视角下
# 裁判文书新面貌如何重塑?

## ——以功能发挥和完善为切入点

刘 源*

任何事物都处在一定的联系和场域之中,裁判文书也不例外。对裁判文书功能的研究,需要考虑其历史和实践价值,做出与其所处时代背景相协调的定论。研究信息化时代背景下裁判文书的作用,对于完善司法适用,丰富社会治理效能,推动法治进步,都大有裨益。古今中外,对裁判文书作用的阐述诸多,特别是当今学术界相关研究不断跟进,但尚未突破"社会治理"范畴,对裁判文书本身存在的与其功能不匹配的短板亦未进行深入探索,对其背后的理论逻辑亦未深究。因此,需要在明确裁判文书时代背景下的功能价值的同时,探索裁判文书的最佳范式,以期待功能充分发挥,推动法治进步和正义彰显。

## 一、守正与创新:裁判文书功能演进

### (一)裁判文书的认识论角色——实践领域的司法产品

实践决定认识,认识反作用于实践。司法运行的过程,是法律付诸实施的过程,属于处理社会关系的实践活动;包含裁判文书研究在内的法学实证研究属于探索世界的活动,也是实践活动的重要方面,但通过实证研究,会取得认识领域的突破,从而丰富法学理论,收获破解法律滞后性难题的良方,更大范围、更深层次地支撑正义。裁判文书是记载司法审判活动过程,

---

* 刘源,山东省莱州市人民法院法官。

明确当事人权利义务的司法产品,是司法运行的表现形式,它从属于司法实践的范畴。随着信息化时代的到来,司法公开迅速普及,裁判文书上网,给法学实证研究带来了极大的便利,裁判文书这一实践成果,迅速成为最有价值的研究素材之一,特别是随着对裁判文书的研究,法理学转介、填补、解释等功能被渐进式发掘,① 大量研究机构(见图 1)对于裁判文书的研究实践,日益成为助推法治进步的必要角色。归根结底,裁判文书作为实践产品,在推动法律认识发展,维护公平正义层面始终扮演着极其重要的角色。

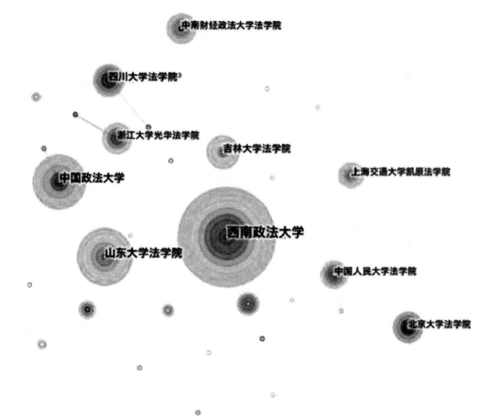

**图 1 裁判文书相关研究机构分布图②**

---

① 参见张文显:《法理:法理学的中心主题和法学的共同关注》,《清华法学》2017 年第 4 期。
② 屈茂辉:《基于裁判文书的法学实证研究之审视》,《现代法学》2020 年第 3 期。

## （二）二维视角下裁判文书基础功能定位——定分止争

裁判文书定分止争的功能滥觞于其产生之初。徒法不足以自行，司法活动在一定程度上承担起引导人们理性行事的重任，其面临的现实场域充满了理性和非理性的碰撞，司法运行的结果，就是通过规制上述碰撞，实现纠纷化解，裁判文书作为司法的产品，其初始功能、绝对功能，是定分止争，其作用的对象是当事人双方。法律是定分止争的实践理性①，《管子·七臣七主》曾将法律的作用概括为："夫法者，所以兴功惧暴也；律者，所以定分止争也；令者，所以令人知事也。法律政令者，吏民规矩绳墨也。"在古代法律思想的影响下，从发掘的古代判决书来看，司法裁判除了维护封建统治外，主要为了定分止争。进入到近代，无论是洋务派、改良主义，还是革命派，仍然坚持定分止争的观点。时至今日，向当事人送达裁判文书，作为审判程序的完成节点，目的仍然是纠纷止步、案结事了。公正是司法的生命线。裁判文书既体现了实体公正，又体现了程序公正，其定分止争的功能必须充分发挥。

## （三）三维视角下裁判文书进阶功能定位——社会治理

在信息化背景下，裁判文书不仅仅是诉讼的结果凭证，其在产生过程中，越来越考虑社会共同体价值。② 近年来，公众对于欢案、赵春华案、许霆案判决书开展的热烈讨论，从侧面证实了裁判文书的社会治理功能。裁判文书具有社会功能和教育功能，要从社会公众感受出发，体现公正价值和秩序价值。1999 年以来，最高人民法院陆续出台《人民法院五年改革纲要》，先后指出"通过裁判文书，不仅记录裁判过程，而且公开裁判理由，使裁判文书成为向社会公众展示司法公正形象的载体，进行法制教育的生动教材""增强裁判文书的说理性，研究建立裁判文书网上发布制度""裁判文书说理改革和裁判文书公开，提升法官的裁判文书写作能力"。《人民法院第五个五年改革纲要（2019—2023)》进一步强调了裁判文书公开，并指出"升级中国裁判文书网，提升上网裁判文书技术处理自动化智能化水平，着力提升用户体验。加强裁判文书数据资源研究利用，为规范诉讼活动、统一

---

① 参见张文显：《法哲学通论》，辽宁人民出版社 2009 年版，"序言"部分。
② 参见高维俭、王东海：《刑法体系解释层次论》，《现代法学》2019 年第 5 期。

裁判尺度、繁荣理论研究、促进社会治理提供有力支持"，直接以文件的形式，宣示了裁判文书的社会治理功能。2018 年 6 月，《最高人民法院关于加强和规范裁判文书释法说理的指导意见》正式实施，明确要求要提高裁判文书的可接受性，在裁判文书上网的大背景下，可接受性的主体已经从当事人扩展到社会公众，成为对社会公众的规则引领和价值导向，社会公众对法院裁判过程和结果的公平正义由间接感受转为直接感受，从社会公众的角度研究裁判文书的可接受性，所体现的同样是裁判文书的社会治理功能。①

### （四）四维视角下裁判文书延伸功能定位——法治进步

在我国，判例不是正式法律渊源，但不代表承载判例的裁判文书对法律的完善没有作用，这是两个不同的概念，忽视裁判文书对法治的影响，难免落入实证主义的窠臼。法律作为上层建筑，由经济基础决定，但伴随经济社会的发展进步，新情况、疑难案件不断涌现，出现"当实践真正需要智力支持的时候，法学却并不在场"的尴尬，因此，法律滞后性被广为诟病，即使引入司法义务②的概念，尚不足以解决该问题。要解决司法裁判遇到的难题，需要不断开展实证研究并强化法理学的研究。近年来以裁判文书为素材的实证研究频次和领域颇多（见表 1 和图 2），研究成果枝繁叶茂。通过海量裁判文书的研究成果包括法理概念的义项、构造及功能，③ 刑事速裁案件有限二审以及依法治理中的司法问题等，不仅解决了疑难案件裁判问题，而且推动了更高维度的法律认知。信息化背景下，特别是裁判文书上网公开的力度越来越大，以质性经验和量化数据为对象的法律实证研究在中国法学界得到了较为广泛的认可。最高人民法院院长周强强调，进一步推动法学研究、法学教育与司法实践相结合，创新法治人才培养机制，拓宽法治人才培养路径，为繁荣中国特色社会主义法治理论研究、推动司法实践发展作出新的更大贡献。此外，近年来学者对唐代、明清判决书的研究，对当时的国家治理态度、职官制度改革、州县自理裁判范围有了深刻的把握，繁荣了法学

---

① 参见李俊晔：《裁判文书多元评价机制研究》，《中国应用法学》2021 年第 6 期。

② 参见孙海波：《司法义务理论之构造》，《清华法学》2017 年第 3 期。

③ 参见郭栋：《法理概念的义项、构造及功能：基于 120108 份裁判文书的分析》，《中国法学》2021 年第 5 期。

优秀传统文化。同时，通过对裁判文书的实证研究，可以支撑法社会学、法经济学等学科的研究，预防法学、数据法学的出现就是很好的例证。

表 1　聚类关键词表

| 聚类名称 | 主要关键词 |
|---|---|
| 量刑建议 | 量刑（9）、量型建议（8）、缓刑（5）、死刑（4）、量刑规范化（4）、司法裁判（3）、污染环境罪（3）、量刑均衡（2）、量刑证据（2）、宣告刑（2）、罚金（2）、明确性（2）、速裁程序（2）、认罪态度（2）、故意杀人（2）、累犯从严（2） |
| 法定赔偿 | 知识产权（9）、损害赔偿（7）、著作权（6）、刑事司法（6）、指导性案例（5）、法定赔偿（4）、案例指导制度（4）、侵权（2）、判例（2）、证据制度（2）、知识产权判例（2）、诉前调解（2）、专利侵权（2） |
| 法治 | 调解（5）、受贿罪（5）、违法（3）、量刑基准（3）、法治（3）、诉讼调解（2）、瑕疵（2）、合同（2）、腐败（2）、标准（2） |
| 司法改革 | 司法改革（8）、法院（6）、庭审实质化（6）、审判委员会（4）、以审判为中心（3）、量刑程序（2）、量刑说理（2）、检察院（2）、独立审判（2）、试点（2） |
| 司法鉴定 | 司法鉴定（4）、环境司法（3）、环境纠纷（2）、专家辅助人（2）、鉴定人出庭（2）、新《环境保护法》（2） |

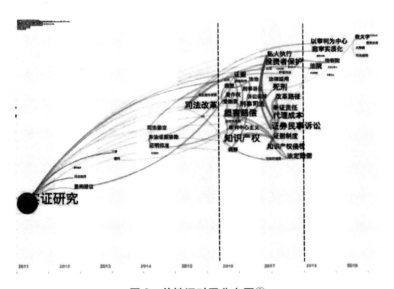

图 2　关键词时区分布图①

---

① 参见屈茂辉：《基于裁判文书的法学实证研究之审视》，《现代法学》2020 年第 3 期。

## 二、短板再现:时代背景下裁判文书缺憾

### (一)服判息诉——不可接受何以诠释当事人需求正义

第一层次正义,即当事人可感受,足以服判息诉的正义。通常的理论研究认为,司法活动的中心是法官,只要法官判决没有瑕疵,出于理性的考虑,当事人必须予以接受,但事实并非如此。2015年,湖北十堰法官被刺伤,行凶者胡庆刚面对记者镜头,说:"因为我不服!你说我败诉,你要说出个原因来。"当事人拿着判决书,却要求法官给一个败诉的理由。这存在两种可能,一是没有看判决书说理,二是没有看明白。当事人不认可判决结果,进而报复社会。常见的如日常生活中频发的婚姻家庭纠纷、侵权纠纷,非理性因素持续影响当事人的行为心理。所以,要诠释正义,裁判文书必须发挥最基础的功能,足以让当事人接受。提高裁判文书的接受度,最快捷的途径就是优化说理,说理越充分,越生动,更有利于当事人的理解。为此,理论界和实务界均进行了不懈的探索,裁判文书繁简分流、社会主义核心价值观的融入、"引经据典式说理""推进裁判文书说理的制度构建和设计"①等一系列优化裁判文书说理方式的研究成果应运而生。这些研究,缓和了说理与当事人接受之间衔接的尴尬,为裁判文书的可接受性增加了砝码,但仍未从说理困境的逻辑起点出发,即没有考虑到:不接受判决结果的一方,要么没有阅读说理的动机,要么仅仅是从说理中偏激地寻找发泄的突破口,不解决这个问题,再优秀的裁判文书说理,也可能抵不过旁观者一句戏言:法官收钱了,特别是部分败诉当事人更愿意相信法律之外的因素。

### (二)事实还原——信息不对称何以诠释社会公众需求正义

社会公众需求正义,即社会主流价值观认可的正义,该种正义以当事人需求正义为基础。裁判文书不仅需要让当事人认可,还应该让社会公众感受到公平正义。但是实践中,除受法律知识水平、个人立场等因素影响外,裁判文书载明的举证质证过程以及事实认定详略不一,很大一部分往往难以还原案件事实真相,导致社会公众对裁判文书的评价并不一致,甚至出现较大

① 庄绪龙:《裁判文书"说理难"的现实语境与制度理性》,《法律适用》2015年第11期。

范围的讨论，特别是一些录音、视频证据，仅仅截取了一小部分进行文字表述，公众能感知的内容十分有限。以近日网上查询到的某某莲诉刘某某案判决书①为例，对举证质证过程，特别是对证据的描述，比较抽象，读者无法看到证据全貌。不仅该份判决，目前绝大多数裁判文书都停留在用文字描述证据的情况，只有个别法官采用了"图文并茂"式的裁判文书。证据、法律事实无法还原，必然导致评价的多元化。

**（三）服务研究——与大数据不兼容何以诠释法治需求正义**

伴随着"大智移云"时代的到来，特别是人工智能和大数据上升到国家战略高度，在最高人民法院的推动下，信息化司法应用的重要性与日俱增，裁判文书多元化的研究与应用价值不断凸显。据统计，截至目前，中国裁判文书网公布裁判文书数量突破 1 亿，访问量突破 300 亿。但是，标准化的数据千篇一律，非标准化的数据千差万别，大多数裁判文书都以纯文本形式公开，属于典型的非结构化数据，非结构化意味着难以进行大数据和人工智能处理。从数据存储和收集来看，法院的裁判文书，存在的普遍性问题，一是缺乏标准化，裁判文书中存在大量非结构化信息，不仅妨碍信息抽取，而且容易导致研究偏离方向，造成结论失真。另外，裁判文书中的当事人、审判程序、案件事实等信息仅仅是相对标准化，这些信息仅仅是整个司法过程行为和结果信息的一部分，许多应当被标准化的信息并没有以文字形式呈现在判决书上。例如，一些疑难复杂案件，要经过审委会、专委会研究讨论，但这些过程或者记录在其他地方，或者不记录，造成信息损毁。在对裁判文书进行量化科学分析时，往往望洋兴叹。此外，就目前中国裁判文书网公布的裁判文书来看，裁判文书数据错误、标示性信息错误等问题，给大数据研究带来灾难。②

## 三、刨根问底：短板何以出现？

在司法改革不断推进，司法公信力不断提升的大背景下，法律文书功能

---

① 截至 2022 年 2 月 18 日，该案二审尚未宣判，故无法通过中国裁判文书网查看判决书，文中所指判决书系通过互联网搜索找到。

② 参见程金华：《迈向科学的法律实证研究》，《清华法学》2018 年第 4 期。

的发挥仍然受到限制，原因何在？

**（一）"公平敏感性"阈值降低**

在社会主义法治日益进步的今天，作为权利保障最后一道防线的司法逐渐趋于法治建设中心位置，司法实践逐渐从"民权"治理转向"民心"治理。近年来，党委政府、人民法院推进诉源治理的力度越来越大，诉前调解分流了占比很高的纠纷，排除拖延履行义务、逃避应诉等因素，绝大多数经济学上的"理性人"[①] 在调解员释法析理过程中，选择了调解结案。进入诉讼程序的民商事案件，很大一部分当事人，基于内心的公平追求，对完全或者绝大部分胜诉抱有极大期望，认为自己胜诉是最大的公平，因此，作为当事人其"公平敏感性"[②] 在对胜诉的盼望中日趋加深，一旦败诉或者裁判结果不理想，受到负面心理刺激，非理性因素占据主导，容易走思想极端，根本看不进去说理，对裁判文书视若无物。如果此时，当事人直接面对案件承办法官，一旦承办法官答复不好，这种不满会进一步上升。为进一步了解当事人思想状态，笔者随机选取 S 省 20 名律师、基层法律工作者，经专题问卷（见附件 1）调研，这些委托诉讼代理人 2021 年代理的 616 件诉讼案件中，当事人收到裁判文书后，自行阅读说理的仅占 19.6%，要求律师帮忙解读的占 33.8%，包含拒绝阅读在内的其他情况占到 46.6%。另外，根据调研结果，287 件不关注说理的案件中，有 211 件败诉案件，当事人因不接受败诉结果而不关注说理的占到 73.9%，足以说明在公平敏感性影响下，当事人心理上的"不配合"成为裁判文书基础功能受挑战的根源。

**（二）"心理暗箱"效应放大**

信息需求和信息行为是人的根本属性之一，人类个体信息处理过程的隐蔽性所产生的自我意识"黑箱"效应导致个体对外信息交互的有限性和不确定性。个体的不确定性被"黑箱"效应放大，容易对社会现象及背后的运行机制产生怀疑。当事人掌握证据原状原貌，经历庭审调查等阶段，旁观

---

[①] 理性人是经济学概念，来源于理性人假设，全称是"合乎理性的人"，基本特征是每一个从事经济活动的人都是利己的，其行动目的就是以最小的代价获取最大的收益。

[②] 公平敏感性是心理学概念，就是对公平偏好的理解，包含受害者敏感性、得益者敏感性、观察者敏感性等方面的内容。参见 Schmitt M. Baumert A. Gollwitzer M., Maes J., The Justice Sensitivity Inventory: Factorial Validity, Location in the Personality Facet Space, Demographic Pattern, and Normative data, *Social Justice Research*, 23 (2010).

者却无从知晓。特别是近年来由于处理涉诉信访机制的不完善，信访不信法、信上不信下、信钱不信理的风气被助长，有些地方花钱买"息访"，买来了当事人的利益满足，卖掉了法律的尊严和底线，[1]"黑箱"效应被进一步放大。根据中国综合社会调查（CGSS）在2015年度家户调查数据，[2] 通过 SPSS 数据分析软件分析显示，认为起诉对解决问题"通常有效""总是有效"的仅占 52.3%（见图3），认为法官与当事人、律师私下接触会受到纪律处罚的不足 30%（见图4），说明很大一部分社会公众仍然相信诉讼"暗箱"。在此前提下，如果裁判文书不能很好地呈现更多的可公开信息，加上别有用心之人"声情并茂"的渲染，必然会加剧社会公众对裁判结果的怀疑。

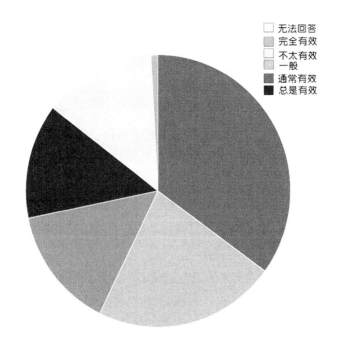

**图3 社会公众诉讼效果评价图**

（数据来源：CGSS2015 家户调研问卷统计）

---

① 参见张文显：《现代性与后现代性之间的中国司法》，《现代法学》2014年第1期。

② 中国社会调查最新一期的数据是2017年度，但未涉及本文探讨问题，故选取2015年度的调研数据。

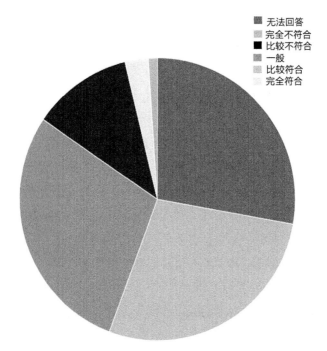

**图4 社会公众对法官违纪处分情况判断**

（数据来源：CGSS2015 家户调研问卷统计）

### （三）"智慧改革"程度不够

当前，人民法院的智慧化建设集中在司法应用层面，主要目标还是进一步促进审判执行工作提质增效，群众满意度和司法公信力进一步提升，并未将重点向法学实证研究方面延伸。另外，法院系统内部，受困于编制的不足，案件压力的激增，自身信息技术团队力量比较薄弱，许多法院急缺信息技术专业人才，在推进信息化应用的过程中，过多地依赖上级法院统一部署、安排，或者外聘工作人员进行操作。对司法裁判者，也就是法官群体来讲，在巨大的办案压力下，愿意将绝大多数精力用来办案，既要保证裁判结果公平公正，又要确保办案效率不断提升，特别是在当前以办案质效为基础的考核标准下，难以拿出时间和精力考虑裁判文书实证研究问题。即使最高人民法院每年组织学术讨论会，基于裁判文书的研究成果不断增加，也未能在面上推动法官群体的积极性。再者，实践领域法学和信息技术两门学科交流衔接不够，近年来培养的信息技术和法学复合型人才较少，仅凭少数专家学者对裁判文书数据化的研究推动，难以在短期内奏效。

## 四、路径纠偏与探索：寻找解题良方

### （一）心理分析介入的裁判过程探索

20 世纪初，现代心理学作为一门新兴学科，开始介入西方国家与诉讼相关的司法活动，[1] 主要是借助心理分析来解释判决形成的内在机制、当事人行为心理以及影响法律决策。[2] 在我国，由于缺乏制度和技术的支撑、法官运用心理分析成果的技巧不足，特别是当前，在一个基层法院一年收案数就能达万件的时代，心理分析理论和成果无法满足司法实践需要，所以借鉴发达国家心理介入机制，无论是诉前的评估，还是诉中的干预，都不现实。当前，应当在法官业务培训中加入司法心理学的知识，特别是在裁判文书说理中融入心理介入的理念，借助心理分析改善当事人对裁判文书的态度。[3] 同时，应当看到仅仅依靠当前的判后答疑等方式效果并不好，需要从裁判文书上下功夫。

### （二）司法公开的新路径探索

社会公众层面，只要不是案件当事人或者利害关系人，其公平敏感度要低很多，看裁判结果相对理性客观，但是由于对案件情况一知半解，整体认知会出现偏差，甚至会"盲人摸象"的评判。司法公开作为提升司法公信力的有效手段，在智慧法院建设过程中，被同步予以加强。随着裁判文书上网、庭审直播、法院开放日等措施的不断推进，越来越多的社会公众能够了解法院工作。但是，信息不对称导致对裁判文书评价多元化的问题并未实质解决。庭审时间，短则半小时左右，长则几个小时，甚至需要几天，对于想了解案件事实的公众来讲，没有太多时间去旁听庭审，仍然寄希望从判决书中了解案件始末。另外，根据波斯纳的相关论述，从法经济学角度考虑，单纯依靠扩大司法公开领域，例如，全流程公开、笔录上网等，要增加大量成本，成本越高，边际效益就越低，最终对社会治理的集合效应会递减。所

---

① See Andreas Kapardis, *Psychology and Law: A Critical Introduction*, New York: cambridge University Press, 2003。

② 参见［美］理查德·波斯纳：《法官如何思考》，苏力译，北京大学出版社 2009 年版。

③ 参见王霞、丰霏：《对公平正义的司法心理分析》，《法律方法》2014 年第 1 期。

以,大幅扩大司法公开的范围,对于满足社会公众的知情需求的帮助并不是很大,而在裁判文书中加入多媒体案件素材,提升整体还原水平,在当前条件下,是回应公众诉求的最佳选择。实践中,个别法院的个别法官为了实现上述目的,尝试撰写"图文并茂"判决书,一定程度上突破了传统模式,但仅仅如此,远不能满足社会公众全面了解案件情况的需要。所以,如何在裁判文书中提供更多更全面的信息,成为配合司法公开,彻底打开"心理暗箱"的必要举措。

### (三) 裁判文书研究价值利用的探索

为充分利用裁判文书这一宝贵的研究素材,特别是裁判文书公开带来了研究契机,专家学者充分克服文本式裁判文书在结构化、标准化不达标的困难,运用 BERT 模型 (见图 5) 和 Bi-LSTM-CRF 模型 (见图 6) 进行分析,

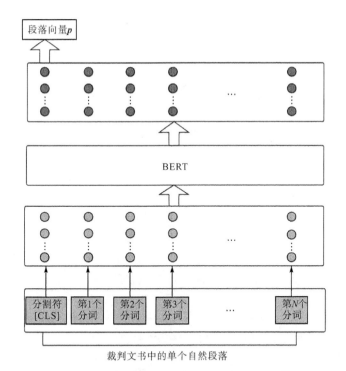

**图 5　用于提取段落特征表示的 BERT 模型①**

---

① 参见翁洋、谷松原、李静、王枫、李俊良、李鑫:《面向大规模裁判文书结构化的文本分类算法》,《天津大学学报 (自然科学与工程技术版)》2021 年第 4 期。

最终探寻出基于裁判文书段落级别的上下文语义特征信息的序列标注模型方法，实现裁判文书结构化效果。有的学者提出推进统计科学、计算机科学在研究中的深度运用，审慎对待数据缺失；还有的学者提取裁判文书中的庭审过程和法院意见构造数据集，比较人工构造特征的 cRFs 模型和加入预训练词向量做文本表示的自动生成特征的 IDCNN. CRFs 模型与 BiLsTM—cRFs 模型的实体识别效果，并在少量其他类型法律判决书文本上比较模型的迁移能力，得出裁判文书实体识别中，ALBERLT－BiLsTM. cRFs 和 IDcNN—cRFs 模型比 cRFs 模型效果更好，且迁移能力更强的结论。① 为了充分利用裁判文书的研究价值，相关学者进行了探索，为下一步研究做好了铺垫。为了减少研究阶段的多任务高难度操作，需要在裁判文书的数据处理上下功夫。

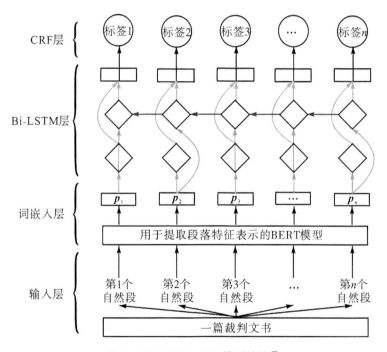

图 6 Bi-LSTM-CRF 模型结构②

---

① 参见王昊、林克柔、孟镇、李心蕾：《文本表示及其特征生成对法律判决书中多类型实体识别的影响分析》，《数据分析与知识发现》2021 年第 7 期。

② 参见翁洋、谷松原、李静等：《面向大规模裁判文书结构化的文本分类算法》，《天津大学学报（自然科学与工程技术版)》2021 年第 4 期。

### 五、多媒体+数据化:裁判文书新样貌重塑

综合前文分析,当前纯文本的裁判文书,在安抚败诉人情绪方面、引导社会秩序层面以及支撑法学研究方面都存在诸多不足,升级裁判文书势在必行。特别是在定分止争方面,要融入心理分析的方法,帮助当事人实现理性回归,达到胜败皆服的目的;在弘扬公平正义、促进社会治理层面要更加全面地反映诉讼的全过程,更翔实地展示证据,更充分地还原现场,彻底打开公众的"心理黑箱";在支撑法学研究层面,要更加主动地拥抱"智慧",在享受大数据时代红利的同时,更深层次地配合融入,为法治进步添砖加瓦,为持续正义孜孜不倦。要实现上述目的,就需要打造"多媒体+数据化"的电子版裁判文书,实现其由"文本模式"向"信息化模式"的转变。

#### (一)定分止争层面——要有"多媒体"声情并茂的说理

在裁判文书基础功能发挥方面,集中发力点仍然在裁判文书说理方面,在注重说理技巧的同时,拓宽说理的渠道。民事诉讼法修订后,裁判文书可以电子送达,这为多媒体文书的面世铺平了道路。所谓声情并茂,就是不单单靠文字说理,还要加入语音说理,就是要求法官用平实的、当事人容易理解的语言录制成音频,插入到电子版文书里面,作为附件。当然,说理的过程,要结合当事人心理,循循善诱。为了避免当事人仍然只看结果,不看或者不听说理内容情况出现,可以在技术层面予以控制。例如,当事人打开电子版裁判文书时,要看判决结果,必须先阅读或收听法官的解释说理,然后才能进入下一步,在这个过程中,可以让电子版的裁判文书自动播放舒缓情绪的音乐,进一步缓和当事人的对立情绪。另外,可以在裁判文书的末页,附上答疑二维码,对于阅读完判决书,仍然有质疑的当事人,可以扫码留言或者通过"屏对屏"的方式与法官实现对话。图7是电子版判决书样式的简化设计雏形。① 简单案件释法析理可以通过录音展开,作为附件或者说理

---

① 之所以称为"雏形",是因为通过文本形式,无法将建议中的多媒体的裁判文书样式完全呈现。

部分的组成部分；重大疑难复杂案件，必须制作音视频附件。

某某省某某市某某区人民法院

民　事　判　决　书

(2022)鲁 0000 民初 0000 号

原告：张三

被告：李四

原告张三与被告李四健康权纠纷一案，本院于 2022 年 1 月 6 日立案后，依法适用简易程序，公开开庭进行了审理。

……

审　判　员　×××

二〇二二年二月十七日

书　记　员　×××

附件 1：本案判后答疑、释法析理音频文件.mp3

附件 2：舒缓情绪轻音乐（随电子文件打开播放）.mp3

法官答疑　　　　线上留言

**图 7　新版"多媒体"裁判文书说理雏形展示**

**（二）社会治理方面——要有全面翔实的素材**

在社会治理功能发挥完善层面，首先要具备上述说理要求，让社会公众能够明白说理，同时，考虑社会公众对诉讼过程的了解远不及当事人的情况，将可以公开的证据照片嵌入、可以公开的音视频文件也导入裁判文书，特别是音视频文件，这些通过文字描述难以清楚呈现的证据，通过原版呈现,让公众能够直观感受,可以将"黑箱"彻底打开,不利的评论也可以大量减少,甚至相关"媒介审判"也会烟消云散,这些既不违背当前的体例要求,在技术上也很容易实现,更重要的是,以最低的成本,让社会公众能够全面了解诉讼的全过程,从而得出最准确的认知,更加支持法院的裁判结果,用裁判引领自身行为,这样,裁判文书参与社会治理的功能可以更大程度的实现。图8是初步样式的简化设计雏形。

某某省某某市某某区人民法院

**民　事　判　决　书**

(2022)鲁 0000 民初 0000 号

原告:王五

被告:赵六

原告王五与被告赵六民间借贷纠纷一案,本院于 2022 年 1 月 12 日立案后,依法适用简易程序,公开开庭进行了审理。

······

证据 1:借条一份

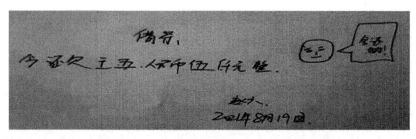

证据 2:王五与赵六关于双方商议利息问题的录音

**图 8　新版"多媒体"裁判文书样式雏形展示**

### （三）法治研究层面——要有拥抱智慧的自觉

法治的不断进步是实现正义的最佳路径。数字正义、大数据是时代潮流，是大势所趋。裁判文书数据化处理，在学术研究领域的探索已足够深入，为实现最佳效果，需要司法实务界，特别是作为司法裁判者的法官予以重视，探索基于规范化要求的裁判文书标准化、结构化方法，这也是追求更高维度的正义的必然要求。如果实现了裁判文书电子化、多媒体化，标准化、结构化的数据会进一步增加，非标准化的数据会进一步减少，调整处理的难度也会相应减少。所以裁判文书的多媒体化和数据化应当同步进行。当然，对裁判文书进行数据化改造，指的是初步的数据化，就是对一些关键表示类词句进行处理。在诉源治理效果尚未达到最佳，法院收案数高位运行的情况下，可以先从少部分案件着手，建议考虑从审委会讨论研究过的案件开始入手，因为经审委会研究的案件凝聚了集体智慧，不仅裁判质量高，而且代表性强，以此为试点，开展数据化，对于研究样本的选取十分有利。另外，也可以考虑从类案着手，特别是体量最小的行政诉讼案件，以此考验数据化的效果。待信息技术进一步发展，相关条件成熟后，再进行更大范围的裁判文书数字化处理，进而推进统计科学、计算机科学与法律实践的深度结合，① 以数字正义推动实现更高水平的公平正义。

## 结　语

裁判文书不单是司法程序终结的标志，也不单是胜诉方权利的凭证，它承载的是守护公平正义的永恒功能和价值。换句话讲，裁判文书不仅仅涉及法律问题，还涉及心理学、社会学、经济学乃至其他多学科关注的焦点问题，是推动社会进步的重要资源，其服判息诉的基础功能、引导公共秩序的社会治理功能、服务法治研究的载体功能，均应最大限度的实现。对于人民法官来讲，通过裁判文书，首先守住的是最基本的正义，在此基础上，要追求更深层次的正义。受专业领域和实践经验所限，本文对裁判文书数据化的

---

① 参见左卫民、王婵媛：《基于裁判文书网的大数据法律研究：反思与前瞻》，《华东政法大学学报》2020 年第 2 期。

研究尚显浅薄,但相信在未来,电子化、数据化的裁判文书是大势所趋,相关研究也会精彩纷呈。

**附件1**

## 调查问卷

作答要求:本调研问卷仅供学术研究使用,请根据实际情况填写,非常感谢!

1. 您2021年代理案件数量是( )件。

2. 上述案件中,对于结案裁判文书,当事人自行阅读分析说理的有( )件,要求您帮忙解读说理部分的有( )件。

3. 当事人忽略说理部分的原因是( )。

A. 看不懂　　　　　　　　　　B. 胜诉,凭自己理解就该胜诉

C. 败诉,带着情绪,看不进去　　D. 其他(请写明具体情况)

4. 您代理的案件,裁判文书还原案件事实的程度90%以上的有( );60%—90%的有( );60%以下的有( )。

# 【读书报告】

# 《司法过程的性质》读书报告

黄　震[*]

　　《司法过程的性质》是根据美国前联邦最高法院大法官本杰明·卡多佐在耶鲁大学所做演讲的讲稿编著而成，是一部独具特色的美国法律哲学和司法哲学的代表作。该书存有两个版本的译本，笔者所读为苏力老师根据1921年耶鲁大学出版社的英文本翻译，由商务印书馆于2009年出版的译作。本书诞生于英美法系国家由"严格遵循先例"转向"法官自由造法"的变革期，其采用"总—分—总"结构，于第一讲的引论中概述了司法裁判的过程，提出了判例法体系下"法官应如何决断案件"的问题，而后围绕该问题具体阐述了法官裁判的四种指导方法，并最终总结出司法过程的性质、提出法官造法的要求，为英美法系国家的判例法实践提供了重要指引。基于此本文将在对作者及其演讲背景进行介绍后，总结书中的主要内容，并结合我国成文法体系下的司法状况简述心得体悟。

## 一、本书作者及写作背景简介

　　本杰明·内森·卡多佐法官是美国历史上最具影响的法律家和法学理论

---

家之一：卡多佐法官于 42 岁任纽约州立法院法官，56 岁被提名和选举为该法院的首席法官。62 岁时，经时任总统胡佛提名，其作为联邦最高法院霍姆斯法官的继任者进入联邦最高法院，在出色工作 6 年后不幸逝世。卡多佐自获得律师资格后一直从事实务工作及法学教育，后又担任法官，是美国历史上当之无愧的伟大人物。①

卡多佐法官生活于美国工业化、城市化高速发展的社会转型期，产生于农业社会并主要回应农业问题的普通法已与多变的社会现实脱轨，尤其是作为其基本精神的"严格遵循先例"原则已无法调整日益复杂的社会关系。此时，实用主义法哲学应运而生。这种思想重经验轻逻辑、承认法官在判决中的自由意志及创造性立法活动、讲究法适用的便利与正义的协调，推动着审判方式由"严格遵循先例"的英国法精神向自由主义的美国法精神的转变。在此背景下，卡多佐以其对社会需求、公共政策及普通法的深刻理解，促使普通法更多地同社会的公共政策相结合，并作为联邦最高法院的少数自由派大法官支持罗斯福新政中强化政府对社会和经济干预的政策，帮助美国脱离经济危机，一跃成为超级大国。因此，美国的许多法学家都认为，由于卡多佐的长期普通法司法实践，在其任职期间"静悄悄地"完成了普通法革命。②

## 二、本书的主要内容

据前文所述，本书为"总—分—总"结构，共可分为引论、分论和总结三个部分。作者在总领性地概述了法官裁判的过程、提出问题后，详细论述了法官裁判的四种具体指导方法，并最终推导出司法过程的性质，总结出法官造法的要求。本章将基于上述划分，详细阐述书中的主要内容。

### （一）引论

引论部分充分展示了卡多佐在英美法系国家由"严格遵循先例"转向

---

① 参见［美］本杰明·卡多佐：《司法过程的性质》，苏力译，商务印书馆 2009 年版，第 1 页。

② 参见［美］本杰明·卡多佐：《司法过程的性质》，苏力译，商务印书馆 2009 年版，第 2—3 页。

"法官自由造法"的过渡时期对法官审理案件的指引与思路提出的问题。基于该部分结构，笔者将该部分内容分为两组，即"普通法系法官在审理案件时的裁判过程"与"法官造法的必要性和初步方法"，并在后文予以分别概述。

法官审理案件的裁判过程是引论部分的主线。根据卡多佐的观点，普通法系法官在审理案子时所进行的司法裁判过程应为"明确的宪法或制定法—具有决定性的先例—法官造法"。首先，法官应从宪法或制定法中寻找体现在他判决中的法律，而后准确适用，即"这种法律对应一经确定，他的职责就是服从"①；其次，在宪法和制定法均没有相关规定时，法官应寻找先前判例，即"法官必须从普通法中寻找适合案件的规则""他（即法官）所做的第一件事就是将他眼前的案件同一些先例加以比较"；② 最后，在缺乏具有决定性的先例时，法官便可进行造法，即"他必须为眼前的诉讼人制作法律；而在为诉讼人制作法律时，他也就是在为其他人制作法律"③。需要注意的是，法官所造的法律还需经受社会变迁的不断检验，并在新的法律实践中得到具有时代特色的重新阐述。正如卡多佐法官所言，"判例法的规则和原则从来也没有被当作终极真理，它们在那些重大的法律实验室中被不断地重复检测"④。

法官造法的必要性和初步方法是引论部分的"插曲"。卡多佐法官在论述法官应首选遵循宪法或制定法时提到，法官所制定的法律只是从属于宪法和其他制定法的二等法律，但"法典和制定法的存在并不使法官显得多余"，法官工作的非草率和机械性正体现于现行法中"需要填补的空白""需要澄清的疑问和含混""需要淡化（如果不是回避的话）的难点和错误"，而这些问题的出现是由于"当时的立法机关从未想到今天会对该制定法提出这个问题"。⑤ 这一立法的"滞后性"可以通过法官造法解决。卡多佐法官强调，法官造法的思路起点中并不是"确定当年立法机关心中对于

---

① ［美］本杰明·卡多佐：《司法过程的性质》，苏力译，商务印书馆2009年版，第4页。
② ［美］本杰明·卡多佐：《司法过程的性质》，苏力译，商务印书馆2009年版，第7页。
③ ［美］本杰明·卡多佐：《司法过程的性质》，苏力译，商务印书馆2009年版，第9页。
④ ［美］本杰明·卡多佐：《司法过程的性质》，苏力译，商务印书馆2009年版，第10页。
⑤ ［美］本杰明·卡多佐：《司法过程的性质》，苏力译，商务印书馆2009年版，第4页。

某个问题究竟是如何想的"，而是"要猜测对这个立法机关当年不曾想到的要点——如果曾想到——会有什么样的意图"。① 唯有这样，法官造法才能充分发挥填补立法空白、推动法律与当代社会契合的创造性功能。

（二）分论

作为本书的核心内容，分论部分详细介绍了指导法官裁判与造法的四种方法。卡多佐法官指出："一个原则的指导力量也许可以沿着逻辑发展的路线起作用，我将称其为类推的规则或哲学的方法；这种力量也可以沿着历史发展的路线起作用，我将称其为进化的方法；它还可以沿着社区习惯的路线起作用，我将称其为传统的方法；最后，它还可以沿着正义、道德和社会福利、当时的社会风气的路线起作用，我将称其为社会学的方法。"② 据此，本章后续部分将分别对卡多佐法官所做"类推的规则或哲学的方法""进化的方法""传统的方法""社会学的方法"分类进行详细阐述。

1. 类推的规则或哲学的方法

"统一"是类推的规则或哲学的方法（以下简称"哲学方法"）的主要价值，也即所谓"同案同判"。卡多佐法官提到，"能将这些案件统一起来并加以理性化的原则就具有一种倾向""它有这种身份，这种身份来自自然的、秩序的和逻辑的承继"。③ 当然，哲学方法的价值并未得到很多法官的认可，霍姆斯法官也曾提及"法律的生命一直并非逻辑，法律的生命一直是经验"，但卡多佐法官指出，"霍姆斯也从未告诉我们当经验沉默无语时应当忽视逻辑"，而"如果没有某些足够的理由（通常是某些历史、习惯、政策或正义的考虑因素），我并不打算通过引入不一致、无关性和认为的例外来糟蹋法律结构的对称"。④ 对于争点相同的案件，各方当事人期待的当然是"同案同判"，而不是依据不同甚至相互对立的原则去裁决这些案件，这将是不公平的。

需要注意的是，哲学方法应当与法律实际、社会福利相结合，重视正义

---

① ［美］本杰明·卡多佐：《司法过程的性质》，苏力译，商务印书馆2009年版，第5页。
② ［美］本杰明·卡多佐：《司法过程的性质》，苏力译，商务印书馆2009年版，第15—16页。
③ ［美］本杰明·卡多佐：《司法过程的性质》，苏力译，商务印书馆2009年版，第16页。
④ ［美］本杰明·卡多佐：《司法过程的性质》，苏力译，商务印书馆2009年版，第17页。

对逻辑、情感对理性的作用，而应防止因对法律逻辑和对称性的过度追求而导致的对哲学方法的僵化适用。卡多佐法官指出，我们的逻辑、类推或哲学到达某个特定点后是会"分岔"的，对于如何选择逻辑的问题，"历史或者习惯、社会效用或某些逼人的正义情感，有时其或是对渗透在我们法律中的精神的半直觉性领悟，必定要来援救焦虑不安的法官，并告诉他向何方前进"①。例如在著名的里格斯诉帕尔默案中，按照逻辑，立遗嘱人所立遗嘱中对财产的处置方式应当具有法律约束力，但本案中遗嘱受益人谋杀了立遗嘱人，此时逻辑的分岔在于——法官应依惯例继续肯定遗嘱的法律效力，或判处谋杀者丧失遗嘱继承权。倘若任凭逻辑肆意发挥作用至极限，作出"谋杀者可依遗嘱获得遗产"的判决，则是对普遍正义情感的违背。本案中法院判决谋杀者丧失继承权，是因为"不允许罪犯从犯罪中获利所服务的社会利益比维护并强制执行法定所有权所服务的社会利益更为重大"，这便是在哲学方法、法律逻辑出现"岔路"时，法官结合社会效益、正义情感等作出的灵活裁判。而"那些更看重法律规则发展中的对称性和逻辑性而不是强调法律实际顺应一个正当结果的人，仍然为某种分类而感到麻烦，因为那里的分界线是如此摇摆不定和模糊不清"②。

此外，卡多佐法官在这一部分的最后指出，哲学方法的又一作用在于促成基本概念的形成，起初它们只是暂时性的和探索性的起点，通过法律实践的不断检验，它们将获得新的永久性和确定性，并最终变成基本的和公理性的。③

2. 进化的方法

特定的历史条件对部分法律概念（或原则）具有重要影响，卡多佐法官将这一注重对司法起源的调查、来自法律外部的方法称为进化的方法，也即历史的方法。如果说司法发展所涉及的是"对起源的调查"和"纯粹的理性努力"，那么后者代表前述哲学方法，前者则代表所谓进化的方法，也

---

① ［美］本杰明·卡多佐：《司法过程的性质》，苏力译，商务印书馆2009年版，第23—24页。

② ［美］本杰明·卡多佐：《司法过程的性质》，苏力译，商务印书馆2009年版，第23—24页。

③ 参见［美］本杰明·卡多佐：《司法过程的性质》，苏力译，商务印书馆2009年版，第26页。

即历史的方法。① 卡多佐法官指出，当一个原则通过逻辑推导的方式到达极限、无法继续时，"历史的影响为逻辑清扫路径"，也即该原则无法继续进行合理推导的原因可能是缺乏特定的历史土壤，因"某些法律的概念之所以有它们现在的形式，这几乎完全归功于历史"。② 例如封建的土地占有制与这一制度相伴随的法律制度，卡多佐法官指出，"我们永远也不可能根据抽象的所有权观念，通过逻辑演绎过程，来区分附属于无限制继承条件之地产的与附属于终生占有之地产的诸多权利义务，或者是区分附属于终生占有之地产的与附属于占有期有限之地产的诸多权利义务"，相似的例子还包括土地转让的限制、绝对所有权的暂停、不确定继承等，甚至包括一些合同法概念——"在这些问题上，'一页历史就抵得上一卷逻辑'"。③

进化的方法虽在本书中篇幅较少，但却在某些特定法律问题上具有无法替代的价值，正如卡多佐法官所言，"历史在照亮昔日的同时也照亮了今天，在照亮了今天之际又照亮了未来；今天我们研究前天，为的是昨天也许不会使今天无所作为以及今天又不会使明天无所作为"④。

3. 传统的方法

当运用上述哲学和进化的方法仍无法为一个原则提供发展方向时，习惯便可发挥其作用。不可否认的是，随着普通法的发展完善，习惯的作用已大不如前。事实上，近年来"我们寻求习惯，至少很多时候不是为了创造新规则，而是为了找到一些检验标准，以便确定应如何适用某些既定规则"⑤，但这并不意味着习惯创制法律的功能已然丧失——至少在商人法领域，"在不存在与制定法不相一致的情况下，商业实践也许可以创造出一些新型的商业票据"⑥。

当然，正如上文所述，习惯的创造力已不复以往，其主要作用在于"检验"，而这一作用往往体现于所谓"普通人的标准"上。例如，主人在

---

① 参见［美］本杰明·卡多佐：《司法过程的性质》，苏力译，商务印书馆 2009 年版，第 29 页。

② ［美］本杰明·卡多佐：《司法过程的性质》，苏力译，商务印书馆 2009 年版，第 29 页。

③ ［美］本杰明·卡多佐：《司法过程的性质》，苏力译，商务印书馆 2009 年版，第 31 页。

④ ［美］本杰明·卡多佐：《司法过程的性质》，苏力译，商务印书馆 2009 年版，第 30 页。

⑤ ［美］本杰明·卡多佐：《司法过程的性质》，苏力译，商务印书馆 2009 年版，第 34 页。

⑥ ［美］本杰明·卡多佐：《司法过程的性质》，苏力译，商务印书馆 2009 年版，第 34 页。

履行保护仆人不受伤害义务时是否尽到"普通人通常会具备的那种程度的细心程度"等，法官应当参考普通人在日常生活中的"生活习惯及日常的信仰和实践"，在具体案件对市场、职业习惯的考量亦属习惯"检验"作用之列。①

值得注意的是，习惯与后文所述社会学方法存在接触点。若将习惯延伸为"习惯性道德、流行的关于正确行为的标准、时代风气"② 等，那么习惯便与社会学方法出现了连接，因它们都存有维护社会行为与秩序、谋求社会福祉的目的。

4. 社会学的方法

社会学的方法是法律终极原因——社会福利的体现。上述哲学、进化（历史）、传统（习惯）的方法均存有在某一裁判领域形成支配性力量的机会，但"当社会的需要要求这种解决办法而不是另一种的时候，为追求其他更大的目的，我们就必须扭曲对称、忽略历史和牺牲习惯"，从而走向当代最大的力量，即"在社会学方法中得以排遣和表现的社会正义的力量"。③

社会学的方法是法官自由裁量的依据，它能在法官无法确定应适用书中所提及的四种方法裁判案件、应在何种程度上创造法律时提供指引。卡多佐法官指出，他强调"法律所服务的目的将支配所有这些方法"，并不是说"法官被授权随意将现存的规则放在一边，而偏好任何其他一套他们也许认为是便利或明智的规则"，而是希望法律所服务的目的（即社会福利）能够成为法官裁判的指引——"当法官应召就现存规则应如何延伸或如何限制而发言时，他们一定要让社会福利来确定路径，确定其方向和其距离"④。对此，卡多佐法官在后文中特别指出了社会学方法的"仲裁者"作用——"它是另外两种方法之间的仲裁者，分析到最后，要由它决定选择生命方法；掂量相互竞争的两种方法的主张，为它们的权利设定边界，对它们加以

---

① 参见［美］本杰明·卡多佐：《司法过程的性质》，苏力译，商务印书馆 2009 年版，第 36 页。

② ［美］本杰明·卡多佐：《司法过程的性质》，苏力译，商务印书馆 2009 年版，第 36—37 页。

③ ［美］本杰明·卡多佐：《司法过程的性质》，苏力译，商务印书馆 2009 年版，第 38 页。

④ ［美］本杰明·卡多佐：《司法过程的性质》，苏力译，商务印书馆 2009 年版，第 39 页。

平衡、和缓和协调"①。

同时，社会学的方法亦是法官自由裁量的限制。法律的终极原因——社会福利作为一个宽泛术语，其既可指向"便利或审慎"，亦可代表"宗教的要求、伦理的要求或社会正义感的要求"。对此，法官应当承担发现具体社会福利的责任。就这一过程涉及的法官自由裁量而言，卡多佐法官明确表明，"并没有授权法官随意按照变化着的关于便利或明智的看法来制作或废除规则"②，亦有学者指出，"这时法官的任务是去发现社会福利，即正义和社会效用，但是这并不意味着法官可以由于时代的变化恣意制作或修改法律。除非先例中的基本原则已经完全不能适应时代的发展，已经丧失了其合理性和正义性，法官才可以正义和社会效用作为依据、方向和边界在这些规则尚未填补的空白中来立法"③。

就法官发现社会福利的具体标准而言，卡多佐法官以宪法中"自由"和"财产"的内涵演进为例指出，法院的标准应当是客观的——"真正作数的并不是那些我认为是正确的东西，而是那些我有理由认为其他有正常智力和良心的人都有可能会合乎情理地认为是正确的东西"④。同时，这一客观标准也应随社会的发展而与时俱进。卡多佐法官在谈及社会学方法对私法领域的作用时指出，"先前那代人对工会的疑心甚至敌视在司法决定中得到了反映，而一种正在变化着的对于某些社会价值的理解已经使得这些决定必须重新予以塑造"⑤。事实上，卡多佐法官在展示宪法领域"自由""财产"两者内涵的演变时，要求法官裁判随社会实际需要与时俱进亦可视为其题中之意。

（三）**总结**

基于对上述四种方法的阐述，卡多佐法官在本部分得出了关于司法过程性质的结论："在某个具体案件中，哪种力量将起支配作用，这在很大程度

---

① ［美］本杰明·卡多佐：《司法过程的性质》，苏力译，商务印书馆 2009 年版，第 58 页。

② ［美］本杰明·卡多佐：《司法过程的性质》，苏力译，商务印书馆 2009 年版，第 39 页。

③ 徐智超、王娜：《以卡多佐视角浅析司法过程的性质及其对中国司法建设的启示》，《黑龙江省政法管理干部学院学报》2019 年第 5 期

④ ［美］本杰明·卡多佐：《司法过程的性质》，苏力译，商务印书馆 2009 年版，第 52 页。

⑤ ［美］本杰明·卡多佐：《司法过程的性质》，苏力译，商务印书馆 2009 年版，第 57 页。

上必定取决于将因此得以推进或损害的诸多社会利益的相对重要性或相对价值", 而"最基本的社会利益之一就是法律应当统一并且无偏私。"①

同时, 卡多佐法官在本部分也论述了法官应如何创造法律, 概言之, 即"既受到限制, 又需要充分发挥创造性"②。其一, 就限制性而言, 法官的造法范围应局限于法律空白, 即"他只是在空白处立法"③, 而法官的造法目的应符合正义和社会效用的要求(即前文所述社会学方法的要求)——"他应当服从当立法者自己来管制这个问题时将会有的目标, 并以此来塑造他的法律判决; 需要填补法律的空白之际, 我们应当向它寻求解决办法的对象并不是逻辑演绎, 而更多是社会需求"④。其二, 就创造性而言, 法官造法虽应遵循先例, 但这一规则应当是灵活具体的, "只要是经过恰当的经验检验之后发现一个法律规则与正义感不一致或者是与社会福利不一致, 就应较少迟疑地公开宣布这一点并完全放弃该规则"⑤。法官的主观能动性应当在裁判中有所体现, 卡多佐法官指出: "任何司法解释体制中都不能完全清除解释者的个人尺度, 关于道德的学科中也不存在完全取代主观理性的方法""独立于我们的真理和我们内心的真理之间有不可避免的关系"⑥。

## 三、阅读的体悟与思考

本书所述内容主要围绕"法官如何造法"展开, 以英美判例法为背景向世人展示了英美法系国家法官裁判案件的过程(即"司法过程")。然而我国作为成文法系国家, 并不允许法官造法, 法院等司法机关仅能靠颁布指导案例或司法解释的方式对立法进行具体化。本文将结合成文法体系下我国的司法实践, 简述心得体悟。

---

① [美]本杰明·卡多佐:《司法过程的性质》, 苏力译, 商务印书馆2009年版, 第67页。
② 徐智超、王娜:《以卡多佐视角浅析司法过程的性质及其对中国司法建设的启示》,《黑龙江省政法管理干部学院学报》2019年第5期。
③ [美]本杰明·卡多佐:《司法过程的性质》, 苏力译, 商务印书馆2009年版, 第68页。
④ [美]本杰明·卡多佐:《司法过程的性质》, 苏力译, 商务印书馆2009年版, 第72页。
⑤ [美]本杰明·卡多佐:《司法过程的性质》, 苏力译, 商务印书馆2009年版, 第91页。
⑥ [美]本杰明·卡多佐:《司法过程的性质》, 苏力译, 商务印书馆2009年版, 第80页。

### （一）成文法体系和判例法体系的对比

作为成文法系国家，我国禁止法官造法，即便是某地法院法官作出的具有先进性的判决，除为最高人民法院视作的指导案例或司法解释颁行，或为立法机关制定为法律外，是无法作为其他地区法院的裁判依据的。正如意大利著名法学家贝卡里亚在其著作《论犯罪与刑罚》中所言，稳定的社会秩序仰仗稳定成文的社会契约，而成文法便是如此。此外，成文法体系对法官自由裁量权的限制有助于防止司法权力的滥用，亦能够使各种不法行为的法律后果清晰明朗，实现刑罚的确定性与必定性，充分体现罪刑法定原则的价值。

然而，稳定便必然伴随灵活性的缺失，灵活性缺失导致的与时代脱轨可以靠不断修正成法或颁布下位司法解释等法律文件来弥补，但其导致的"同案不同判"问题便难以解决。以刑法为例，刑法必须以较少的条文网罗极为复杂的犯罪，其结果便是使用一些概括性、抽象性的用语，这就给成文刑法留下了非常大的解释空间——例如《刑法修正案（十一）》第三十一条①规定有袭警罪，如何界定"暴力袭击""人民警察"等均存在极大争议。法官可以在用语可能具有的含义内造法又声称自己没有造法，甚至可能在含义外造法而声称自己只是在解释法律。无论对其补充多少司法解释，成文的法律条文在不同的具体情景下总会存在纰漏。

相比之下，判例法虽具有扩大法官权力、缺乏民主性、法律结局捉摸不定、裁判质量依赖于法官个人素质等诸多缺陷，但其能够解决上述"同案不同判"的问题。笔者认为，纠正"同案不同判"的根本不在于直接更改同类案件的裁判结果，而在于对同类案件形成相同的裁判思路和方法，而这正是本书所论判例法下的"类推的规则或哲学的方法"。因判例法体系下对先例的遵循不仅仅是对先例中裁判结果的参照，更是对先例判决思路的遵从；法官依据统一理性的思路，根据具体案情自由的选择、解释和创设法律，质量一般的判决能做到"同案同判"，而质量优越的判决则可直接推动

---

① 《刑法修正案（十一）》第三十一条：将刑法第二百七十七条第五款修改为："暴力袭击正在依法执行职务的人民警察的，处三年以下有期徒刑、拘役或者管制；使用枪支、管制刀具，或者以驾驶机动车撞击等手段，严重危及其人身安全的，处三年以上七年以下有期徒刑。"

法律进步，这便是判例法体系的优越性。

**（二）判例法系下的裁判方法与我国指导性案例制度建设**

与判例法体系相似，我国有指导性案例制度。《最高人民法院关于案例指导工作的规定》（以下简称《案例指导规定》）指出："最高人民法院发布的指导性案例，各级人民法院审判类似案例时应当参照"。[①] 我国指导性案例作为一种非正式法律渊源，并不具有直接法律约束力，《案例指导规定》亦明确，指导性案例只可供"参照"，而非"援引"，但其却具有"间接效力"——其能够统一对相关条文的理解和认识，虽无法被其他案件直接援引，但其所确立的原则和精神对以后的类似案件的处理具有拘束力。[②]

可以看出，指导性案例的法律效力与卡多佐法官所论述的哲学方法与社会学方法具有相似性，其不仅具有确立统一裁判思路，促成"同案同判"的积极作用，亦可通过每年不断更新的指导性案例关注社会时情，实现社会福利保障的与时俱进，还能为无法可依时法官的自由裁量进行限制，并为上级院评判下级院被上诉案件的合法、合理性提供参考。是故在制定指导性案例的程序上，可在综合参考运用卡多佐法官所论四种裁判方法的基础上，制定遵循客观标准、符合时代特点、维护社会福利的指导性案例，并推动其在实践的不断检验下由"暂时性的和探索性的起点"向"基本的公理"转变。不同的是，我国作为成文法国家，推动案例成为公理的方式应当是制定成文法规（如法律、司法解释、法规或其他规范性文件等），而非形成既往判例。此外，就指导性案例实体效力而言，需厘清学界"事实上的拘束力""法律上的拘束力""折中的拘束力"的争论，释明"应当参照"与"援引"的区别，以推动指导性案例在司法实务中发挥实际效用。[③]

**（三）社会学的方法与我国社会司法建设**

所谓社会司法，是指社会组织依据社会规则化解纠纷的活动，人民调解、仲裁等均应属其范畴，其是广义"司法"概念下国家司法的对应概念，

---

① 《案例指导规定》第七条：最高人民法院发布的指导性案例，各级人民法院审判类似案例时应当参照。

② 参见温子涛：《我国指导性案例制度及其司法实践的应用》，立方律师事务所 2019 年 11 月 7 日，http://www.lifanglaw.com/plus/view.php？aid=1770。

③ 参见袁宏英：《论指导性案例的效力》，微信公众号"上海法学会"，2020 年 5 月 16 日。

是基层社会治理的重要理论基础。① 事实上，社会学的方法和社会司法存在有较大差异，因社会学的方法是判例法体系下法官裁判的方法，而社会司法则是法庭之外社会自治的体现。但其相同点在于，二者均重视"社会福利"并强调对司法公权力的限制——社会学的方法要求法官在发现社会福利的过程中应遵循当代客观标准，切忌肆意造法，而社会司法则认为有效的基层社会治理应更多依靠社会自治而无需国家公权力的过度干预。笔者认为，社会学的方法对社会司法的借鉴意义在于，法官在裁判具体案件（尤其是基层法院进行裁判）时，若认为交由公民自治能够实现社会福利，则应当将司法裁量权"还"于社会——如此不仅能防止司法权过度干预社会运行，亦更有助于实现社会治理结合社会实际并与时俱进。

当然，鉴于法律体系的差异，我国社会司法建设应更多向内，即向中华优秀传统法律文化寻找启示。儒家司法思想对基层社会"和谐"与"礼治"的强调即具有当代社会司法的内涵。儒家司法理念崇尚"和谐"，《论语》言"和为贵"，《中庸》亦云"致中和"；儒家亦推崇"无讼"，其主张除重大案件外，其余普通纠纷均可通过调解等方式解决，而无需运用国家司法。② 儒家推崇的"礼治"也是社会司法的体现。"礼"是一种"活法"，以宗族、村落等为主体的基层社会自行运用"活法"化解一般纠纷，而无需国家司法权的介入，此为"自治"，也即"礼治"的核心。③ 据此可知，儒家追求一种以"礼"为依据，以"和谐"为目的，以"调解"为主要解纷方式的基层社会自治，这对我国社会司法研究和基层社会治理方式探索具有借鉴意义。

此外，儒家司法思想对"德治"的推崇与我国"德法并重"的方略具有关联。儒家认为，基层社会治理的关键不在于通过刑政促成民众"他律"意识，而在于通过道德建设养成民众"自律"意识，正所谓"道之以政，齐之以刑，民免而无耻；道之以德，齐之以礼，有耻且格"。事实上，与社会司法建设关系密切的"枫桥经验"便是对儒家"德治"思想的继承，有

---

① 参见崔永东：《司法学体系研究》，人民出版社 2023 年版，第 33、124 页。
② 参见崔永东：《基于法治战略视角看"枫桥经验"与基层社会治理的德性底蕴——兼论社区警务的战略意义》，《山东警察学院学报》2020 年第 4 期。
③ 参见崔永东：《司法学体系研究》，人民出版社 2023 年版，第 125 页。

学者亦指出，"'枫桥经验'的德治教化是法治的一种替代，是其在起源阶段便具备的原始生命力"①。

　　基于社会学的方法及我国儒家思想为我国社会司法建设带来的启示，我国的基层社会治理应以"实现社会福利"为重要目标，跳出"立法中心主义"的囹圄，完善人民调解制度，强化多元解纷机制建设。同时，也应注重道德的教化作用，不断丰富"枫桥经验"自治、法治、德治、智治相结合的时代内涵，推动依法治国与以德治国的有机结合。

---

① 钱弘道：《论"枫桥经验"的起源与生命力》，《河北法学》2023 年第 12 期。

# 《中国法律与中国社会》读书报告

王 林*

## 一、本书的逻辑结构

瞿同祖先生的《中国法律与中国社会》一书共分为六个章节，分别讨论家族、婚姻、阶级、阶级（续）、巫术与宗教以及儒家思想与法家思想。六章总体上采用分论的方式，但同时各章节之间又存在逐层递进的逻辑关系。

家族和阶级是中国古代法律着重维护的制度和社会秩序，在法律上占有极为突出的地位，因此本书当中家族和阶级部分成为理解中国法律与中国社会的主体部分和核心关键。瞿同祖先生以两章讨论家族与婚姻，另外两章讨论阶级，并且由于宗教与法律关系密切，另设一章讨论巫术与宗教，提供了一个法律与信仰交织的观察视角。最后讨论儒法思想，从而为读者提供了一个全面审视古代中国法律与社会关系的视角，而且展现了瞿同祖先生对于中国法律社会史深刻的洞察力和深厚的学术造诣。

## 二、本书的主要内容

瞿同祖先生伊始阐述本书的主要目的在于研究并分析中国古代法律的基本精神及主要特征，次要目的在于讨论中国古代法律自汉至清有无重大变化，瞿同祖先生将汉代至清代之间的古代中国法律作为整体分析，共分六章逐步展开讨论。

---

* 王林，山东大学法学院硕士研究生。

    首章，瞿同祖先生详细论述了家族在中国古代法律与社会中的地位。瞿同祖先生指出中国的家族是父权家长制的，法律承认父权具有绝对永久的统治权，即使子孙成年也不能获得自主权。父权首先体现在法律权。子孙不肖，法律不仅承认父母的惩戒权还给予送惩权即请求地方政府代为执行，父权对子女的生杀权保留有生杀的意志。此外，根据法律，父母有权支配子孙的身体自由，并拥有法律层面上的绝对决定权。清代法律规定只要子孙不服教诲且有触犯情节，父母得以呈送发遣即借助于法律以发配边远剥夺自由。① 在法律层面上，父母与子女之间的地位关系呈现出明显的不对等性，这种不对等性源于法律对亲权的明确承认与支持，因此造成的结果是法律上的"是非"系于身份，而不在事理。其次，父权体现在经济权与婚姻权。在经济权方面，所谓"父母在不有私财"，禁止子孙私有财产，父母在而别立户籍和分异财产是法律规定的不孝罪情形。在婚姻权方面，父母的意志是子女婚姻成立或者撤销的主要决定条件，子女没有婚姻自主权。② 最后，父权体现在宗法权。族长权在族内的行使是父权的延伸体现，宗法关系体现为"大宗能率小宗，小宗能率群弟"，并且大宗百世不迁，大宗宗子为宗主，具有统率的宗子权。宗子权在宗内体现为祭祀权、全族财产权以及部分的生杀权，宗子在家族中类似于奉行家法的法官。这种家族本位的政治法律关系深刻揭示了家族法规与国家法律、家族序列与社会序列之间紧密而微妙的联系。③

    瞿同祖先生进一步阐述这种家族主义与刑法关系密切，亲属间的侵犯，直系尊亲属对于子孙不成立伤害罪，甚至于因子孙不孝或违犯教令将子孙杀死，法律上的处分也较轻。但是历代法律对于不孝罪的处治均采用加重主义的原则，对父母有不逊侵犯的行为皆为社会所不容。汉律、宋律罪至枭首，唐宋明清律处分为斩决，父母因子孙过失和细故而自尽或者意外死亡都应当负刑事责任。④ 古代法律对于家族内乱伦的奸非罪同样采取加重主义，但对于亲属间的窃盗罪则采取减轻主义，其深刻体现中国古代法律的伦理基础。

---

① 参见瞿同祖：《中国法律与中国社会》，商务印书馆 2010 年版，第 5—17 页。
② 参见瞿同祖：《中国法律与中国社会》，商务印书馆 2010 年版，第 18—19 页。
③ 参见瞿同祖：《中国法律与中国社会》，商务印书馆 2010 年版，第 20—30 页。
④ 参见瞿同祖：《中国法律与中国社会》，商务印书馆 2010 年版，第 30—59 页。

由于法律与家族主义关系密切，其催生出容隐和代刑以及相应的缓刑免刑制度，容隐制度即所谓父为子隐，子为父隐，法律容许亲属容隐，同时禁止亲属相互告讦，法律严格制裁子孙告发祖父母、父母的行为。代刑即因犯人的子孙兄弟请求代刑而加以赦免或减轻，并且因为体念犯亲年老无侍，以存留养亲特免死刑或者适用缓刑。①

第二章，瞿同祖先生通过研究古代婚姻法律制度，揭示了婚姻在古代中国社会中的角色。他认为古代社会婚姻的意义只在于宗族的延续以及祖先的祭祀。婚姻是以家族为中心的，因此婚姻的缔结方面父母家长具有完全的主婚权，只要二姓的家长同意与其子女的结合，经过一定的仪式婚事便成立。婚姻过程中，夫妻名义上是平等的，但是实际基于男尊女卑的主观意识，夫妻关系并不平等，妻的行为能力受到限制，并且夫殴妻采用减刑主义，妻殴夫则采用加重刑罚，妻不能行使自卫权。② 并且在宗法制下，女子出嫁便是脱离父宗加入夫宗的行为，以夫宗为家，只能参与夫宗单位的经济活动和宗教活动。在中国古代法律中，婚姻的解除机制主要涉及七出、义绝和协离这三种形式，其中七出是可以作为夫方要求离婚的条件，而义绝则是法律规定的当然离婚条件，协离是双方同意的离婚。瞿同祖先生在最后还论及妾的地位，其指出中国法律和社会只承认一妻多妾制，妾在家长家中并非家属中的一员，家长与妾之间的不平等较夫妻之间更甚。③

第三章和第四章，瞿同祖先生探讨了阶级在古代中国法律与社会中的作用。瞿同祖先生将士大夫与庶人区分为特权阶层与非特权阶层，特权阶级和非特权阶级在生活方式方面具有巨大差异，并且与社会地位呈现正比关系，包括饮食、衣饰、房舍和舆马。不同社会地位的人规定不同等级的生活方式，下不得僭上从而使得"贵财有别，下不凌上"维持所期望的社会秩序。同时，婚姻也深受阶级的观念影响，封建时代实行严格的阶级内婚制，士庶之分严格。并且良民与贱民的区分以及不通婚的禁忌始终存在。这种阶级的差别还体现在丧葬以及祭祀方面。④

① 参见瞿同祖：《中国法律与中国社会》，商务印书馆 2010 年版，第 67—78 页。
② 参见瞿同祖：《中国法律与中国社会》，商务印书馆 2010 年版，第 119—145 页。
③ 参见瞿同祖：《中国法律与中国社会》，商务印书馆 2010 年版，第 146—159 页。
④ 参见瞿同祖：《中国法律与中国社会》，商务印书馆 2010 年版，第 163—226 页。

除了生活方式的差异，其阶级差异还体现在贵族法律特权、良贱间的不平等以及种族间的不平等。贵族及官吏特权阶级存在不受司法机构及普通法律程序拘束的情形，许多时代的法律都规定司法机构不能擅自逮捕审问这些特权阶级，且不受拘系刑讯，法司不能依法逮捕、审问以及判决罪名，哪怕判决以后实际发落都有优免的机会，以罚俸、收赎、降级、革职等方式抵刑，而这些特权同样会扩大及于他们的家属。① 良贱之间的不平等体现在良犯贱，其处分较常人相犯为轻，贱犯良，其处分则较常人相犯为重。而若良贱之间有主奴的关系，则不平等的程度更为加剧。奴婢完全属于主人，完全丧失其自由和人格，成为具有经济和劳动价值的商品，主人扑责奴婢造成的杀伤罪不负刑事责任，但奴侵主较普通贱人侵犯良人的处分进一步加重，在奸非罪上同理。② 种族间的不平等主要是元、清二代，元代蒙古人和色目人在法律上享有诸多特权，政治权也主要集中在蒙古人，对于汉人有诸多法律上不平等的限制对待。清代对于汉人也存在若干歧视，旗人享有刑事上的优待权。③

第五章，瞿同祖先生深入探讨了巫术宗教与法律之间的关系。他指出，中国古代法律体系在神判法方面的应用远早于其他民族，尽管在现代法律实践中已找不到神判法的直接痕迹，但这种古老的法律形式依然在某种程度上发挥着其潜在的功能。中国法律传统中对鬼神的借助与依赖，从一个侧面反映了这种深植于文化土壤中的信仰。瞿同祖先生特别强调了福报在古代诉讼中的重要性。古人认为，政事的不当处理是招致灾害的原因，而在所有政事中，刑狱杀人被认为是最不吉利的行为。这种观念影响下，古代中国社会对刑杀有着诸多的忌讳，这些忌讳不仅基于阴阳五行和四时的自然规律，也融合了宗教节日和仪式的规定。刑杀的禁忌体现了古代社会对生命尊重的道德考量，以及对自然和超自然力量的敬畏。此外，历代法律都将巫蛊行为视为极其严重的犯罪。巫蛊在中国古代被认为是一种通过巫术手段进行的恶意攻击，它不仅威胁到个人的安全，也被视为对国家和社会秩序的挑战。④

---

① 参见瞿同祖：《中国法律与中国社会》，商务印书馆 2010 年版，第 239—252 页。
② 参见瞿同祖：《中国法律与中国社会》，商务印书馆 2010 年版，第 253—276 页。
③ 参见瞿同祖：《中国法律与中国社会》，商务印书馆 2010 年版，第 277—284 页。
④ 参见瞿同祖：《中国法律与中国社会》，商务印书馆 2010 年版，第 285—308 页。

第六章，瞿同祖先生主要集中于儒家思想和法家思想的探讨。瞿同祖先生认为儒家法家都以维持社会秩序为目的，其分别只在于对于社会秩序的看法和达到这种理想的方法。儒家认为基于每个人的才能情性使得人有贵贱上下的分野，并且还有亲属关系中以辈分、年龄、亲等、性别等条件为基础所形成的亲疏、尊卑和长幼的分野，而礼便是维持这种社会差异的工具，而法家则认为一切的人在法律面前均须平等，不能有差别心，反对亲亲。儒家基于礼的核心主张强调德化的重要性，以道德教化改造人心，突出为政以德。法家则与儒家立场完全相反，否认社会可以借德化的力量维持，主张法律的长治久安。法律是中人的治世工具，只要法律的机构足以废恶惩奸，使人不敢为恶，就达到了法律的目的，不问人心良善。[①]

从思想的异同而言，儒法两家完全处于极端相反的立场，本没有调和的可能，但事实上并非如此，反而呈现出以礼入法的趋势。自汉以后，随着学派由繁而简，由异而同，尤其是法制的确立，这种思潮的争辩开始慢慢沉寂，儒法之争逐渐消弭。综观其因，可归纳为三点：第一，学归一统，独尊儒术，法家逐渐无力与之抗衡，但汉以后的儒家杂糅其他思想已非本来面目；第二，从社会制度来看，儒法之争已失去意义，国家需要法律已经成为一种客观的事实，不容怀疑与辩论，故法律的需要与价值问题亦不复存在；第三，读书人在应试做官之后，听讼成为官员不可回避的责任，成为考绩的指标之一，因此读书人自不会再反对法制而高唱德治。[②]

### 三、本书的贡献

#### （一）中华法系的社会属性阐释

瞿同祖先生在书中深刻地阐发了中国古代法律与社会结构的密切融合。他认为，法律是社会的产物，是维护社会秩序和稳定的重要工具。同时，社会也对法律产生着深刻的影响，社会的变迁和发展会导致法律的变革和调整。瞿同祖先生这种对法律与社会关系的深刻认知，为我们提供了理解中国

---

① 参见瞿同祖：《中国法律与中国社会》，商务印书馆 2010 年版，第 309—348 页。

② 参见瞿同祖：《中国法律与中国社会》，商务印书馆 2010 年版，第 349—374 页。

古代法律实质与功能的理论框架。

瞿同祖先生在书中着重于对中国古代法律精神和特质的剖析。他细致地梳理了中国古代法律的基本精神和主要特征，包括以家族主义为核心的伦理基础，以阶级观念为基础的社会分层，以及儒家和法家思想对法律理念的影响等。这些要素共同构成了中国古代法律体系的基本框架，并对法律的具体实践与运作产生了深远的影响。这些特征不仅是中国古代法律的重要组成部分，也是中华法系的核心体现，对于理解中华法系的社会属性具有重要的意义。瞿同祖先生的分析揭示了古代中国法律的多维度和社会性，从而更全面地阐释法律制度与社会结构的密切关联。

**（二）社会史视野中的法律**

瞿同祖先生的《中国法律与中国社会》一书兼跨历史学、社会学和法律三个学科领域，将历史学研究的方法、社会学理论视角以及法学研究的深度结合起来，创造性地发展了一种新的学术研究路径——"法律社会史"研究范式。因此，这本著作不仅仅是一本深入探讨法制史的经典之作，同时也成为了一部具有里程碑意义的社会史著作。这种研究方法的引入，极大地拓展了法律史研究的学术视野，提升了研究的深度和广度，为法律史的研究提供了全新的研究思路和方法论。

在书中，瞿同祖先生清晰地阐述了法律与社会现象之间密不可分的联系。他强调，法律作为社会的一种制度性安排，是社会结构与关系的反映，不能脱离社会而独立存在。因此，要想深入理解法律的本质和功能，就必须将其放置于社会的整体背景之中进行考察。这种研究观点打破了传统法学研究中将法律视为孤立存在的陈旧思维模式，强调了法律与社会之间的紧密互动关系，为理解法律与社会之间的复杂关系提供了全新的视角。

瞿同祖先生的研究不仅极大地丰富了中国法律史的研究领域，为学者们提供了丰富的研究资料，同时也为当代法律社会学的研究框架提供了宝贵的理论资源和方法论的启示。

**（三）功能主义社会学的解释方法**

瞿同祖先生在本书中试图为中国古代法律提供一种社会学意义上的解释，并且这种解释表现出典型功能主义的特征，将社会作为一个相互联系的整体，其中制度、思想和文化等要素相互融合，共同构成了社会的有机架构。瞿同祖先生以汉至清的法律为研究对象，将这段长期历史中的法律体系视为一个连续的整体，广泛搜集正史、野史、笔记及小说中的法律相关史料，深入剖析众多法律判例和具体个案，以此为基础，探讨了中国古代法律的功能性和实际效果，进而审视中国古代法律与中国社会之间互动关系的作用与影响。

瞿同祖先生强调，对法律的研究不应仅停留在文本层面，更应关注法律在现实社会中的实际执行情况。他指出，法律的规定与实施之间往往存在差距，法律的执行力度和效果并非总是如预期那般。对于法律研究，需要注重活动的、功能的研究，而非条文的、形式的、表面的研究。以亲属复仇为例，随着法律机构的不断完善，国家逐渐剥夺了个人私自处决他人的权力，私人复仇行为与法律规定相抵触。自东汉以来，除了元代，法律普遍禁止民众私自复仇。法律的发展趋势是将生杀大权集中在主权手中，民众若有冤屈，需向政府求助以求昭雪。除了积极阻止复仇行为，法律甚至采取了迁移故乡以避免复仇冲突的措施。然而，由于复仇主义深入人心，社会舆论和司法实践往往对复仇者表现出同情和赞赏的态度，司法者在处理亲属复仇相关的伦理概念与法律责任冲突时，往往需要在二者之间斟酌平衡，因为亲属复仇行为在伦理上符合儒家道义上关于礼法孝治的正确性与契合性。① 这种对于法律进行功能主义社会学的解释，能够明晰法律规定与社会现实之间的鸿沟差距，从而加深对于法律与社会兼容性问题的反思认识。

### 四、阅读本书的启示与反思

#### （一）深化对法律与社会关系的理解

瞿同祖先生的观点深刻阐述了法律与社会之间的互动关系。他认为，法律不仅是社会规范的一种，更是社会制度的组成部分。它与社会风俗习惯紧密相连，共同构成了人类社会生活的基本框架。法律在维护现有的社会制度、道德和伦理价值观念方面发挥着重要作用，同时也反映出特定时代和社会的结构特征。其强调要全面理解法律的意义和作用，就必须深入探究其产

① 参见瞿同祖：《中国法律与中国社会》，商务印书馆 2010 年版，第 78—99 页。

生的社会背景和历史条件。

进一步而言，法律与社会之间的关系是相互影响、相互作用的。法律既受到社会因素的制约，又对社会的发展和变迁产生重要影响。它不仅是社会的一部分，更是推动社会进步和维护社会秩序的关键力量。同时，社会的变迁和发展也会对法律产生深刻的影响，促使法律不断调整和变革，以适应新的社会条件。在这个意义上，瞿同祖先生的观点有助于我们更好地认识法律的本质和作用，以及法律在社会发展中的重要地位。法律不仅仅是冰冷的规则和条文，它背后蕴含着丰富的历史文化内涵和社会价值取向。

（二）法律的阶级性与不平等性的认识

在瞿同祖先生的研究中，他对中国古代法律进行了深入的剖析，特别强调了法律中的阶级性和不平等性。他认为，法律并非中立的存在，而是统治阶级维护其利益的重要手段。在古代中国，法律体现了明显的阶级差异，不同社会阶层的人在法律面前享有不同的待遇，这种不平等的现象根植于当时的社会结构和阶级制度。瞿同祖先生的分析揭示了一个重要的历史事实：法律在不同的社会制度下，总是与特定的阶级利益紧密相关。在古代社会，这种阶级性表现得尤为明显，法律往往被用来巩固统治阶级的地位，同时压制被统治阶级。这种法律制度不仅加剧了社会的不平等，也导致了社会矛盾的加剧。

通过瞿同祖先生的研究应当认识到，法律不仅仅是所谓正义与公正的象征，它同样可以是阶级利益冲突的体现。这种认识对于我们今天建设法治社会具有重要的启示意义。在现代社会，尽管法律体系在不断地追求公正和平等，但阶级性和不平等性的问题仍然存在。因此需要不断审视和完善法律制度，以确保其真正维护社会公平正义。

（三）中华法系的法律儒家化阐释

在《中国法律与中国社会》一书中，中国古代法律的儒家化特征得到了深入的剖析。儒家思想在中国古代社会占据了主导地位，对古代社会的法律制定和实施产生了深远的影响，其伦理纲常、等级特权以及礼治思想等观念深深影响了古代法律的制定和实施。

首先，其表现为伦理纲常入律。儒家思想强调家庭和社会的伦理秩序，这种伦理秩序在古代法律中得到了体现。伦理关系源于亲缘宗法关系，决定了服制裁决是"法从礼出"的题中应有之义。① 例如，古代法律中有"准五服以制罪"的原则，即根据亲属关系的远近来确定犯罪的处罚程度。其次，等级特权入律。儒家思想强调尊卑有序的等级制度，这种等级制度在古代法律中也得到了体现。例如，"八议"制度允许贵族和官僚在犯罪时享有一定的特权，减轻或免除处罚。同时，"官当"制度也允许官员以官品和爵位来抵罪，这些都是儒家等级特权观念在法律中的反映。从秦汉开始，法律儒家化逐渐显现。最后，以礼入法。在这个过程中，儒家礼治思想逐步渗透到法律的各个领域，不仅指导立法，还影响司法实践，权利差等是"以礼入法"的重要体现。通过引礼入法，儒家思想在法律中得到了体现，最终实现了礼法合一。

中国法律儒家化是中国历史发展过程中一个真实且深远的现象。在这个过程中，儒家思想逐渐渗透并影响着整个法律体系，使其发生了根本性的变化。法律儒家化的核心，或者说对帝制中国法律影响最为深刻的法律儒家化成就，主要发生在家族父权制背景下的家族法制领域。在此背景下，儒家思想对法律的影响尤为显著，尤其是在丧服入律后产生的各种刑、民法制上。② 中国古代法律儒家化是一个渐进的过程，其使得法律体系逐渐融入了儒家思想的伦理道德观念，从而形成了具有中国特色的法治体系。这种法律儒家化的过程不仅体现了中国古代法律对儒家思想的吸收和融合，而且对后世法律制度的发展产生了深远的影响。在当代中国，法律仍然可以体现法律儒家化留下的痕迹，它为我们理解中国法律制度的历史演变提供了一个独特的视角。

**（四）功能实证的法律研究方法**

瞿同祖先生在其研究中，将汉至清的中国古代法律视为一个整体，运用功能主义社会学的理论框架进行深入解读。他关注的核心是法律在实际社会中所发挥的功能和实效，而非仅仅停留在法律文本的表面。这种功能主义社会学的法律解释方法，不仅揭示了中国古代法律在现实社会中的运作机制与

---

① 参见陈明明：《历史中国的社会与法律面相——读〈中国文化要义〉和〈中国法律与中国社会〉》，《上海市社会主义学院学报》2023年第4期。
② 参见赖骏楠、景风华：《法律儒家化未曾发生？——以家庭法制为中心》，《学术月刊》2023年第2期。

实效分析，而且有助于我们清晰地认识到法律条文与社会实践之间可能存在的偏差和差异。

瞿同祖先生的研究也体现了与形式理论的传统法律研究相异的功能实证研究方向，其侧重于从文本解读转向社会实践中，从而更好地理解法律的实际运作和社会效应。从社会整体角度考量法律的作用与价值，法律的功能实效是社会历史条件下的产物，它们受到特定时期经济基础、社会结构、文化传统等多方面因素的影响。因此，在思考法律在现代社会中的定位和功能时需要考虑到这些社会外部因素的制约作用。可以说瞿同祖先生通过功能实证的法律研究方法，不仅为中国古代法律研究提供了新的视角和解释框架，而且也为现代法律研究提供了宝贵的启示，即法律的研究不应脱离社会实际，而应当关注法律在实践中的功能和实效，以此来推动法律制度的不断完善和发展。

# 《论犯罪与刑罚》读书报告

刘怡平 *

    初读《论犯罪与刑罚》，我发现其内容略显晦涩，书中充斥着重复的句子和反问，这可能与语言表达和翻译技巧有关。然而，当我冷静下来进行分析时，我发现作者的措辞既锐利又简练，他的小专题文章虽然简短但都极具说服力，令人深思。书中的经典观点和论述层出不穷，读完后，我觉得这本书对我来说是非常熟悉的，究其原因，大抵是因为书中所阐述的原则在现代刑法中已经被各国法律普遍接受并得到了广泛的应用，如罪刑法定原则、罪刑相适应原则和犯罪预防等。然而，这本书实际上是 18 世纪的作品，在那个时代，启蒙运动的理性之光还未完全照亮刑事司法的领域，当时的欧洲仍然延续着中世纪的旧制，法律的不确定性和刑罚的残酷性就像乌云一样笼罩在欧洲大陆的上空，贝卡里亚在这个时候写下了《论犯罪与刑罚》，将深刻的批判和理性的刑罚原则完美地浓缩在一本 6 万余字的小册中，将启蒙运动提倡的理性之光引向刑事领域，确实是一部经典之作，令人不禁为之赞叹。另外，从后记来看，这位作者在与我年纪相仿的时期完成了这部永恒的法学作品，对此我深感震撼。今天读之，依然可以感受到这位十八世纪二十多岁年轻人穿越时空的声音，指引着法治前进的方向。

## 一、整体概况

### （一）主要内容与结构

    本书包含 47 个章节，大体上可以被划分为三大部分：刑罚的原则、不

---

\* 刘怡平，山东大学法学院硕士研究生。

同类型的犯罪以及其他相关内容。该书从不同角度对犯罪和刑罚进行研究，尤其注重对罪刑法定原则、罪刑均衡原则、刑罚宽和原则等进行了深入的探讨。

### （二）思想贡献与影响

值得一提的是，贝卡里亚还首次在人类历史上系统地提出了废除死刑的观点。从比较的角度看，我国现在三大刑法原则是罪刑法定原则、罪刑相适应原则和刑法面前人人平等原则，除了第三个原则源于宪法外，前两大原则都是对贝卡里亚思想的继承，这充分展现了其思想的智慧。此外，贝卡里亚关于犯罪学理论、犯罪预防理论都对中国刑法有很大启示意义，对于我们今天如何完善刑事法治具有一定的借鉴作用。贝卡里亚的思想不仅仅局限于刑法这一领域，在《论犯罪与刑罚》中，刑事诉讼的思想同样占据了非常重要的位置，尽管这些观点在贝卡里亚的刑法思想中显得有些散乱。我对贝卡里亚深入的思考和独特的见解感到非常震撼，对他严谨的逻辑推理和理性分析深感敬佩，同时也被贝卡里亚的勇气和高尚情操所打动，他以保护人类的利益为基础，在王权和神权的统治下，创作了这样一部超越时代的思想作品，在黑暗中点亮了一缕阳光！

## 二、重要观念论述

### （一）罪刑法定原则

《论犯罪与刑罚》的最后，贝卡里亚给出这样的结论："为了不使刑罚成为某人或者某些人对其他公民施加的暴行，从本质上来说，刑罚应该是公开的、及时的、必需的，在既定条件下尽量轻微的、同犯罪相对称的，并由法律规定的。"[①] 简单的一句话蕴涵了罪刑法定、罪刑相适应、审判公开、刑罚及时性等丰富思想内涵，我以这段话为起点展开对本书的探讨。本书虽薄但内容充实，其中最让我印象深刻的有五点，它们也是本书所论述的重要观念。

---

① ［意］切萨雷·贝卡里亚：《论犯罪与刑罚》，黄风译，北京大学出版社 2008 年版，第 112 页。

关于罪刑法定原则，贝卡里亚借鉴了社会契约论只有立法者才能制定法律的观点，提出："一切额外的东西都是擅权，而不是公正，是杜撰而不是权利……由上述原则得出的第一个结论是：只有法律才能为犯罪规定刑罚。"① 贝卡里亚持有的观点是，刑事法官并不拥有法律的解释权，因为他们并不是真正的立法者，也就是说，法律的制定和解释权仅限于立法者。并且，法律应当是清晰易懂的，所有的法律条款都应该向大众公开。上述内容体现了罪刑法定原则的明显优势，但同时也具有一定的时代局限性，与我国当前的刑法相比，贝卡里亚的观点显得较为激进，我国最高人民法院完全有权发布司法解释。但贝卡里亚对"法律的精神需要探寻"这一观点的批评是有其合理之处的，如果我们对某一罪名进行随意的解释，那么法律的规定可能会显得模糊和不明确，而模糊的刑法可能会导致不公正和暴行，毕竟"欲加之罪，何患无辞"。

**（二）罪刑相适应原则**

1. 多学科论证方式

贝卡里亚系统而全面地对罪刑相适应原则进行阐述。值得注意的是，与那些缺乏趣味的法律巨著不同，贝卡里亚在阐述罪刑相适应原则时，融入了相当多的数学和物理知识，比如"促使我们追求安乐的力量类似重心力，它仅仅受限于所遇到的阻力""立法者像一位灵巧的建筑师，他的责任就在于纠正有害的偏重方向，使形成建筑物强度的那些方向完全协调一致"，② 这反映出在启蒙运动中，人文社科与自然科学并驾齐驱，科学大师们利用最新的自然科学发现来解释自然界的存在规律，并揭开了神学和君权的神秘面纱。而在人文领域，思想家们则从社会和国家制度的角度对旧制度进行了无情的批判，精通物理和数学的贝卡里亚也因此被赋予了"小牛顿"的别名。贝卡里亚从哲学、心理学、政治学、物理学和数学等多个学科的视角出发，对自己的观点进行了深入的科学论证，他的多向性思维和丰富的想象力使我认识到，不同的学科之间确实存在联系，跨学科的研究也能取得显著的成

---

① ［意］切萨雷·贝卡里亚：《论犯罪与刑罚》，黄风译，北京大学出版社 2008 年版，第 9 页。

② ［意］切萨雷·贝卡里亚：《论犯罪与刑罚》，黄风译，北京大学出版社 2008 年版，第 17 页。

果。作为法学专业的学生，我们应该多阅读社会科学和自然科学相关的书籍，这样不仅可以拓宽知识面，还能帮助我们避免思维的僵化，帮助我们真正理解法的本质以及法律价值所在。

2. 罪刑阶梯思想

贝卡里亚认为："犯罪对公共利益的危害越大，促使人们犯罪的力量越强，阻止人们犯罪的手段就应该越强有力。"① 刑法被视为是一种"必要的恶"，因此，量刑的精准化会努力将这种"必要的恶"限制在最小的范围内，贝卡里亚为此提出利用几何学的精确度来构建一个罪与罚之间逐层对应的隐形阶梯，即"找到一个由一系列越轨行为构成的阶梯，它的最高一级就是那些直接毁灭社会的行为，最低一级就是对于作为社会成员的个人所可能犯下的、最轻微的非正义行为。在这两极之间，包括了所有侵害公共利益的、我们称之为犯罪的行为，这些行为都沿着这无形的阶梯，按从高到低顺序排列"②。这一独特设计的罪刑阶梯象征着刑罚和犯罪行为之间存在着一种从轻微到严重的一一对应的对称关系。通过构建一个明确的分级体系，鼓励有理智的个体，在权衡各种利弊后，主动放弃"不合算"的犯罪动机，从而最大化刑罚的威慑效果，这便是贝卡里亚提出并倡导的罪刑阶梯思想。直到现在，罪刑相适应的原则仍然是刑事领域无数理论和实践的指导原则，充分体现了贝卡里亚的前瞻性和细致的思考，尽管已经过去了百年，但仍然散发出持久的光辉。

**（三）无罪推定思想**

贝卡里亚还是欧洲大陆首位系统阐述无罪推定思想的法学家。"在法官判决之前，一个人是不能被称为罪犯的。只要还不能断定他已经侵犯了给予他公共保护的契约，社会就不能取消对他的公共保护。"③ 这是贝卡里亚对无罪推定原则的表述。这一法律原则确保了在面临国家刑事追诉威胁的情况下，任何参与刑事诉讼的公民都能有一套规则与之对抗，从而有助于维护其

---

① ［意］切萨雷·贝卡里亚：《论犯罪与刑罚》，黄风译，北京大学出版社2008年版，第17页。
② ［意］切萨雷·贝卡里亚：《论犯罪与刑罚》，黄风译，北京大学出版社2008年版，第18页。
③ ［意］切萨雷·贝卡里亚：《论犯罪与刑罚》，黄风译，北京大学出版社2008年版，第37页。

主体地位，维护人的尊严并保障其合法和正当的权益。对于这个原则，我曾经有过疑问，对罪犯的仁慈是否是对被害人的残忍呢。经过几年的法学教育以及对本书的理解，我认为这个问题本身在逻辑上就有不合理性。首先，在判决前，没有罪犯存在，只有犯罪嫌疑人和被告人，因此在判决前无所谓对罪犯仁慈这个问题，在法院确定一个人为罪犯之前，此人所享有的基本人权就应受到尊重并得到有效的保障，当犯罪嫌疑人、被告人被判决有罪后，等待罪犯的也并不是仁慈而是公正。退一步讲，无罪推定也并不是对犯罪嫌疑人、被告人的仁慈，它恰恰是为了"不冤枉每一个好人"的目的而存在的。在现代法治国家中，无罪推定原则已被广泛接受并确立为一个重要的刑事诉讼原则，在探讨无罪推定原则时，学者们经常引用贝卡里亚深入的见解，可以说贝卡里亚在确立无罪推定原则在现代刑事诉讼中的确立起到了不可或缺的作用。

### （四）刑罚及时性

在本书的第 19 章中，贝卡里亚讨论了"刑罚的及时性"问题。他开宗明义地指出："惩罚犯罪的刑罚越是迅速和及时，就越是公正和有益。"① 这段文字中提到的"及时性"并不是指在犯罪发生后立即逮捕罪犯，而是指在逮捕罪犯后应立即对其进行判决，即努力减少羁押罪犯所需的时间。贝卡里亚认识到，在作出判决之前，很难确定被拘留的人一定是罪犯，因此，贝卡里亚称其为"公民"是完全可以理解的。如果最后被宣判为无罪，那么这段被拘留的时期就相当于让无辜的人受到了冤屈，即便罪犯被判决为有罪，他们也应当尽快执行刑罚，而不是通过拘留给他们带来不必要的痛苦。因此，在全面考量的基础上，贝卡里亚主张应当最大限度地减少对罪犯的羁押时间，同时也要尽量减少对被羁押者造成的身体和心理痛苦。"犯罪与刑罚之间的时间越短，在人们心中，犯罪与刑罚这两个概念的联系就越突出、越持续，因而，人们就很自然地把犯罪看作起因，把刑罚看作不可缺少的必然结果。"② 贝卡里亚的观点是合乎逻辑的，犯罪与惩罚的时间间隔越短，

---

① ［意］切萨雷·贝卡里亚：《论犯罪与刑罚》，黄风译，北京大学出版社 2008 年版，第 47 页。
② ［意］切萨雷·贝卡里亚：《论犯罪与刑罚》，黄风译，北京大学出版社 2008 年版，第 47 页。

它们之间的因果联系在公众心中就越为密切，这也更容易使人们认识到惩罚是犯罪行为的不可避免的后果，从而提高刑罚的威慑效果。

### （五）人文主义精神

#### 1. 对酷刑与刑讯的批判

本书最令人深感敬意和感动的是贝卡里亚在其著作中闪烁的人文主义精神。《论犯罪与刑罚》不只是法学的经典之作，它同样是一部人文主义的经典之作。该书主要批判了中世纪的残酷刑罚，并深入探讨了资产阶级的人道主义观点，可以说整部作品都洋溢着这种思想。首先，在"致读者"中的"如果说温和与人道能使一切人接受正当权威的话，那么，本书的宗旨正是为了提高这一权威，而不是要削弱它"，① 开宗明义地强调了理性和人权的重要性，这反映了贝卡里亚深刻的人文关怀和思考。另外，贝卡里亚坚决反对一切酷刑，并主张刑罚的宽和性。他指出："严刑峻罚造成了这样一种局面：犯罪所面临的恶果越大，也就敢于规避刑罚。为了摆脱对一次罪行的刑罚，人们会犯下更多的罪行。"② 贝卡里亚对历史上的残酷刑罚深恶痛绝，他敏感地意识到，无节制和残忍的刑罚在预防犯罪方面是无效的，更糟糕的是，刑罚的滥用可能会对社会治理产生负面影响，不仅无法确保社会和人民生活的稳定，还可能忽视法律和社会对个体的尊重。

不得不承认的是，在成为法学生之前，在看到关于残酷的刑事案件的报道以及网络上所谓的"事实爆料"时，我绝对是网络舆论的一分子，对残忍的杀人凶手深感愤怒，并希望能对他们施以致命的惩罚。这意味着，在我过去的观念中，警察是负责抓人的，而法院则是负责审判的，我们必须保护的是原告，而不是那些臭名昭著的被告。然而，刑法课堂纠正了我，这本书说服了我，阻止了我在追求正义的道路上迷失方向。它教会了我如何理性地评估犯罪行为，衡量其构成要件，并从内心深处给予尊重。就像贝卡里亚指出的那样："人的心灵就像液体一样，总是顺应着他周围的事物，随着刑场

---

① ［意］切萨雷·贝卡里亚：《论犯罪与刑罚》，黄风译，北京大学出版社 2008 年版，第 2 页。

② ［意］切萨雷·贝卡里亚：《论犯罪与刑罚》，黄风译，北京大学出版社 2008 年版，第 62 页。

变得日益残酷，这些心灵也变得越来越麻木了。"① 我认为这里所说的麻木，是指在公众舆论中，人们由于被同情所驱使而轻率地讨论酷刑，这不仅挑战了法律的公正性，还可能因为酷刑不能立即杀死自己想要伤害的人而轻易地质疑其存在的缺陷。如今看来，如果我们不深入了解法律的本质，就很难相信其绝对的公正性、严格性以及刑罚的不可避免性。道听途说的刑法实际上是威慑、死刑和暴力，只有深入了解它，我们才能真正理解它的深意和宽容，这应该是我读完这本书后的感悟总结，也是对我未来坚守法律的一些提醒。

贝卡里亚还对刑讯进行了尖锐的抨击，并揭露了刑讯所带来的负面影响，其对于刑讯的态度深受人文主义精神所影响。贝卡里亚认为，只有当法官作出正式的判决时，我们才能确认公民的犯罪行为，并据此对其施以适当的惩罚，而不是对那些还未被认定为罪犯的公民实施刑罚。他持有这样的观点：刑讯这种手段能让强壮的公民得以释放，而对软弱和无辜的人进行定罪和惩罚，这可能导致无辜的人陷入比犯罪还要糟糕的情况。面对刑讯，那些原先被认为是无辜的人只能做出两个选择：一是被迫接受原本并不是他们的刑罚，二是选择忍受刑讯直到事情的真相被揭露。

2. 对死刑的思考

贝卡里亚对于死刑的态度同样体现了人文主义关怀，他在书中严肃地思考了这个问题并在人类历史上第一次系统地提出了废除死刑的观点。首先，从预防主义的角度出发，死刑不能防止犯罪，无法产生威慑作用。即使是古代各种残忍的处刑方式也没有营造一个低犯罪甚至是零犯罪的社会，现在的死刑无非枪决或注射，使得罪犯只有瞬间的痛苦甚至感受不到痛苦，对于罪犯而言唯一可以感受得到痛苦的，或许只有等待行刑之前的恐惧。无论刑罚如何刺激人类的器官和感觉，都会达到一个极限，那么对于超过这个极限的更加凶残的犯罪，刑罚便无法依靠其手段的残酷性发挥预防作用，在一些手段极其残忍的犯罪案件中，极端的罪犯如果做好了死亡的准备，那么必然会

---

① ［意］切萨雷·贝卡里亚：《论犯罪与刑罚》，黄风译，北京大学出版社2008年版，第63页。

萌生代价与收益上的计算，疯狂地清算报复甚至使无辜的人员遭受波及。贝卡里亚认为："对人类心灵发生较大影响的，不是刑罚的强烈性，而是刑罚的延续性。"① 死亡与终身监禁的苦役哪个更痛苦？贝卡里亚显然认为是后者。细细想来，这样的说法有一定道理，死刑的痛苦程度前文已经论述过，生活中也有很多新闻，很多人无法承受生活、工作或是感情的压力选择轻生自杀，这群人显然是认为某些持续的生活状态比死亡更痛苦，如此让罪犯陷入漫长的无法逃脱的惩罚是比死亡更加残酷的惩罚，罪犯或许在瞬间会产生一种死里逃生的侥幸，然而如若将死刑替换为终身苦役，至死方休的监禁与苦役将会长期惩罚与折磨他，这何尝不是一种更加有力的惩罚。同时，终身苦役对社会也能起到更好的警示作用，罪犯遭受的刑罚的延续性会不断地提醒一般民众，当你在享受自由的美好生活时，某某某正在监狱中踩缝纫机，而被处死的罪犯很快就会被人们遗忘，即使被重新提起，对于已经死亡的罪犯，民众又能获得什么样的警示感？毕竟死亡的威慑就在于处死的瞬间，如果要长期保持警示效果，就需要定期处死罪犯，也就是说，"每次以死刑为国家树立鉴戒都需要一次犯罪，可是，有了终身苦役刑，只一次犯罪就为国家提供无数常存的鉴戒"②。

贝卡里亚反对死刑的第二个原因是死刑会唤起对民众的怜悯心，"在大部分人眼里，死刑已变成了一场表演，而且，一些人对它怀有一种忿忿不平的怜悯感……刑场与其说是为罪犯开设的，不如说是为观众开设的，当怜悯感开始在观众心中超越了其他感情时，立法者似乎就应当对当时刑罚的强度作出限制"③。由于人们天生都是同情弱者的，刑场上展现出来的国家和受刑人的力量对比很悬殊，国家非常强势，受刑人非常弱小，人们会产生一种怜悯感，使得死刑的威力打折扣。

废除死刑的第三个原因是贝卡里亚认为死刑也会使民众的心灵变得残暴，导致不良的社会影响，"体现公共意志的法律憎恶并惩罚谋杀行为，而

---

① ［意］切萨雷·贝卡里亚：《论犯罪与刑罚》，黄风译，北京大学出版社 2008 年版，第66 页。

② ［意］切萨雷·贝卡里亚：《论犯罪与刑罚》，黄风译，北京大学出版社 2008 年版，第62 页。

③ ［意］切萨雷·贝卡里亚：《论犯罪与刑罚》，黄风译，北京大学出版社 2008 年版，第68 页。

自己却在做这种事"①。暴力行为容易引发恶劣的暴力循环，尽管法律明确禁止谋杀，但人们却公然进行谋杀，法律禁止公民成为杀人犯，但却安排了一个公开的杀人犯。这种做法不仅在逻辑上是不合理的，而且完全失去了法律的公正性，就像是在告诉人们，只要有合理的理由，杀人是被允许的，这也解释了为何在死刑执行更为频繁的国家中，罪犯的行为往往更为残忍。

第四个原因是从司法的角度来说的，贝卡里亚认为死刑一旦发生错误是无法挽回的，这放到今天很容易理解，例如聂树斌案的悲剧。同时，死刑的司法成本也非常高，据说在百万元以上，而一个终身监禁服苦役的罪犯，反而能创造一定的经济价值。此外，贝卡里亚还从社会契约论的角度论证死刑的不合法性，但区别于卢梭的社会契约论思想，贝卡里亚认为公民只需要放弃自己的一小部分权利，"这一份份最少量的自由结晶形成惩罚权"，而生命权是无法被放弃的，因此国家无权剥夺公民的生命权，也就不能适用死刑，这样的观点当然带有一定的西方宗教主义色彩，这是由其时代局限性导致的。

应当注意的是，贝卡里亚并非彻底地主张废除死刑，而是辩证地提出应当在特定条件下保留死刑，他认为死刑的存在只有两个理由，第一是公民的存在影响国家安全，第二是当一个国家陷入无政府状态，混乱取代法律的时候，除此之外的犯罪者都不支持适用死刑。就我个人而言，我认为现阶段我国还缺乏彻底废除死刑相应的社会环境，这是因为法律不只是正义和公平的体现，也是在特定社会背景下产生的。目前，我国不应废止死刑的原因主要有两点：首先，受到历史传统的影响，中国的法律文化倾向于重刑主义，因此，在现代社会中，对于严重犯罪的罪犯，普遍存在对死刑的依赖心态。其次，当前的中国社会正在经历一个转型阶段，这也是各类犯罪活动频繁发生的时期，因此，对死刑的保留在当前中国步入风险社会的背景下具有切实的重要性。但不可否认的是，彻底废除死刑是我国刑法应当努力的方向，固然近年来残忍的犯罪案件屡见不鲜，例如重庆姐弟坠亡案、消失的夫妻案、劳荣枝案等，每一宗都突破了人们朴素情感的底线，无论是《汉谟拉比法典》

① ［意］切萨雷·贝卡里亚：《论犯罪与刑罚》，黄风译，北京大学出版社2008年版，第69页。

中的"以牙还牙，以眼还眼"，还是我国的古谚语"杀人偿命，天经地义"的报应主义观，残忍杀害他人生命的犯罪，总是唤起民众内心对死刑的支持，但对于一个问题，理智与感性往往会得出不同的结论，我并不认为网络上呼吁死刑的人们，在呼吁死刑时代表了理智和最正确的一方，况且，在网络上呼吁死刑的人们，在他们冷静下来以后，呼吁声并没有一开始那么坚定或者强烈，呼吁死刑并不能代表他们真实的想法。因此，我们在求知的途中也不能轻信直觉，只看到报应主义而忽视预防主义，否则就会堕入低级认知陷阱。正如本书引语所说的那样："对于一切事物，尤其是艰难的事物，人们不应该期待播种与收获同时进行，为了使它们逐渐成熟，必须有一个培育的过程。"① 也许对于法律的思考，重要的不是找到那个所谓的一成不变的真理，而是运用理性与逻辑不断地在实践与经验中充实和反思，以得到最适合当前社会文明程度的最优解。

3. 对犯罪原则的剖析

对于犯罪的原因，贝卡里亚认为政治和经济的不平等是导致犯罪的根本原因，各种政治、经济和社会因素与犯罪行为之间存在着不可避免的联系。当人们在政治和经济地位上存在不平等时，出于追求利益和规避危害的目的，行为人必然会犯下罪行。贝卡里亚对于盗贼和杀人犯的叙述为这一观点提供了深入的阐释："我应该遵守的算是些什么法律呀！它在我和富人之间设置了一道鸿沟。富人对我一毛不拔，反倒找借口让我尝受他所没尝受过的痛苦。这是谁定的法律？是富人和权势者。他们对于穷人阴陋的茅舍从来不屑一顾，他们眼看着儿童们在饥饿中哭嚎，妇女们在伤心落泪，却连一块发了霉的面包也不肯拿出来。我们要斩断这些给多数人造成灾难并为少数懒惰的暴君服务的绳索！我们要向这不平等的根源开战！"② 这段话引发了我深深的反思，确实如此，作为一个法律人，如果不能理解所谓的犯罪行为是各自生活中的"不得已"，就无法理解刑法的精髓，刑法惩罚犯罪的属性并不是重点，重点在于限制刑罚权，刑法是在保护犯罪嫌疑人、被告人，这一点

---

① ［意］切萨雷·贝卡里亚：《论犯罪与刑罚》，黄风译，北京大学出版社2008年版，第1页。

② ［意］切萨雷·贝卡里亚：《论犯罪与刑罚》，黄风译，北京大学出版社2008年版，第68页。

是普通人很难理解的。有时候非黑即白的善恶观蒙蔽了国人的眼睛，杀人犯一定是所谓的坏人吗？被家暴二十余年的妇女，终于不堪忍受，最后杀害了自己的丈夫，这是一位十恶不赦的人，还是一位可怜人？八十岁老妈杀害六十岁脑瘫儿子，父亲杀害十多岁脑瘫女儿，这两位分别被判了多少年？对被告人的仁慈是否代表对被害人的残忍？如果只会在纸面上做计算，不会带入具体案件，不去尝试体会和理解被告人的难处，一味地去掉细节，留下一堆模模糊糊的认知，得出一个偏颇的结论，是很难说服人心的。如果刑法可以具象化，就是正义女神一般的形象，无法看清客观事实，手握长剑，公平行事，但是眼罩下会流出一行血泪，这是对刑事案件的无奈，是双方的悲剧，法律人就是要理解人的无奈与难处，而在面对这种难处的时候，还能保持正直地做出判断，而不是攻击批评某一方。

### 三、对贝卡里亚思想的批判性审视

贝卡里亚充分吸收了启蒙运动时期的理性主义与人道主义思想，但正如罗翔老师说过的那样，理性是有边界的，人道是有源头的，狂妄自大的理性，可能只是一种致命的自负，没有根据的人道主义，也会带来灾难。理性会导致非理性，人道主义会导致反人道，一切立法目的为的是最大多数的最大利益，会导致多数人对少数人的暴政。其次，贝卡里亚在书中也没有对刑讯逼供等给出明确的解决方法，他的理论在很大程度上只具备指导作用，操作性不强，很难从根本上解决复杂的现实问题。最后，贝卡里亚始终没有忽视刑罚严厉性的重要性，他的观点更多的是从一个比较的角度出发，强调刑罚的确定性比其严厉性更能增强刑罚的威慑力，现在有学者认为"刑罚的真正效果并不是基于其严厉性，而是基于其确定性"，这无疑是对他原意的过度夸张和曲解。因此，尽管贝卡里亚的思想为当时的社会和未来带来了巨大的正面影响，但我们仍需对其持客观和正确的态度，并在借鉴时确保其与我国的实际情况相结合，避免陷入教条主义的误区。

相信无论是法学的初学者还是接受过正统法学教育的人，阅读这本书都会感受到强烈的思想冲击，它不仅能让初学者有所领悟，还能让法律从业者重新警醒，并产生更为深刻的感悟。在未来，我有机会多次阅读，可能会体验到全新的感受。我始终持有这样的信念：如果我们愿意勤于思考和善于思考，就有可能领悟到法律的一些核心精神，正是这些深刻的理念和精神，让我们在未来的职业生涯中能够拥有一个法律人的视野和思维方式，从而对得起法理和法律精神的存在。

# 【会议综述】

# 聚焦"全面准确落实司法责任制，
# 加快建设司法公信力"

## ——第八届全国司法学论坛综述

缪　乐*

　　党的二十大报告强调"全面准确落实司法责任制"，司法责任制是全面深化司法体制改革的"牛鼻子"。近年来，司法公信力建设已经成为新时代司法工作的热点，是司法改革的总目标和最高价值取向。为深入学习贯彻党的二十大精神，2023 年 10 月 29 日，第八届全国司法学论坛在上海隆重举行。本届论坛以"全面准确落实司法责任制，加快建设司法公信力"为主题，设定了"司法责任制的历史与现实""司法责任制落实与司法公信力建设之间的关系""司法学学科构建与司法公信力建设""司法公信力建设与人权保障""司法公信力建设与对司法权力的制约监督""司法公信力建设与司法科技化的深度融合""司法公信力建设的中国经验与外国经验""如何通过裁判文书的释法说理助推司法公信力提升"八大子议题。论坛由山东大学法学院、山东大学司法学研究中心、山东省司法研究基地主办，复旦大学法学院、同济大学法学院暨经济法治研究中心、上海政法学院科研处以及山东文鼎律师事务所协办，青岛大学法学院、《社会科学报》报社、《司

---

* 　缪乐，山东大学法学院硕士研究生。

法学研究》编辑部、"司法学论衡"微信公众号、"司法学探索"微信公众号作为支持单位。论坛采用线上与线下两种方式同时进行。

当天上午会议分开幕式致辞、颁奖典礼、合影留念和主题报告四个阶段进行。开幕式致辞由山东大学法学院院长、法学院(威海)院长、教授周长军主持。上海市法学会党组书记、会长、上海市高级人民法院原院长崔亚东,山东省高级人民法院原院长、最高人民法院咨询委员会委员周玉华,中国人民大学原党委书记、中国人民大学公共治理研究院院长程天权,最高人民法院咨询委员会原副主任、原副部级专职委员王秀红,上海市高级人民法院审判委员会专职委员米振荣,山西师范大学党委书记、教授张晓永,复旦大学法学院副院长、教授杜仪方,上海政法学院科研处处长、教授刘军先后作大会致辞。

会前论坛筹备组进行了征文活动,共收到征文120余篇,后经专家严格评审,共评出一等奖8篇,二等奖12篇,以及优秀奖31篇。本次论坛设置颁奖环节,由崔亚东、周玉华为一等奖优秀论文作者颁发证书,张晓永、卢上需为二等奖获奖者颁发证书。

主题报告阶段由中国政法大学数据法治研究院教授、最高人民法院中国应用法学研究所原副所长范明志主持。中国法学会副会长、最高人民法院原党组副书记、副院长江必新,同济大学法学院院长、最高人民法院中国应用法学研究所原所长蒋惠岭,最高人民法院司法改革办公室二级巡视员杨建文,广西壮族自治区高级人民法院党组成员、副院长卢上需,重庆市高级人民法院党组成员、副院长孙海龙,山东法官培训学院党委书记、常务副院长刘义生作主题报告。

当天下午开始,会议进入主旨发言阶段,共分两个阶段进行,分别由青岛大学法学院院长、教授蔡颖雯和四川省成都市中级人民法院原党组书记、院长、四川省政协社法委副主任郭彦主持,专家学者畅所欲言,表达自己的见解。主旨发言第一阶段由中国人民大学法学院教授、教育部"马工程"《中国法制史》首席专家赵晓耕,中国浦东干部学院科研部副主任、教授王永杰评议。主旨发言第二阶段由上海大学法学院教授李清伟,中央财经大学法学院教授郭华评议。

闭幕式由山东大学特聘教授、山东大学司法学研究中心主任、山东省司法研究基地主任崔永东作学术总结，周长军致闭幕词。

最高人民法院、中国法学会、上海市高级人民法院、上海市法学会、重庆市高级人民法院、广西壮族自治区高级人民法院、山东省高级人民法院、四川省高级人民法院、四川省成都市中级人民法院、四川省政协、山东省日照市人民检察院、四川省遂宁市中级人民法院、上海市长宁区人民法院、湖南省湘潭市雨湖区人民法院、四川省甘孜藏族自治州泸定县人民法院、上海市静安区人民检察院、山东省日照市东港区人民检察院、浙江省杭州市拱墅区人民检察院、浙江省温州市瓯海区人民法院、山东省济南市槐荫区人民法院，以及山东大学、清华大学、中国人民大学、北京航空航天大学、北京师范大学、中国政法大学、中央财经大学、中国社会科学院、复旦大学、上海交通大学、同济大学、上海政法学院、中国浦东干部学院、上海大学、东华大学、华东政法大学、西北政法大学、浙江大学、天津大学、山西大学、山西师范大学、安徽工业大学、青岛大学、山东政法学院、山东法官培训学院、宁波大学、江苏大学、温州大学等单位的百余位专家学者参会。

本届论坛的参会嘉宾从理论与实务的多个角度全面剖析了"全面准确落实司法责任制，加快建设司法公信力"的相关问题，提出了很多具有建设性、启发性的思想观点，碰撞出不少富有前瞻性、战略性的学术火花，取得了丰硕的学术成果。

以下对本次论坛的主要观点进行综述：

## 一、全面准确落实司法责任制，加快建设司法公信力

### （一）党的二十大报告对全面准确落实司法责任制的要求

上海市法学会党组书记、会长、上海市高级人民法院原院长崔亚东提出，司法体制改革在全面深化改革、全面依法治国中居于重要地位，是推进国家治理体系、治理能力现代化的重要内容。党的二十大报告强调："深化司法体制综合配套改革，全面准确落实司法责任制，加快建设公正高效权威的社会主义司法制度，努力让人民群众在每一个司法案件中感受到公平正义。"司法责任制是深化司法体制改革的"牛鼻子"，是建立权责统一、权责明晰、权力制约的司法运行机制的关键，对促进严格公正司法具有十分重

要的意义。

中国人民大学原党委书记、中国人民大学公共治理研究院院长程天权认为司法责任制一直是构建新型审判权力运行机制的核心工程,被习近平总书记称作深化司法体制改革的"牛鼻子"。继党的十九大报告首次提出"深化司法体制综合配套改革,全面落实司法责任制"后,党的二十大报告再次强调要"全面准确落实司法责任制,加快建设公正高效权威的社会主义司法制度"。完善司法责任制,是建立权责统一、权责明晰、权力制约的司法权运行机制的关键,也是深化司法体制改革的核心,对于促进严格公正司法具有十分重要的意义。

最高人民法院咨询委员会原副主任、原副部级专职委员王秀红提出,习近平总书记在中央全面依法治国工作会议上提出:"公平正义是司法的灵魂和生命。要深化司法责任制综合配套改革,加强司法制约监督……要健全社会公平正义法治保障制度,努力让人民群众在每一个司法案件中感受到公平正义。"公正司法作为党的二十大报告重点关注的主题之一,既是习近平法治思想的核心要求,也是推进全面依法治国、建设法治中国的重要保障。实现"让人民群众在每一个司法案件中感受到公平正义"的目标,对全面准确落实司法责任制、提高司法公信力具有重要的意义。

**(二) 司法责任制落实与司法公信力建设之间的关系**

司法责任制与司法公信力之间紧密相连,共同促进着社会的稳定与发展。王秀红在致辞时表示,执法司法责任制建设作为执法司法体制改革的重点,是进一步提升执法司法公信力的重大举措。

最高人民法院司法改革办公室二级巡视员杨建文指出,提升司法公信力必须全面准确地落实司法责任制。全面准确落实司法责任制,目的就是通过公正和效率的双提升,带动司法公信力的再提升。同时,全面准确落实司法责任制,必须深化司法体制综合配套改革。

重庆市高级人民法院党组成员、副院长孙海龙指出,不忘司法责任制改革的初心:让审理者裁判、由裁判者负责。这里的审判者不是简单的法官,是以法官作为最主要的裁判者的法院整体。实行司法责任制改革后,审判质量和司法公信力稳步提升。

山东大学特聘教授、山东大学司法学研究中心主任、山东省司法研究基地主任崔永东表示，司法责任制和司法公信力两者之间的关系非常密切，具有一种非常密切的内在联系，只有建构了一个比较完善的、包含责权利在内的司法责任制体系，才能够有效地提高司法公信力。这个逻辑关系是非常明确和清晰的。

清华大学法学院教授张建伟认为，提高司法公信力有三大途径：一是司法体制改革，具体表现为党领导的优化、去行政化、去地方化，以及司法人员的专业化；二是在司法治理方面克服司法腐败、司法专横、司法庸懦、司法僵化以及司法伪善五个困难；三是制定制度来选择品德最好的、判断能力最强的司法官来进行司法工作。

西北政法大学党委研究生工作部副部长、马锡五审判方式研究院院长马成在主题报告中指出，推行司法责任制是全面深化司法改革的重要抓手。他认为，在司法责任制下，司法公信力的衡量标准值得思考，究其根本是要在公平正义和群众满意之间找到平衡。我们应坚持在司法责任制和司法公信力双轮驱动的法治轨道上推进我国司法改革，其不仅是实现司法治理体系和司法治理能力现代化的必由之路，也是推进实现良法善治的必由之路。

**（三）司法责任制改革的方向**

在司法责任制改革已经取得显著成效的新时代，我们需要准确发现已有问题，同时准确分析问题的深层致因，从我国的具体国情出发，准确把握司法规律并有效解决问题。

崔亚东在致辞时表示，完善司法责任制需做到以下三点：一是必须坚持以人民为中心的司法理念，努力践行司法为民宗旨；二是必须以提高司法公信力为根本尺度，努力践行公正司法；三是必须把握好、处理好审判权与审判管理权、监督权之间的关系，确保审判权依法独立公正行使。另，司法人员是最后一道防线的守护者。因此，在深化司法体制改革、全面落实司法责任制中必须坚持以习近平法治思想为指导，坚持司法为民，公正司法，遵循司法规律，依法公正独立行使审判权，当好最后一道防线的守护者。

程天权表示，司法责任制改革事关重大，不仅是司法领域的内部问题，也关系到国家治理现代化、社会文明进步等方面。全面深化司法体制改革是全面深化改革和建设法治中国的题中应有之义，也是推进国家治理体系和治理能力现代化的重要战略举措。必须从确保改革成效的立场出发，在宏观层面应聚焦建设公正、高效、权威的社会主义司法制度的总体目标。同时，在微观层面应把握司法规律，厘清改革的内在逻辑，并结合现阶段司法体制改革的实际情况，拟定全面深化司法体制改革的行动指南。我们必须坚持依法行政、协调推进"四个全面"战略布局，加强司法制度建设，落实司法权力审查和监督制约机制，健全司法补偿制度，强化司法诚信体系建设，切实提高司法公信力和社会公信力。

上海政法学院科研处处长、教授刘军指出，本次论坛的主题十分契合当前司法改革、实践和学术研讨的前沿。司法责任制是提高司法公信力的"牛鼻子"，只有全面准确落实司法责任制，提升司法审判的质量和效果，才能够有效地提高司法公信力。他认为，如何以服务中国式现代化为目标，通过司法管理现代化促进、保障、落实司法责任制，提高司法公信力，是重要的改革指向。

杨建文认为，深化综合配套改革需在主体层面，深化对各类人员的管理，提高法院队伍正规化、专业化、职业化的水平。在制度层面，要深化审判权力运行机制改革，处理好"放"与"管"的关系。同时，规范司法权力的运行，健全司法机关之间各司其职、相互配合、相互制约的机制。在体制层面，构建系统完备、科学规范、运行高效的司法体系，促进司法机关之间分工明确、各司其职。在工作层面，建立制度化、常态化的交流、会商工作机制，促进司法机关之间相互配合。

广西壮族自治区高级人民法院党组成员、副院长卢上需指出，研究司法责任制应当首先解决理论指导问题，再从"法治是一场深刻的社会革命"这个定位去思考，要从法治"固根本、稳预期、利长远"的基础作用去思考，不要把司法责任制仅当成由法官个人去承担的责任。基于此，他认为阅核制的存在有其必要性：第一，人民法院裁判统一法律适用的必要；第二，防止司法腐败的需要；第三，推动法院专业化建设的需要。但，阅核制也需解决以下三个问题：第一，"阅核制"必须进一步提高院庭长政治业务素质能力；第二，"阅核制"必须在审限内完成；第三，院庭长在阅核的时候，只负责案件裁判程序、结果的合法性。

孙海龙指出，司法责任制改革带来以下问题：第一，同案不同判的现象加剧；第二，小案大于情；第三，院、庭长不愿管、不敢管、不会管的问题相对突出。全面准确落实司法责任制，要更好地学习体会中央的司法改革要求，避免误判。要坚持目标导向不动摇，寻找科学路径，通过审判管理现代化，促进审判工作现代化。同时，要始终坚持内外两个视角，来检视公正与公信，要进一步完善统一法律适用机制，进一步严格落实员额法官遴选制度，进一步严格落实错案责任的追究制度，进一步明确法官办案权责以及领导干部监督管理权责。要加快科技赋能司法，进一步加强人民法院审判质量评估指标体系建设。

山东法官培训学院党委书记、常务副院长刘义生指出，司法改革的"牛鼻子"就是建立司法责任制，但"由裁判者负责"还存在诸多问题。对此，要解决责任追究的问题。他认为，应从以下几个方面进行：一是制定相应标准，明确追责情形；二是制定工作程序，明确追责程序落实的具体方式。他指出，我们应重点关注发回重审案件、再审改判案件、信访案件以及检察院抗诉案件这四类案件，并由审判委员会认定是否应当承担责任。责任认定后，还需交予相关部门处理，以建立系统常态的、能够随时发生作用的审判责任追究机制。

西北政法大学校长助理、西北政法大学中华法系与法治文明研究院院长汪世荣在作主旨发言时表示，司法有自身的规律，司法改革必须遵循。司法审判是一个复杂的过程，需要不同人员分工、协作才能完成。只有不同角色相互配合，设立法官助理、书记员完成司法辅助工作，法官才能更好做出恰当的裁判。要坚持司法改革中方向性的东西，建立一个科学、有效、合理的法官工作机制。

同济大学法学院教授、同济大学经济法治研究中心主任朱国华认为，要把信用责任看成在民事责任、刑事责任、行政责任和宪法责任之外的第五种责任。信用是目前非常重要的一种治理模式。平台信用责任制面临着信用法律体系与信用运行制度供给不足、外部层面监管有心无力、平台企业信用治理缺乏内生动力等问题，究其根源是监管理念与监管手段的滞后。在后续的信用立法中，应当做到：系统梳理平台责任的限度，明确政府介入监管的条件和方式，结合实践不断进行调整，构建传统法律责任与失信惩戒相辅相成的两套评价体系；在信用市场发展更为完善的未来，逐步减少政府的行政干预，探索以平台企业、行业协会等中观层面组织为主体的社会信用运行体系。

马成认为司法责任制的评价机制需要继续完善。很多地方围绕着枫桥式人民法庭，包括马锡五审判方式进行品牌创建，这是一个非常好的、以司法责任制推进司法公信力的抓手和办法，是值得持续关注和积极支持的。

四川省甘孜藏族自治州泸定县人民法院副院长（四川省高级人民法院刑三庭挂职干部）杜茜认为，针对阅核制的研究，应当从院庭长在哪些事项、哪些方面对案件进行把关开始，是需要对事实问题和证据问题统统进行把关，还是仅需对法律适用问题进行把关。

湖南省湘潭市雨湖区人民法院审管办（研究室）副主任陈遥提出，裁判文书释法说理对于司法公信力提升具有重要作用，应从三点来解决法官"不想说、不会说、不敢说"的问题：一是将裁判文书释法说理作为案件评查的重要内容之一；二是加强裁判活动的规范和指引；三是把裁判文书释法说理作为阅核的重要内容之一，落实院庭长的责任制。

江苏大学法学院讲师、法学博士雷婉璐从权责统一论和委托代理两个视角出发分析法官责任制。她认为，权责统一论视角下的法官责任制是以不信任为出发点，其制度机理是以问责来震慑法官因惧怕惩罚而不敢违法。而委托代理视角下的法官责任制是以信任为出发点，其制度机理是以问责防范背信风险的发生，保护守信的法官不受到不当的责难。两者皆须考虑。

安徽工业大学法学系讲师蔡华认为司法能力是国家治理能力中非常重要的方面，可以从内容和主体两个不同的方面进行划分。如果从责任制和公信力的角度，则需要强调法官个体的司法能力。但目前我国案例指导制度过度强调了司法的统一，可能和司法能力提高的目标之间构成紧张关系，从而影响法官能力，特别是说理和裁判能力的提高。

**（四）司法公信力建设与对司法权力的监督制约**

建设司法制约监督体系，是党和国家监督体系的重要组成部分，事关社会公平正义，事关国家治理体系和治理能力现代化。

上海交通大学凯原法学院副院长、教授郭延军指出，关于法官责任制的建设，主要应考虑我国司法体制改革所决定的法官责任制的建设走向和我国审判监督的基本格局两个因素。当前，我国审判制度的改革正朝着审判权依法独立行使和审判监督并举的方向发展。国家监察制度的有效运行必然会提高对法官、检察官腐败行为的监督强度。我们应将法官责任的制度设计放在国家监察制度所建立的对法官全方位、高强度的监督机制的格局中考量，这样才能真正关照到审判权依法独立行使和审判监督的平衡。

杨建文认为，强化对司法活动的制约监督，要深化以下方面的配套改革：一是完善党建责任制；二是完善四级法院职能定位；三是完善院庭长监督机制，规范阅核等机制；四是完善接受检察机关法律监督机制；五是完善社会制约监督；六是完善智能化监督机制。

山西师范大学社会学与法学学院副教授常冰霞在涉诉信访视角下对司法公信力进行探讨。她指出，涉诉信访数量的多寡及其化解，反映了人民群众对司法公信力的认可程度。目前，涉诉信访存在涉诉信访源头重视不够、涉诉信访程序有可能空转以及涉诉信访纠错机制不够完善的问题。对此，应创新司法理念、优化司法资源配置、规范涉诉信访受理的程序以及完善法官考核机制及考核结果的运用。

杜茜表示，仅仅依靠任职回避这种起点处的身份隔绝，难以实现行权风险的有效、全面管控。她借鉴了萨奥法案提出的公司内部治理模式，认为内部风险控制体系仍应是以任职限制为前提，只是任职限制的启动不再基于特定亲属从事律师职业而直接发生，而是依托审判人员个人登记式档案开展过程性风险评估，做到实时监督、实时评估、实时管控、实时限制。


## 二、探究影响司法公信力建设的多重维度

中国法学会副会长、最高人民法院原党组副书记、副院长江必新在主题报告中指出，司法公信力是司法的命脉，是司法机关得以全面有效地履行职责的基础，也是社会评价司法机关权威性的重要标志，是人民群众对司法的综合感知。提升司法公信力，不仅是司法机关的重要工作目标，也是实现全面依法治国、建设法治中国的必然要求。

### （一）司法公信力建设是一项系统性工程

江必新认为，提高司法公信力需要全社会的共同努力，而不仅仅是司法机关。司法机关应承担重要责任或主要责任。司法的公信力来源于司法的以

下属性：司法的公正性，司法的统一性，司法的廉洁性，司法裁判所确定的义务和责任的不可规避性，当事人或者公众对司法的接受性或者认同感。

青岛大学法学院副教授、刑民行交叉疑难案例研究中心主任牛传勇提出，司法公信力建设问题是个大问题，应当上升为党和国家执政兴国的战略来推进，而不能仅仅依靠司法系统自身的努力。司法机关可以找准小切口，例如优化司法考核机制，推动司法管理现代化，来解决司法公信力问题。

宁波大学科学技术学院法律系副教授余寅同表示，司法公信力既是司法体系所具备的一种为社会各方面所认可的特质，也是社会各方对于司法运行状况的主观判断。提升国家的司法公信力，不光要进一步完善司法制度，还要站在司法相对方，即具体参与司法的受众的主观感受上，通过配套和辅助性的机制设计来引导其对司法案件传递的信息形成一个正确的认识，例如采取法院的新闻发言人制度和创新法院和第三方机构的合作模式。

山东大学法学院博士研究生季金升指出，司法公信力是检验司法工作的根本尺度，是社会稳定与和谐的基石。法院在司法公信力的建设中起着关键主体的作用，但司法系统自身很难实现公众全部的司法需求。这就需要社会组织系统、行政系统等加以辅助，同时通过包括多元纠纷解决机制在内的多种制度发挥解决争议、维护司法权威、稳定社会秩序的作用。

**（二）司法公信力建设与人权保障**

人权保障是法治的目标追求。江必新指出，司法公信力的提升要做好以下几个方面：第一，促成全社会对公正的标准达成共识；第二，通过深入全面的改革建设公正、高效、权威的社会主义司法制度；第三，科学构建司法权的运行机制；第四，创造公正司法的环境和条件；第五，构建具有可操作性的司法裁判规则；第六，尽可能地提高司法裁判的执行力；第七，遵循司法规律，不断提升司法工作的效率；第八，完善司法的人权保障；第九，建立符合职业特点的司法人员管理制度。其中提到，完善司法的人权保障，进一步深化以庭审为中心的司法改革，把维护好人民群众的合法权益作为司法工作的根本出发点和落脚点。

刘军认为，只有在司法过程当中保障人的主体性，保障基本人权，促使包括犯罪人在内的所有人成为一个具有自我选择、自我决定、自我实现能力的人，成为一个对社会有贡献、有存在价值、能够被社会承认的人，才是司法改革重要的指标。

同济大学马克思主义学院副教授王谋寅在主旨发言时主张,中国式法治现代化必须坚持以人民为中心的理念,积极回应人民群众新要求、新期待,丰富权利内容,加强权利保障,维护人民权益,实现人民福祉。同时,加强诉源治理,畅通和规范群众诉求表达通道,推动司法与信访的衔接与联动,为人权保障提供更为周到的制度安排。

崔永东在作学术总结时表示,司法公信力包括司法强制力、司法判断力、司法自控力等,除以上几种力外,还包括人权保障力。在所有司法公信力的构成要素中,最关键、最重要的是人权保障力。如果司法不以人权保障为核心,那么这种司法就不可能有真正意义上的公信力。

### (三) 司法公信力建设与审判质效

"公正与效率"是人民法院工作的永恒主题,人民法院必须深刻理解和把握新时代司法的内涵和要求,着力提升司法审判质量、效率,以审判工作现代化服务保障中国式现代化。

山东省高级人民法院原院长、最高人民法院咨询委员会委员周玉华在致辞中指出,影响司法公信力的要素主要包括:司法的质量和效率、司法裁决结果的实现、司法队伍的素质、司法宣传以及司法权威,司法机关办案的质量好、效率高,司法的公信力就会高,反之就会降低。

刘军认为,切实提升审判质效,加强公信力建设,是落实司法责任制的应有之义。司法机关在推进司法责任制以及相关配套改革方面做了大量的工作。在司法改革取得重要成效的前提下,与中央对司法的期待、与人民群众对司法的期待还有一定差距。从理念、体系、体制、机制,到具体制度方面,都需要进一步细化和优化。从当前调研情况来看,目前的审判委员会空置现象在一些地方是存在的。通过司法管理现代化促进、保障、落实司法责任制,提高司法公信力,是重要的改革指向。

上海政法学院调解学院院长、教授侯怀霞表示,调解在多元解纷中具有不可小觑的重要地位,发挥着有目共睹、无可替代的重要作用。但调解也面临着急需解决的问题,诸如调解员队伍建设、调解员的职业化及待遇、商事调解组织的地位及发展、调解员的培训及其规范等等。

中央财经大学法学院教授郭华在评议中强调,办案质量是影响司法改革成败的第一要素，司法公信力建设的最终目标应是提高司法质量。我国出现司法公信力下降现象的原因，可能是司法机关向党和人民做出的承诺与在司法实践中的实情有一定的差距。此外，司法责任和司法公信力建设究竟应来源于司法体制外部改革还是内部的自我革新，仍存在疑问。他还指出，司法责任豁免应成为司法责任研究的必要课题，否则该研究将失去意义。

天津大学法学院副教授管荣齐表示，专利侵权民事诉讼通常会引发专利无效程序，所作出的决定又常常被提起行政诉讼，盖因为专利技术事实判断主体未进行明确界定。基于此，他认为可以从以下四个方面解决：一是统一专利技术事实判断主体的称谓或表述；二是在专利法实施细则以及有关司法解释中，对于专利技术事实判断主体进行定义，提高它的定义位阶；三是对专利技术事实判断主体所在的时间节点、所属的技术领域和所处的技术水平进行事先界定；四是提升专利技术事实判断主体的技术素养。

同济大学法学院副教授罗恬漩认为，诉讼需要成本，时间是极为重要的因素。但是，实践表明法院未将时间作为司法成本，这导致长期以来我国法官受制于时间约束的无奈，导致诸多乱象，影响司法公信力。所以，应重新考虑如何改革审限的计算方式，把部分司法成本交还给当事人承担，而将真正需要管理的法官审判行为交由审限控制。上海大学法学院教授李清伟也在评议中表示，对司法的基本要求，在法理学层面为六个字"准确、及时、合法"。

上海政法学院法律学院讲师江晨表示家事司法是司法的重要组成部分，且法律对于家事司法社会效果的期待很高，但家事司法公信力被合理的现代法律制度"隐形侵蚀"，所以要构建家事司法社会化的合理运行秩序。在诉讼中，要建立心理疏导机制，设置家事调查员，邀请社会主体参与司法调解。在诉讼外，可以将其转介给社会组织，构建国家和社会"互相嵌入、双向运行"的社会化机制。

浙江省温州市瓯海区人民法院仙岩法庭庭长任宁提出，发改率是衡量审判质量的风向标，发改案件是一审案件质量的体检表。她以温州地区两级法院三年时间的发改案件为例进行分析，发现导致案件发改的主要原因有司法裁判尺度难以统一、新类型案件不断涌现导致法律适用疑难、员额法官有效便利的学习途径缺乏、社会基层治理水平亟待提升等方面。基于此，她认为应从三点出发：一审法院应优化陪审员参审机制、统一裁判尺度、完善法官自主学习研讨的制度并建立案件质量把控体系；审判管理层面应区分发改原因的精细化考核意见；二审法院应解决审级监督停留在个案指导、与宏观指导脱节的问题。

温州大学法学院讲师、法学博士李杰认为谈司法其实是在谈纠纷解决。而纠纷解决，并不单纯只涉及法律层面的问题。对于个案来说，案件解决过程本身可能就是多元化的。除了具体的法律规定，还可能涉及其他影响判决可接受性的因素，最后还要考虑可执行性，所有因素综合在一起，最后形成一个双方都接受的，并且具有可行性的判决。

### （四）司法公信力建设与司法权威

司法公信力和司法权威都是人民法院在长期的司法审判实践中形成的，使人民群众信任和服从的司法行为的一种力量。周玉华认为，司法权威是当前司法公信力建设的重点。加强司法公信力建设，必须树立司法权威，从制度安排、权力配置上让司法权享有其应有的地位。各项国家权力，在自身权力领域内具有最高权威。各项权力应在党的领导下紧密衔接、相互配合、相互制约，共同实现国家生活的正常、有序、高效运转。

上海市高级人民法院审判委员会专职委员米振荣指出，司法公信的内核是社会评价，是社会对司法的反馈，外部对司法存在着巨大期待。司法满意度的提高既需要法院内部自身锲而不舍地聚焦公正和效率的努力，同时又需要社会的法治心理、法治文化，包括司法权威，民众对法治的信仰。

北京航空航天大学法学院院长、民盟中央法制委员会主任龙卫球指出，司法公信力建设存有更大的体制建设需要，需回到宪法体制中，把司法机关和司法权的配置，及当前司法改革放在国体和政体之下考究。司法改革的本质应是理顺和扶正司法权和司法机关，其中就包含对司法权配置的妥当性、司法权行使的正当性及有效性的要求。他指出，司法公正和司法权威联系紧密，倘若不解决司法权威问题，司法公正是难以完成的。

汪世荣表示，司法权威的建设应更好地考虑司法工作本身的特殊要求，而司法责任制遇到的最大问题就是法官极大的办案压力。在司法改革的过程中，应注重讨论如何为法官创造良好的办案环境。他同时指出，案件的审理应合法、合情、合理，以提高裁判质量。

华东政法大学司法学研究院（入选中国 CTTI 智库）院长、教授郑云瑞指出，在我国民事立法中，立法机关在很大程度上蔑视一些司法审判中行之有效的制度，对各种司法制度关注度也不够高。他指出，案例在当前司法实务中具有包括约束力在内的作用，且案例制度已为我国司法审判实践所确认。但是，即使"法理"这一法源在司法审判中有所借鉴，却缺乏民事立法上的法源地位。我们应督促立法机关关注司法现象，为构建司法公信力奠定坚实的基础。

山东大学法学院（威海）教授武飞指出，情理推断在刑事司法过程中是广泛存在的推断方法。当经验知识通过直觉来发挥作用时，经常会使结果出现偏差。对此，我们应通过将隐性知识显性化来协助法官规制自我偏好，同时以经验知识的公共性证成其可靠性。此外，我们应注重情理推断结构中的逻辑关系经验，确保证据充分、逻辑连贯。她指出，我们不追求严格意义上的法官无差别性，但可在情理推断的个体性和司法裁判的可预测之间寻找一个可以接受的合理的推断状态。

李清伟认为，司法权威性目前已不存在问题，真正存在问题的是司法的终局性，究其根本原因为当代中国纠纷解决的出口多元，不易找到最优选择。在此背景下，司法的权威性、司法的公信力是比较难建立的。

**（五）司法公信力建设与司法科技化的深度融合**

当今，司法与科技的融合已成为一种不可逆的趋势，科技为司法带来前所未有的机遇。复旦大学法学院副院长、教授杜仪方认为，要关注司法的现代化建设，现代司法需要与时俱进，运用信息技术与数据分析等工具提高司法效率和质量，要依靠科技、依靠人工智能、依靠大数据的分析，推动司法的精确化，实现实体上的公正司法。

同济大学法学院教授蒋晓伟在作主旨发言时表示，司法公信力问题、案多人少问题、同案不同判问题的解决都在于法官本身。中国司法的问题不仅在于权力构架，而且还在于法官的素质。他认为，应通过以下几个方面来提升法官在信息技术大数据条件下审理案件的理念和能力：第一，更新传统思维，确立智能化条件下法官的工作理念，加强对人才、技术和能力的重视；第二，审判技术的精益求精是很重要的；第三，法官必须习惯人脑操控、人脑和电脑有机统一的思维模式；第四，法官要保持人脑的主体性，要依靠计算机、大数据，但是不能仅仅根据计算机、大数据得出最终的结论；第五，智能化条件下，法官必须提高综合思辨的能力。

上海市法律援助中心原主任王琼结合其工作经验，提出了智慧公证实施的六个方面：一是规范办理公证的程序；二是引进若干计算机公司，研发公证的办案机器，避免申请材料多寡的随意性；三是全程留痕，通过赋码办证，记载公证各个环节的痕迹；四是全项覆盖，所有公证要素均录入机器；五是要求所有公证员必须通过"智慧公证办证机"办证；六是全面监管，实现司法行政机关、公证管理机构和公证行业协会，可以实时全面监管、统计和分析全市所有公证机构、公证员的执业活动。

杜茜提出，审判权内部监督制约机制的风险控制体系还需着重依赖信息化手段实施行为管控，依托内部审判行权风险评估系统与外部信息收集系统的自动化交互比对来开展过程性风险评估，根据实际情况而预警触发个别任职限制或者终身任职禁止。

山东大学法学院博士研究生郭鹏鲁表示，当前在线庭审的摄像模式存在可视化范围有限、不易发挥警察权作用以及在线庭审规则不足的问题，其认为可以借鉴云考场模式，并明确诉讼参加人参与在线庭审的能力、明确在线庭审规则、建立在线庭审诚信档案机制以及融入 5G、VR 技术。


### 三、吸收优秀经验，建设司法学学科


#### （一）司法公信力建设的中国经验

中国人民大学法学院教授、教育部"马工程"《中国法制史》首席专家赵晓耕认为，判例和判例法是两个完全不同的概念。判例法是对英美法系法律生成制度的一种形象的表达，判例法的重点并不在判例，在于法律自身的一种制度。有一些学者主张，我们今天的中国，既有判例法的传统，又有成文法的传统。这样的表达是可以质疑的。最近 20 年来，有些被媒体广泛关注的案例正是由于违背社会大多数民众的一些常识性的认知，所以才受到媒体关注。他认为，唐律对我们今天的法律制度、具体的部门法，甚至每一个法律条文，都有直接的借鉴意义。其引用苏轼名言"临下以简、御众以宽"，主张在"治道运行，皆有法式"，法律规范已经多到"密如凝脂、繁

似秋荼"的状况下，不易发挥法官的能动性。

山西师范大学党委书记、教授张晓永在致辞中指出，中国式现代化赋予中华民族、中华文明以现代力量，中华文明赋予中国式现代化以深厚的底蕴。这要求做好"两个结合"，让马克思主义成为中国化的、让中华优秀传统文化成为现代化的、让经由结合而形成的新文化成为中国式现代化的文化新形态。这是建设新文化，谋划未来发展的前提、逻辑和背景，也是司法界同仁传承优秀法律文化，投身司法变革实践，提升司法公信力的前提、逻辑和背景。推动中国式现代化，建设法治中国，提升司法公信力，需要挖掘和传承中华法律文化精华，古为今用、推陈出新，新时代的法律人有这样的使命和担当。

同济大学法学院院长、最高人民法院中国应用法学研究所原所长蒋惠岭表示，司法改革急需理论的指导。有时候西方的理论没有办法在中国进行实践，就是因为中国的现实情况与西方不同。我国没有相应的更加细化的理论。对此，他认为要根据新的实践推出新的理论，国家的司法改革实践，就是为理论的丰富发展、创新提供各种素材和场景。

崔永东认为，在我国司法责任制是有历史根据的，同时在国外也有这项制度，很有必要从历史的维度考察一下司法责任制问题。中国浦东干部学院科研部副主任、教授王永杰在评议环节也多次强调研究法制史需要将其中优秀的部分古为今用，古代的制度蕴含着大智慧。在这方面，需要众多专家学者的胆量和智慧，也需要更多的实践和研究，但要防止矫枉过正。

山西大学法学院教授原美林从司法意识、司法行为、司法结果三个方面对中国和美国的法律制度进行了比较。她指出，在司法意识上，我国司法更侧重于公平的结果。在司法行为方面，我国的司法行为对司法公信力的影响，主要取决于人民对司法案件处理的满意度。在司法结果上，我国注重社会稳定和公共利益。

王谋寅认为中国式法治现代化必须坚守鲜明价值立场、明确价值导向，充分发挥社会主义核心价值观对法治建设的引领、评价和校正作用，把国家价值目标、社会价值取向、公民价值准则全面系统地融入法治建设全过程和各环节，深化社会主义法治的道德底蕴与人文关怀。

北京师范大学法学院博士研究生龚宇认为，推进案例指导工作，需要增强裁判文书中的法律论证；在提升案例适用能力上，最高法规定类案应与待决案件在基本事实、争议焦点、法律适用问题等方面具有相似性；在识别类案的方法上，也应跳出要件事实的窠臼。

### （二）司法学——一门极具发展前景的学科

司法学是一门很有发展前景的学科，不仅有重大的现实意义，还有重要的学术价值和理论意义。程天权在致辞中表示在全面建设中国式现代化国家新征程中，高校要以更高的站位支持和发展司法学及其他新兴学科，支持相关学术平台建设与智库建设，多出成果，多出人才，为推进法治中国建设、实现国家治理体系与治理能力现代化提供理论引领、学术支撑、智力支持和人才储备。

米振荣认为司法学作为一门研究司法现象、揭示司法规律的学科，需要不断地淬炼我国法治建设、司法改革的经验成果，开拓研究视域范围，回答好全面依法治国的实践难题、不断开创司法改革新的范式和新的进路。这是司法学研究的任务与使命，需要学界和实务界的同仁们共同努力。同时，要打破高校与实务之间的壁垒，将实际工作部门的优质实践教学资源引进高校，加强法学教育、法学研究工作者和法学实践工作者之间的交流。

杜仪方指出，司法学作为法律学科的核心，关乎着司法实践，必须不断探索和创新以适应司法改革的需要。必须进一步深入讨论研究司法的基本理念、司法的基本制度规范、司法的理论和实践相融合等问题。同时，加强对包括涉外法治人才在内的司法后备人才的培育，强化法学的教学和司法实践的融合。

王琼认为，司法学研究应围绕传统的、关注度高的重点问题进行系统性梳理，在司法管理学、司法程序学领域也仍需完整的教材或专著予以系统阐释。

山东省济南市槐荫区人民法院法官赵冰提出，探讨司法责任制与司法公信力离不开司法研究、司法决策、司法实践的深入剖析。首先，司法研究、司法决策和司法实践是司法结构化的构成要件及基本范畴，三者之间必然因互相影响而发生了界面关系的具体存在。其次，我国的司法体系向来注重司法研究、司法决策、司法实践三个界面的跨界融合与有机统一，力求综合实效最优化。然后，司法体系是一个涵盖众多构成要件即组织系统的综合性复杂系统，而其构成要件即各个系统的高效协同能否实现决定着界面整合是否有效落实和协同效应能否真正实现。最后，在将来的学术研究中，司法学术共同体必应坚持面向司法实践自身的基本原则，确立以服务司法决策、司法实践为核心的研究立场，开发理论研究的实践特性，体现司法研究的优化功能。

季金升表示，司法公信力建设是司法学学科领域一个基础性的问题。司法学作为一门独立的学科，探讨司法传统、司法理念、司法制度、司法实践，总结司法管理规律，探索司法运作程序，论证司法改革难题。对司法公信力建设进行研究，需要在司法学的范畴体系中开展，对所涉及的司法理念、传统、实践等问题进行深刻地剖析与论述，对司法公信力的全方位研究也能充实、丰富、细化司法学理论体系和学科体系。

据悉，从2014年起，在崔永东院长领导下，当时在国内创办司法学领域唯一的实体化科研机构——华东政法大学司法学研究院，在国内首创司法学理论与实务研究的高端学术平台——全国司法学论坛。司法学论坛已先后于上海、广西钦州、山西临汾、浙江文成、江苏苏州、山东青岛等地成功举办七届，是我国司法领域相关论坛中的知名品牌。历届论坛围绕司法改革、司法管理及其改革、司法理论和实践、审判委员会制度改革、监察委员会制度改革、司法责任制、法律职业共同体、西部地区审判权力运行机制改革、涉侨纠纷多元化解机制、新时代中国司法理论及实践的新进展、中国式法治现代化与司法改革等问题展开研讨，历届论坛汇聚了国内各高校、科研机构与司法实务部门的顶尖学者与专家，产生了一批对顶层设计与地方司法改革实践有指导意义的研究成果。第八届全国司法学论坛的召开意味着司法学研究已被推向更高水平。此后，每年举办一届的全国司法学论坛将聚焦于时代热点，成为具有深刻理论与实践意义和极强学科影响力的山大品牌。

责任编辑：张　立
封面设计：王欢欢
责任校对：秦　婵

**图书在版编目（CIP）数据**

司法学研究. 2023 ／ 山东大学司法学研究中心编 ；
崔永东主编. -- 北京 ：人民出版社，2025. 5. -- ISBN
978－7－01－026996－2

Ⅰ. D926

中国国家版本馆 CIP 数据核字第 2024XX7235 号

司法学研究·2023
SIFAXUE YANJIU 2023

山东大学司法学研究中心　编
崔永东　主编

人民出版社 出版发行
（100706　北京市东城区隆福寺街 99 号）

北京九州迅驰传媒文化有限公司印刷　新华书店经销

2025 年 5 月第 1 版　2025 年 5 月北京第 1 次印刷
开本:710 毫米×1000 毫米 1/16　印张:18.75
字数:310 千字

ISBN 978－7－01－026996－2　定价:98.00 元

邮购地址 100706　北京市东城区隆福寺街 99 号
人民东方图书销售中心　电话 (010)65250042　65289539